Palais-Bourbier

DU MÊME AUTEUR

Histoires secrètes de l'Assemblée nationale, Rocher, 2024.

Tout ça pour ça, Plon, 2021.

Wally Bordas

Palais-Bourbier

Chroniques d'une France ingouvernable

Robert Laffont

ISBN : 978-2-221-28172-7
Dépôt légal : septembre 2025
Éditions Robert Laffont – 92, avenue de France 75013 Paris
contact@robert-laffont.com

Avant-propos

Du jamais-vu sous la Ve République. Le 8 juillet 2024, au lendemain du second tour des législatives anticipées provoquées par la dissolution de l'Assemblée nationale, la principale chambre législative du pays ne dispose plus d'une majorité. Les forces de gauche, unies mais ennemies, comptent un peu plus de 200 députés. L'alliance de la majorité présidentielle d'Emmanuel Macron, en pleine décrépitude, un peu plus de 160. Les lepénistes et leurs alliés, de nouveau battus, sont environ 140. La droite Les Républicains (LR), plus affaiblie que jamais, dispose quant à elle d'à peine moins d'une cinquantaine de députés. Tout le monde est donc très loin de la majorité absolue fixée à 289 sièges. Le Palais-Bourbon n'a plus de couleur dominante. Il est divisé en trois. Et même en onze – le nombre de groupes parlementaires qui se forment en quelques jours à l'Assemblée nationale. Un record depuis 1958.

Aucune alliance ne peut *a priori* permettre à un gouvernement de tenir dans la durée tout en engageant de grandes réformes. Nous voilà revenus, pérorent certains, au temps de la IVe République, entre 1946 et 1958, où le Parlement était alors prédominant, imposant le chef du gouvernement au président de la République. Et où les exécutifs, instables, tombaient les uns après les autres. À l'époque, en douze ans seulement, 24 gouvernements se succèdent, entraînant une instabilité chronique et les crises politiques qui vont avec.

Ces années-là, de très nombreuses combinaisons partisanes tentent de gouverner, faisant face à des défis majeurs sur le plan intérieur aussi bien qu'international. Les coalitions tombent les unes après les autres, fragilisant l'action gouvernementale et créant une crise politique presque permanente. De nombreuses réformes sont toutefois menées à cette époque, notamment sur le volet économique et social (reconstruction économique, protection sociale, essor industriel). Mais la guerre d'Indochine et celle d'Algérie affaiblissent les gouvernements successifs avec, en point d'orgue, la crise de 1958 à Alger qui précipite le retour du général de Gaulle au pouvoir et la rédaction d'une nouvelle constitution pour sortir de cette impasse.

La nouvelle donne politique de l'été 2024 marque-t-elle le début d'une situation similaire à celle de la IVe République ? Un président aux pouvoirs limités, des gouvernements précaires et un Parlement ultra-dominant ? Le système institutionnel a beau être très différent, les modalités de nomination des gouvernements aussi, les similitudes demeurent frappantes. Tout le monde est dans l'inconnu – excepté le président de la

République, seul à avoir les cartes en main pour la nomination du Premier ministre. Les défis sont pourtant majeurs pour le pays qui fait face à des crises simultanément politique, institutionnelle, économique et identitaire.

À l'heure où les citoyens affichent une défiance historique envers leurs élus, une paralysie politique serait fatale. Mais elle paraît presque inévitable tant le Palais-Bourbon est fragmenté. À moins de trois ans de la prochaine élection présidentielle, la France est-elle devenue ingouvernable ? La dissolution de l'Assemblée nationale a redessiné les contours de la vie politique. La gauche s'est une nouvelle fois rassemblée, envers et contre tout. La droite LR s'est fracturée après avoir vu son président, Éric Ciotti, conclure une alliance inattendue avec le Rassemblement national (RN). La macronie, extrêmement affaiblie, est plus que jamais menacée d'extinction.

De l'entre-deux-tours historique de juillet 2024 à l'ère François Bayrou en passant par la censure de Michel Barnier, ce livre raconte les coulisses d'une année au cœur du pouvoir. Gouvernement, Assemblée nationale, rapports de force politique : il retrace, grâce à plus de 200 témoignages inédits, les événements qui ont suivi la dissolution de l'Assemblée nationale, et révèle les secrets de cette législature en tout point exceptionnelle. Récit de l'immense bourbier qu'est désormais devenue la première chambre législative du pays.

Le plan secret

Quelques jours avant la dissolution de l'Assemblée nationale

Ce parlementaire de droite n'en croit pas ses oreilles. Au bout du fil, l'un des conseillers du président de la République. « Macron va dissoudre, vient-il de lui annoncer, à brûle-pourpoint. Il n'aura pas le choix. Il veut partir de l'Élysée avec une bonne cote de popularité. Le meilleur moyen pour ça, c'est d'avoir un Premier ministre du RN », indique-t-il. L'élu en reste sans voix. « Je sais. Mais on pense que c'est une bonne idée »[1], poursuit le proche du chef de l'État. Nous sommes un peu moins d'une semaine avant la dissolution de l'Assemblée nationale, qui interviendra le 9 juin 2024. Un petit nombre de

1. Appel téléphonique entre un conseiller spécial du président de la République et un parlementaire, confirmé à l'auteur par les deux interlocuteurs. Il a eu lieu plusieurs jours avant la dissolution de l'Assemblée nationale.

personnes sont déjà au courant des plans du président. Ils sont une dizaine. Peut-être un peu plus.

Deux mois plus tôt, l'idée a déjà été évoquée lors d'un dîner informel. La tension grandit alors autour d'Emmanuel Macron, qui a rassemblé ses plus proches conseillers à sa table. « Attal, Philippe, on voyait chacun monter ses écuries de manière très inélégante. Des gens qui n'ont aucune mémoire, qui ne se souviennent pas d'où ils viennent… On voyait aussi les sondages. Plusieurs d'entre nous se sont exprimés en disant : "Foutez-moi tout ça dehors et bonne chance à ceux qui seront rescapés"[2] », se remémore un participant. Le chef de l'État n'a rien dit. Sans doute a-t-il enregistré et l'idée a-t-elle commencé à faire son chemin.

Une semaine avant la dissolution, Emmanuel Macron est désormais fermement décidé : si les résultats des élections européennes sont alignés sur ce que prévoient les sondages, il prendra ses responsabilités. « Si les Français veulent vraiment que l'extrême droite gouverne, s'ils veulent changer, alors qu'ils le fassent. On ne peut pas avoir raison contre le peuple[3] », confie-t-il à plusieurs de ses conseillers. Ou encore : « Pas de majorité absolue après sept ans de pouvoir et une extrême droite à 40 %, c'est un vrai problème… Je n'aurai pas d'autre choix que de dissoudre[4]. »

2. Témoignage de l'un des participants à ce dîner qui relate la tonalité des propos qu'il a tenus à l'époque.

3. Propos rapportés à l'auteur par plusieurs interlocuteurs réguliers du président de la République à cette période.

4. *Ibid.*

Beaucoup de ses proches sont sur la même longueur d'onde, il faudra rappeler les Français aux urnes. Mais pour l'instant, rien ne doit fuiter. Il faut que l'effet de surprise soit total. Tout ira très vite. « Il y a deux scénarios possibles, celui où le RN l'emporte et où nous entrons en cohabitation, et celui où on l'emporte grâce au front républicain. Il n'y a aucun monde où on imagine la gauche post-7 octobre et post-européennes se rabibocher. Dans les deux cas, d'une certaine manière, le président de la République est gagnant[5] », se souvient l'un de ceux qui sont dans la confidence. Un autre de ses proches analyse : « Dans toutes les hypothèses, la dissolution est une bonne décision. Si le RN l'emporte, on s'en fout ! Au contraire, ils vont se casser la gueule en deux ans et au lieu d'avoir à les tuer en 2027, on les tuera tout de suite[6]. »

Les quelques conseillers d'Emmanuel Macron sont sur la même ligne que lui. Il faut dissoudre. C'est le cas de Bruno Roger-Petit, son conseiller mémoire, de Pierre Charon, ancien sénateur et proche de Nicolas Sarkozy, désormais conseiller spécial du président, et d'Alexis Kohler, secrétaire général de l'Élysée. Ces derniers le confient d'ailleurs à quelques-uns de leurs proches. Le Premier ministre, Gabriel Attal, n'est évidemment pas au courant. Ni aucun des membres de son gouvernement.

---

5. Témoignage de l'un des conseillers spéciaux du président de la République, mai 2025.

6. Témoignage d'un autre conseiller spécial d'Emmanuel Macron, mai 2025.

Jeudi 6 juin 2024, quatre jours avant la dissolution, le secrétaire général de l'Élysée se rend, en compagnie de Stéphane Séjourné, ministre des Affaires étrangères, à une cérémonie commémorative à Arromanches, dans le Calvados. Il y croise Thierry Solère, autre conseiller spécial du président de la République, qui œuvre depuis quelques années pour recruter chez les macronistes des personnalités venues de la droite. La discussion porte évidemment sur les élections européennes. Alexis Kohler n'est pas optimiste.

« Les résultats ne vont pas être bons, déplore-t-il.

— Je suis d'accord avec toi, on va avoir quelque chose d'à peu près similaire à ce que disent les sondages, lui répond Solère.

— Oui, et nous sommes coincés. L'alliance avec LR ne se fera pas. On n'aura toujours pas de majorité et l'Assemblée va continuer à être invivable, renchérit le secrétaire général.

— Alors comment vous voyez les choses ? interroge Solère.

— Il n'y a que la dissolution… Il faut dissoudre[7]. »

De leur côté, Pierre Charon et Bruno Roger-Petit passent discrètement quelques coups de téléphone pour sonder des personnalités qui leur sont proches. Avec la consigne, évidemment, de ne rien ébruiter. Mais l'information finit tout de même par se répandre. Au Palais-Bourbon, où les députés débattent du projet de loi d'accompagnement des malades et de la fin de

7. Propos rapportés à l'auteur par l'un des deux participants en mai 2025.

vie, certains sentent que quelque chose se trame. Vendredi soir, à la buvette de l'Assemblée nationale, le député LR Philippe Juvin, mystérieux, affirme même à ses collègues, devant plusieurs témoins : « Ce n'est pas la peine de revenir lundi. On aura été dissous[8] ! »

L'histoire lui donne raison deux jours plus tard, à la stupéfaction générale. Et rien ne se passe comme prévu. L'union de la gauche en vingt-quatre heures. La campagne chaotique du camp présidentiel. Les résultats du premier tour. Et, surtout, le front républicain. « Gabriel Attal prend très vite position pour des désistements systématiques en cas de triangulaires contre le RN. Même pour faire élire des Insoumis. Et la gauche fait le même choix, même pour sauver des Darmanin ou des Borne. Emmanuel Macron n'est pas sur cette ligne-là. Mais, dans le bordel ambiant, c'est Gabriel Attal qui dicte la ligne[9] », se remémore un proche du président de la République.

Le Premier ministre d'alors s'étonne d'ailleurs, lorsqu'il appelle certains parlementaires du camp présidentiel pour leur demander de se désister en faveur de la gauche, que ces derniers lui répondent qu'ils ont déjà reçu un appel d'Emmanuel Macron en personne leur demandant de se maintenir. C'est le cas de Patrick Vignal, dans l'Hérault, ou de Sabrina Agresti-Roubache, dans les Bouches-du-Rhône. « Le président voulait une

---

8. Propos rapportés à l'auteur par plusieurs parlementaires et confirmés par le député LR Philippe Juvin, mai 2025.
9. Témoignage d'un proche d'Emmanuel Macron, mai 2025.

majorité RN. Il a été surpris par l'ampleur du front républicain[10] », croit savoir l'un de ses proches. « Le chef de l'État voulait laisser faire la nature[11] », abonde un élu qui le connaît bien. Un autre résume : « Macron a été forcé et contraint, et, d'une certaine manière, sa stratégie "nous ou le RN" est tombée à l'eau. Il n'y aura pas de cohabitation. Pas plus que de majorité absolue pour nous… C'est une catastrophe[12]. »

---

10. Entretien avec un conseiller d'Emmanuel Macron, mai 2025.
11. Entretien avec un élu proche du président de la République, mai 2025.
12. Entretien avec un autre parlementaire proche d'Emmanuel Macron, mai 2025.

PREMIÈRE PARTIE

LA GRANDE INCERTITUDE

1

Des nouvelles du Front

1er juillet 2024 – Assemblée nationale

Sébastien Chenu a le sourire des grands jours. Le RN, son parti, a fini largement en tête du premier tour des élections législatives. Lui-même et 36 autres députés de son camp s'en évitent même un second en étant élus dès le premier dimanche de vote. Dans une semaine, le mouvement de Marine Le Pen vivra peut-être son grand soir en obtenant une majorité absolue à l'Assemblée nationale. « Imposant » ainsi une cohabitation au président de la République, qui sera alors très probablement obligé de nommer Jordan Bardella à Matignon. Si Sébastien Chenu ne fanfaronne pas, il savoure le moment. Pendant que les députés Insoumis également élus au premier tour mettent en scène leurs effusions de joie sur la place du Palais-Bourbon depuis maintenant plus d'une demi-heure, lui fait une arrivée discrète à l'Assemblée. Avec une fierté non dissimulée, il salue un à un chacun des fonctionnaires du

Palais-Bourbon postés à l'entrée de la grande porte de l'édifice pour accueillir les nouveaux élus.

C'est un moment important pour le parlementaire du Nord, plus ancien député RN de l'Hémicycle. Lui qui siège depuis 2017 vient de voir son mandat facilement renouvelé dans sa circonscription avec plus de 58 % des voix. D'ici quelques jours, Sébastien Chenu sera sûrement le prochain maître des lieux, devenant le nouveau président de l'Assemblée nationale. Du moins, c'est ce que beaucoup prédisent déjà. Peut-être lui-même le pense-t-il au moment où il pénètre dans la prestigieuse cour d'honneur du Palais-Bourbon. Après tout, n'a-t-il pas été, de 2022 à 2024, un « très bon[1] » vice-président de l'institution, de la bouche même de celle qui occupait jusqu'alors le Perchoir, la macroniste Yaël Braun-Pivet ?

Avant de se rendre à l'Assemblée, ce 1er juillet 2024, Sébastien Chenu était en compagnie de Jordan Bardella. Les deux hommes ont longuement échangé. Quelle composition pour le futur gouvernement RN en cas de majorité ? À partir de combien de députés considérer que le pays est gouvernable ? « Au-dessus de 250, on commencera à regarder les choses sérieusement[2] », lui affirme le président du RN. Surtout, les échanges ont largement porté sur l'organisation d'un Palais-Bourbon dans lequel le parti de Marine Le Pen

1. Témoignage de Yaël Braun-Pivet dans « "Ce n'est pas le Front national" : comment le RN a réussi à faire sauter les digues à l'Assemblée », *Le Figaro*, 5 juin 2023.

2. Propos rapportés à l'auteur par plusieurs interlocuteurs réguliers de Jordan Bardella entre janvier et mai 2025.

aurait la majorité. « Je pense que ta place serait de présider l'Assemblée nationale. Tu es le plus rompu à l'exercice et tu sais comment fonctionne l'institution[3] », glisse Jordan Bardella à son collègue. Les deux hommes échangent des noms : pour la chefferie du futur cabinet de Sébastien Chenu à l'hôtel de Lassay, pour le futur ministre des Relations avec le Parlement, mais aussi pour travailler à Matignon avec Jordan Bardella. Mieux vaut anticiper, se projeter. « Il aurait été irresponsable de ne pas se préparer à gouverner alors que nous n'avions jamais été aussi proches du pouvoir[4] », se remémore Sébastien Chenu.

Avant même le premier tour, Marine Le Pen, anticipant les bons résultats à venir, a également discuté de la suite avec le député du Nord. « Tu t'imagines faire quoi ? l'interroge-t-elle.

— Je suis disponible où tu auras besoin de moi, mais je me verrais surtout bien président de l'Assemblée. C'est là que je serais le plus efficace, lui répond Sébastien Chenu.

— Tu es celui qui connaît le mieux la maison et on va avoir besoin de stabilité. Commence à réfléchir à ta future équipe[5] », lui conseille alors celle qui préside le groupe RN.

« Il a l'entregent, l'hypermnésie qui lui permet de connaître les profils et parcours de chacun, la capacité

---

3. Propos rapportés à l'auteur par Sébastien Chenu, 27 mars 2025.
4. Entretien avec Sébastien Chenu, 27 mars 2025.
5. Propos rapportés à l'auteur par les deux participants en mars et mai 2025.

de parler à tout le monde au-delà du groupe[6] », s'enflamme-t-elle.

Sébastien Chenu se projette donc déjà. Difficile de résister. Mais ce lundi 1er juillet, lorsqu'il pénètre dans l'enceinte du Palais-Bourbon, il fait son possible pour ne pas donner l'impression d'avoir gagné avant l'heure. Rester sobre. Prudent, il se garde de toute déclaration. Le second tour est encore loin. Il entre d'un pas décidé dans l'enceinte du Palais-Bourbon sans prendre garde aux dizaines de journalistes présents. Le député RN du Nord poursuit sa marche : sur son chemin, chaque fonctionnaire le salue. Mais le parlementaire veut serrer une main de trop. « Non, répond froidement une jeune femme.

— Vous ne me serrez pas la main ?

— Non, je ne vous serre pas la main.

— Et pourquoi donc ?

— Parce que je suis journaliste et que je n'ai pas envie de vous serrer la main. »

Vexé, Sébastien Chenu s'éloigne en ronchonnant. La journaliste, qui travaille pour *L'Humanité*, le regarde avec un mépris non dissimulé. « Vous vous rendez compte, elle ne veut pas me serrer la main », lâche-t-il, un peu froissé, avant d'aller remplir les formalités administratives de son retour au Palais-Bourbon.

Cette scène[7], furtive, n'a rien d'anodin. Elle indique ce qui, depuis quelques heures déjà, infuse dans la classe politique : le retour du fameux « front républicain ».

---

6. Entretien avec Marine Le Pen, 19 mai 2025.
7. Scène vue par l'auteur au Palais-Bourbon, 1er juillet 2024.

La réapparition soudaine du « cordon sanitaire » qui sépare le parti de Marine Le Pen, héritier de celui de son père, Jean-Marie Le Pen, des autres formations politiques. Tandis qu'une trentaine de députés RN prennent discrètement leurs quartiers à l'Assemblée nationale, la gauche et le camp macroniste s'organisent pour faire « barrage » aux candidats de Jordan Bardella.

Partout en France, des prétendants engagés dans le second tour dans des triangulaires se retirent afin d'éviter l'arrivée au pouvoir du RN : une stratégie mise en place conjointement par le Premier ministre d'alors, Gabriel Attal, et la gauche unie du Nouveau Front populaire (NFP). Sébastien Chenu ne le sait pas encore, mais dans quelques jours, tout ne se passera pas exactement comme prévu.

2

Gouverner, c'est choisir

Depuis plus d'une semaine, Marine Le Pen est enfermée dans un petit appartement, à l'abri des regards, en plein cœur de Paris. Elle n'en a quasiment pas bougé, au détriment de sa propre campagne de terrain. Ce qui ne l'a pas empêchée d'être largement réélue, dès le premier tour, députée dans sa circonscription du Pas-de-Calais. Mais l'enjeu est trop grand. Une arrivée au pouvoir n'a jamais été aussi proche. Alors, claquemurée dans quelques mètres carrés, elle prépare la victoire. « Toute la journée, je reçois des gens qui ont vocation à prendre des responsabilités, à devenir ministres, secrétaires d'État, directeurs de cabinet[1] », retrace-t-elle. Des dizaines de rendez-vous, dans le plus grand secret, pendant que tous les autres cadres du RN battent le rappel sur le terrain et dans les médias pour tenter, après le raz-de-marée du premier tour, de transformer définitivement l'essai.

---

1. Toutes les citations de Marine Le Pen dans ce chapitre sont tirées d'un entretien avec l'auteur, 19 mai 2025.

Elle reçoit certains de ses députés, des acteurs économiques, des personnalités de la société civile. Mais aussi d'anciens ministres et d'anciens élus depuis longtemps retirés de la scène politique. « Je lui avais présenté, parmi d'autres possibilités, un profil de ministre du Travail qui pouvait éventuellement lui plaire[2] », se souvient Sébastien Chenu. Tout le monde la conseille sur ce qu'il faut faire et ne pas faire. « L'exercice est assez nouveau pour moi, mais c'est un travail qui me rassure beaucoup sur le profil des gens qui acceptent de venir travailler avec nous », raconte-t-elle. Jordan Bardella, potentiel futur Premier ministre, est évidemment associé. Lui aussi consulte, reçoit, entre son bureau au siège du parti et auprès de Marine Le Pen, dans son appartement parisien.

« Nous avons quasiment entièrement composé le gouvernement », avoue-t-elle. La machine RN, aux portes du pouvoir, s'apprête donc à gouverner. Mais Marine Le Pen le sait, elle ne doit pas trop « dévêtir » son groupe à l'Assemblée nationale pour constituer son exécutif. « Au gouvernement, les anciens députés RN ne seront pas majoritaires car nous devons assurer une majorité solide avec des parlementaires qui ont de l'expérience. Et puis il faut anticiper : si nous avons la majorité, il nous faudra des présidents de commission, des rapporteurs, des vice-présidents de l'Assemblée », détaille la présidente du groupe RN, qui se voit d'ailleurs continuer d'y siéger – un « élément fondamental » pour elle.

2. Entretien avec Sébastien Chenu, 27 mars 2025.

Pourtant, parmi les députés, certains espèrent évidemment devenir ministres. Peu le disent toutefois à voix haute. Beaucoup imaginent l'élu de la Somme, Jean-Philippe Tanguy, à Bercy, au ministère de l'Économie ou aux Finances. Mais Jordan Bardella et Marine Le Pen semblent avoir d'autres plans puisque, selon certains, une proposition non officielle lui est faite, par SMS, par l'intermédiaire d'un proche de Marine Le Pen, pour un secrétariat d'État de lutte contre la Fraude. « Plutôt crever[3] ! » aurait-il laconiquement répondu. Une proposition et un message qu'il dément[4], tout en avouant avoir eu deux entretiens avec la présidente du groupe RN, dont un avec Jordan Bardella dans l'optique de la composition du futur gouvernement.

D'autres personnalités du RN sont très sérieusement ciblées pour entrer au gouvernement. C'est le cas de Louis Aliot, d'Edwige Diaz, d'Hélène Laporte ou du député européen Fabrice Leggeri. Le nom de l'ex-président des LR, Éric Ciotti, qui a fait exploser la droite en annonçant son alliance surprise avec Marine Le Pen au lendemain de la dissolution, circule également, mais pas pour le ministère de l'Intérieur, où Jordan Bardella et la double finaliste de l'élection présidentielle voient quelqu'un de plus proche d'eux. Pour les Finances, le nom de Renaud Dutreil, ancien ministre de Jacques Chirac, revient souvent aux oreilles de certains députés

3. Plusieurs députés RN ont rapporté à l'auteur cette confidence que leur aurait faite Jean-Philippe Tanguy.

4. Échange de messages avec Jean-Philippe Tanguy, 27 mai 2025.

RN, sans que personne leur confirme la véracité de l'information.

Les jours passent et les différentes cases se remplissent. Un débat naît alors entre les principaux cadres du parti : faut-il commencer à faire fuiter des noms pour prouver la capacité du RN à gouverner ? En voyant ceux des potentiels futurs ministres, des indécis pourraient se décider à voter en faveur du RN, estiment certains. Marine Le Pen n'est pas convaincue. « Beaucoup de gens me disaient : "Il faut qu'il y ait des noms qui sortent." Mais la plupart des personnes que nous avions ciblées occupaient des postes à responsabilité. J'ai donc pris le parti de les préserver », résume *a posteriori* la double finaliste de l'élection présidentielle. Rien n'avait d'ailleurs à ce jour encore fuité officiellement.

3

La surprise

7 juillet 2024

C'est l'un des seconds tours les plus incertains de l'histoire de la Ve République. Les différents sondages qui circulent depuis une semaine ne semblent pas donner une image claire de la répartition qui va se dégager à l'Assemblée à l'issue de ces élections législatives. Dans les différents camps, l'ambiance n'est franchement pas à la sérénité. La gauche a réussi à s'unir, mais elle n'imagine pas une seconde l'emporter au second tour. Les macronistes savent que, même s'ils ont sauvé les meubles, ils reviendront plus affaiblis que jamais au Palais-Bourbon. Le RN pense qu'il finira en tête, mais imagine déjà une majorité trop restreinte pour gouverner. « Dès le mardi suivant le premier tour, on a compris que cela s'annonçait plus difficile que prévu, se remémore Sébastien Chenu, envoyé plusieurs jours à La Réunion par Marine Le Pen pour faire campagne et permettre d'obtenir le plus de députés ultramarins possible. Sur place, j'ai senti que nos candidats étaient seuls face au reste du monde. Quelques jours plus tard, je me suis rendu en Isère : même constat, j'ai vu que l'électorat de gauche allait se reporter mécaniquement contre nous[1] », rapporte-t-il.

Alors, en ce dimanche 7 juillet, le RN est moyennement confiant. Au siège du parti, vers 18 h 30, plusieurs des importantes personnalités du mouvement nationaliste échangent quelques derniers mots avant de se rendre, chacun de leur côté, sur les plateaux de télévision. Il y a Marine Le Pen et Jordan Bardella, évidemment, mais aussi Renaud Labaye, le secrétaire général du groupe RN à l'Assemblée, ainsi que les députés Sébastien Chenu, Kévin Pfeffer et le député européen Philippe Olivier. « On se dit tous qu'on terminera au mieux avec 220 députés, qu'on n'aura pas vraiment gagné et que ce ne sera pas suffisant pour gouverner[2] », se souvient l'un d'eux. Tout le monde se sépare dans la plus grande incertitude.

Dans sa circonscription de la Somme, Jean-Philippe Tanguy, qualifié avec 49,7 % lors du premier tour, est plutôt serein sur son sort. Jusqu'à ce qu'il reçoive les premiers résultats. « Ils sont très mauvais... Je me dis : "Putain, c'est pas possible je ne vais quand même pas perdre alors qu'il ne me manquait que quelques voix pour être élu au premier tour" », s'angoisse-t-il. Le député sort courir pour se décharger l'esprit de toute cette pression. Mais il continue de recevoir de

1. Entretien avec Sébastien Chenu, 27 mars 2025.
2. Entretien avec l'une des personnes présentes, janvier 2025.

nombreuses notifications de ses scores dans les différents bourgs de son territoire. « Les résultats n'étaient vraiment pas terribles et il y avait de quoi s'inquiéter. Au final j'étais encore plus stressé donc je n'ai même pas terminé mon footing »[3], retrace-t-il.

Une demi-heure plus tard, vers 19 heures, un premier sondage est partagé sur la boucle WhatsApp des députés RN. Il prévoit une victoire des troupes de Marine Le Pen, qui obtiendraient entre 250 et 290 députés. Faux espoir ou premier signe d'une victoire historique ? Certains trépignent d'impatience pendant que d'autres préfèrent calmer le jeu. « Ça avait l'air un peu trop haut pour être imaginable[4] », se rappelle l'un d'eux.

Puis, dix minutes seulement après ce premier sondage, arrive, sur la même boucle, un message du député de Gironde Grégoire de Fournas. « C'est fini pour moi, je vais être battu dans ma circonscription[5] », écrit-il. Avant que Mathilde Paris, députée du Loiret, annonce à son tour qu'elle s'apprête à perdre son siège. Les mauvaises nouvelles s'enchaînent en quelques minutes. La déception commence à gagner les troupes marinistes. « On voit le truc s'enclencher. Et on comprend rapidement que le barrage républicain a magnifiquement fonctionné quand on voit un autre sondage qui nous met aux alentours de 150 députés[6] », se souvient un député RN. Sur la boucle WhatsApp du parti,

---

3. Entretien avec Jean-Philippe Tanguy, 3 avril 2025.
4. Entretien avec un député RN, février 2025.
5. Propos rapportés à l'auteur par plusieurs députés RN en 2025.
6. Entretien avec un élu RN en 2025.

Jean-Philippe Tanguy demande des éléments de langage à Marine Le Pen et Jordan Bardella. Il va falloir répondre de cette défaite la soirée entière sur les plateaux de télévision, tous les mobilisés veulent savoir quoi dire. Un long message de Jordan Bardella arrive vers 19 h 45, un petit quart d'heure avant les résultats officiels. « On était tous très fébriles. On se demandait comment se coordonner : est-ce qu'on devait taper comme des dingues ou est-ce qu'on devait adopter une posture plus modérée[7] ? » relate l'un d'entre eux.

Lorsque les premiers résultats tombent, c'est effectivement la douche froide : la gauche est en tête, suivie de l'alliance macroniste, qui devance largement le RN et ses alliés ciottistes. Au siège du RN, l'ambiance est pesante. Un militant attristé, voyant un bandeau « Marie-Caroline Le Pen élue dans la Sarthe » sur une chaîne de télévision, lance avec humour : « Voilà enfin la seule bonne nouvelle de la journée. » Même pas. La sœur de Marine Le Pen est finalement battue. Et la soirée vire au « cauchemar », *dixit* un élu présent sur place. « C'était glauque, une véritable dégelée. Tout le monde est parti rapidement »[8], sourit-il avec recul. Rien ne se passe jamais vraiment comme prévu.

---

7. Échange téléphonique avec un député RN, avril 2025.
8. *Ibid.*

4

Rentrée des classes

8 juillet 2024 – Palais-Bourbon

Le 8 juillet 2024, au lendemain du second tour, l'attitude des députés RN a radicalement changé. Eux qui pensaient revenir victorieux, avec au moins une majorité relative, ne sont même pas 150 à avoir été élus. Alors que tous les parlementaires font leur arrivée officielle au Palais-Bourbon, ils évitent pour l'instant soigneusement l'Assemblée. Sauf Laure Lavalette, qui tente une incursion discrète pour esquiver les caméras. Mauvaise idée. Elle est immédiatement poursuivie par une nuée de journalistes. La députée RN se précipite dans le café Bourbon et en sort par la porte de derrière.

C'est seulement deux jours après, le 10 juillet, que le RN organise son retour officiel à la Chambre basse. La mise en scène est savamment orchestrée. Les députés arrivent par groupes et leur nombre est impressionnant. Place du Palais-Bourbon, les nouveaux élus marinistes apparaissent petit à petit. Tous ne se connaissent pas. Les poignées de main sont parfois timides. « Enchanté et bravo à toi[1] ! » s'exclame Franck Allisio en se présentant à l'un des néodéputés. « Bravo à vous surtout, c'est vous qui nous avez ouvert la voie ! » répond ce dernier. Les « anciens », ceux élus depuis 2022, commencent à expliquer le fonctionnement de l'institution aux nouveaux. « Marine va arriver par là tout à l'heure. Aujourd'hui, on ne va faire que les formalités administratives. Nos bureaux sont tous là-bas, je te montrerai », annonce Émeric Salmon à l'une de ses nouvelles collègues.

Cette dernière a un tas de questions : « Il y a un délai pour le recrutement des collaborateurs ? Est-ce que tu penses que j'attends de savoir dans quelle commission je siège ? » Un peu plus loin, Albane Duteurtre, la secrétaire générale adjointe du groupe, se présente aux nouveaux députés qu'elle croise : « Désolé, je vais mettre un peu de temps à retenir tous vos noms ! » s'excuse-t-elle. Tout à coup, les dizaines de caméras s'agitent et tous courent dans la même direction… Un député se dresse sur la pointe des pieds, serait-ce sa patronne qui attire ainsi subitement la presse ? Déçu, il se remet à discuter avec ses camarades. « Je pensais que c'était Marine, mais c'est juste Chenu », sourit-il.

La patronne apparaît quelques minutes plus tard. Elle est applaudie telle une rock star, avant que soit

1. Sauf mention contraire, toutes les scènes et tous les propos rapportés dans ce chapitre ont été observés par l'auteur sur la place du Palais-Bourbon ou à l'Assemblée nationale, 8 juillet 2025.

prise la photo de famille sur l'escalier de la cour d'honneur du Palais-Bourbon. Tout ce petit monde semble très heureux d'être là. « Nous n'avons jamais gagné une élection, il est donc plus facile de gérer les défaites. On ne reste jamais abattus puisqu'on n'a jamais connu le pouvoir. Ce jour-là, il y a certes de la déception, mais on se dit qu'on doit remonter sur le cheval. Notre victoire est différée, ce sera pour la prochaine fois[2] », résume Sébastien Chenu.

En coulisse, une violente dispute éclate entre le photographe officiel du RN et plusieurs autres photographes accrédités. On manque d'en venir aux mains. « Ce n'est pas un connard du Front national qui va nous dicter sa loi », hurle l'un d'eux. La campagne est terminée mais la tension demeure. Les députés RN filent vers leur première réunion de groupe. Et l'ambiance n'est pas franchement festive. Jordan Bardella comme Marine Le Pen ont beau se féliciter du résultat, ils ont le visage de la défaite. Leur petit point presse improvisé, quelques minutes plus tard, dans la cour d'honneur, donne la même impression. La bourrasque du « front républicain » ne les a pas emportés, mais elle les a mis sens dessus dessous. Le RN est blessé ; mais à l'Assemblée, désormais, il est plus fort que jamais.

---

2. Entretien avec Sébastien Chenu, 27 mars 2025.

5

À la recherche d'un Premier ministre

10 juillet 2024

C'est la grande surprise du deuxième tour de ces législatives anticipées. La gauche est presque miraculeusement arrivée en tête des suffrages, parvenant à obtenir une majorité très relative à l'Assemblée nationale en faisant élire un peu plus de 200 députés. Assez pour gouverner ? Probablement pas. Mais dans l'euphorie de ce résultat surprise, le NFP crie victoire et revendique Matignon. Jean-Luc Mélenchon a donné le ton au soir du deuxième tour, en déclarant qu'Emmanuel Macron avait « le devoir d'appeler le NFP à gouverner[1] », pendant que l'écologiste Sandrine Rousseau prévenait, sur BFMTV, que la gauche s'entendrait « dans la semaine » pour proposer un Premier ministre au président de la République.

1. Déclaration publique de Jean-Luc Mélenchon devant les médias, 7 juillet 2024.

Il n'y a donc pas de temps à perdre. Les quatre forces de gauche (Insoumis, écologistes, socialistes et communistes) doivent se mettre d'accord très rapidement. Objectif : mettre la pression sur Emmanuel Macron. Les principaux responsables de chaque camp se retrouvent donc pour tenter de s'entendre sur un programme et sur des noms. Afin de ne pas être embêtés par les journalistes, les élus se retrouvent au sein d'hôtels, de restaurants ou de salles de conférences dans plusieurs endroits de Paris, en changeant presque quotidiennement de lieu. « On est tous exténués par la campagne, on discute parfois jusqu'à 2 ou 3 heures du matin. Il y a la surprise, la joie d'être arrivés en tête, mais il y a aussi et surtout la volonté d'arriver à pouvoir déboucher rapidement sur un nom[2] », se remémore Cyrielle Chatelain, la présidente du groupe écologiste à l'Assemblée nationale.

Les échanges sont animés entre les chefs de parti (le communiste Fabien Roussel, l'Insoumis Manuel Bompard, l'écologiste Marine Tondelier et le socialiste Olivier Faure), les différents responsables de groupes parlementaires (Mathilde Panot pour La France insoumise [LFI], Boris Vallaud et Patrick Kanner pour le Parti socialiste [PS]) et d'autres personnalités politiques issues de chacun des camps (Pierre Jouvet et Johanna Rolland pour les socialistes, Paul Vannier et Clémence Guetté pour les Insoumis, David Cormand pour les écologistes...). Tous ne sont pas présents à

2. Toutes les citations de Cyrielle Chatelain dans ce chapitre sont tirées d'un entretien avec l'auteur, 15 janvier 2025.

chaque réunion mais ils se relaient afin de parvenir, le plus rapidement possible, à trouver une solution qui satisfasse tout le monde.

Parfois, la différence de culture politique entre les quatre entités est frappante. Comme ce 10 juillet, où l'écologiste Cyrielle Chatelain, soutenue par sa collègue Marine Tondelier, commence à faire un schéma, sur un grand tableau blanc, d'une potentielle architecture gouvernementale avec des lettres pour représenter les différents partis.

– Premier ministre : A
– Ministre d'État : B (périmètre élargi)
– Ministre d'État : C
– Régaliens : 2B, 1A, 1C
– [Défense, Affaires étrangères, Justice, Intérieur]
– Ministres : 2A, 2B, 2C, 2D
– Secrétaires d'État : ? / Option => 8 secrétaires[3]

« On a vu les têtes de certains se décomposer. Ils avaient l'air de se dire : "C'est quoi, ce truc, ABC ?" Ils étaient dépités. Il était minuit et demi et je crois que ça a convaincu tout le monde d'aller se coucher », en rit encore Cyrielle Chatelain, qui a vite abandonné l'idée. « On s'est tous regardés en se disant : "Mais c'est quoi ça ?" Leur règle proportionnelle était incroyable… C'était lunaire, elles géraient le futur gouvernement de la France à coups d'arithmétique[4] », se souvient en ricanant Patrick Kanner. Pour autant, les personnes

3. Photo récupérée auprès de l'un des participants à cette réunion.
4. Toutes les citations de Patrick Kanner dans ce chapitre sont tirées d'un entretien avec l'auteur, 27 mai 2025.

présentes prennent une photo pour conserver l'idée. Car, si le NFP parvient *in fine* à faire nommer son Premier ministre, il faudra bien composer un gouvernement équilibré.

La tension est souvent palpable. « C'est la semaine de la négociation impossible car chacun tente d'imposer quelqu'un de son propre camp », résume Patrick Kanner. Les socialistes évoquent le nom d'Olivier Faure, leur premier secrétaire. « Ça dure vingt-quatre heures et ça colore de manière très forte toutes les discussions. Le moment est particulièrement tendu[5] », raconte un participant. « Il a fallu se fâcher très fort pour qu'Olivier Faure arrête de nous faire chier avec sa candidature[6] », raconte souvent, en privé, Jean-Luc Mélenchon, qui se rappelle avoir piqué une colère noire contre le socialiste en visio, en pensant son micro coupé. De leur côté, les Insoumis avancent quatre noms : le sien, évidemment, ainsi que ceux de Mathilde Panot, Clémence Guetté et Manuel Bompard. « Les socialistes sont crispés car ils n'ont pas de Jean-Luc Mélenchon ni de programme. Mais il a fait 22 % à la dernière élection présidentielle. Eux ont fait combien, avec leurs candidats ? 1,7 % pour le PS et les communistes, et 4 % pour les écologistes[7] », raille Mathilde Panot.

Le nom de la communiste Huguette Bello, proche des Insoumis, est ensuite proposé par Fabien Roussel

---

5. Entretien avec un des participants, novembre 2024.
6. Propos rapportés à l'auteur par plusieurs proches de Jean-Luc Mélenchon.
7. Entretien avec Mathilde Panot, 19 décembre 2024.

et semble en passe de l'emporter. La petite musique s'installe dans les médias pendant quelques heures. Mais la présidente de la région Réunion n'a pas les faveurs des socialistes et les écologistes ne souhaitent pas se mouiller. Son nom est donc finalement écarté, avant que celui de la diplomate Laurence Tubiana, cheville ouvrière de la COP 21 et de la Convention citoyenne pour le climat, soit proposé par les socialistes, écologistes et communistes, mais refusé cette fois-ci par les Insoumis.

Dans la salle des Quatre-Colonnes, Olivier Faure est furieux : il évoque un « procès de Moscou » après les vives critiques des Insoumis contre Laurence Tubiana. « Ça peut durer un siècle, comme ça, pour trouver un nom de Premier ministre, donc, au bout d'un moment, pourquoi ne pas faire voter tout le monde ? » s'interroge-t-il. Avant de critiquer la stratégie Insoumise de vouloir selon lui à tout prix nommer l'un des leurs à Matignon : « Si c'est simplement pour se victimiser et se faire censurer au bout d'une heure en disant : "Oh, c'est horrible", ça n'a pas d'intérêt. Moi, je veux gouverner »[8].

Bref, comme prévu, les négociations patinent sec. Et, faute d'accord rapide, les quatre forces politiques décident de ralentir les négociations pour se concentrer sur l'élection à la présidence de l'Assemblée nationale, qui arrive à grands pas. Il faut marquer le coup

8. Olivier Faure s'exprime de manière informelle devant plusieurs journalistes, salle des Quatre-Colonnes, au cours des tractations entre les quatre formations de gauche, le 11 juillet 2024.

en remportant le Perchoir. Ensuite, ils pourront reprendre leurs discussions pour Matignon. « Nous commencions déjà à être d'accord sur le fait qu'il faut finalement quelqu'un de l'extérieur des partis. Au vu des tensions, ça semble évident qu'il faut sortir des appareils », retrace Patrick Kanner. C'est finalement le 23 juillet, soit deux semaines après le second tour des élections législatives, que les quatre forces politiques finissent par se mettre d'accord sur un nom : celui de Lucie Castets, haute fonctionnaire et militante associative, directrice des finances et des achats de la mairie de Paris.

6

Le grand flou

12 juillet 2024

Depuis plusieurs jours maintenant, la gauche crie victoire et revendique Matignon. Faisant fi d'une situation arithmétique très complexe qui ne lui aurait certainement pas permis de gouverner sans l'aide de certaines autres forces politiques comme une partie des macronistes ou de la droite LR. « S'il n'y a pas de gouvernement de gauche, ce sera la "guerre". La France a perdu en demi-finale de l'Euro, vous imaginez Mbappé dire : "On prend la moitié de l'équipe française et on joue la finale ?" On a des institutions qui ont des règles. Si le président les piétine, alors il faut tout jeter à la poubelle[1] », tempête déjà l'écologiste Sandra Regol. L'Insoumise Sophia Chikirou, elle aussi, y croit très sincèrement. « Au lendemain de la victoire, je pense réellement que l'on arrive au pouvoir. Que ça

1. Entretien avec Sandra Regol, juillet 2024.

ne va pas être facile, mais qu'on va le faire. Je n'ai pas du tout en tête qu'Emmanuel Macron va violer les institutions », se remémore l'élue parisienne.

Dans la tête de Sophia Chikirou, le Premier ministre sera forcément Insoumis. « Mélenchon, ça me paraît logique… Deux ans avant, à gauche, on faisait tous campagne sur son nom. Cette fois encore, c'est lui qui fait la démonstration mathématique qu'on peut gagner », se souvient-elle. Mais elle envisage évidemment d'autres noms : Manuel Bompard, Mathilde Panot, Clémence Guetté. « Elle est parfaite, c'est elle qui connaît le mieux le programme, elle n'a jamais été conflictuelle »[2], l'encense-t-elle. Mais rien n'est aussi simple pour les Insoumis. Ni pour la gauche.

Et la pression commence vite à monter chez les élus du NFP, qui voient les discussions entre leurs chefs patiner depuis déjà quelques jours. « Ça fait chier car on est en train de donner le bâton à Macron pour se faire battre[3] », peste l'écologiste Benoît Biteau. Dans les jardins ensoleillés du Palais-Bourbon, la communiste Elsa Faucillon et l'écologiste Sandrine Rousseau se retrouvent et plaisantent, dans un fou rire désabusé. « C'est ouf, on va finir en crise nerveuse là[4]. »

Les macronistes et la droite, eux, paraissent complètement éteints. Et le RN, sonné, regarde les tractations

2. Toutes les citations de Sophia Chikirou dans ce chapitre sont tirées d'un entretien avec l'auteur, 29 avril 2025.

3. Échange informel avec Benoît Biteau dans la cour d'honneur du Palais-Bourbon, juillet 2024.

4. Scène observée par l'auteur dans la petite cour de l'Assemblée nationale, juillet 2024.

d'un œil distant mais attentif. Une force politique est-elle réellement capable de former une équipe gouvernementale qui parvienne à éviter la censure plusieurs semaines voire plusieurs mois ? Au vu de la composition du Palais-Bourbon, rien n'est moins sûr. Particulièrement pour le NFP qui pâtit de l'image sulfureuse des Insoumis et ne pourra donc pas compter sur le soutien des autres forces politiques. « Un gouvernement NFP, même de quelques semaines, pourrait faire des dégâts considérables sans même légiférer, uniquement avec des décrets. Miser sur l'incompétence des gens et sur le fait qu'ils se feront peut-être censurer ne peut pas être un pari gagnant pour nous[5] », considère le député Renaissance Marc Ferracci. « Nous ne devons pas laisser prospérer l'idée que Jean-Luc Mélenchon peut diriger le pays », prévient également la députée LR Émilie Bonnivard.

« Mais il faut que l'on soit adultes. Je ne crois pas que l'on ait vocation à participer à ce gouvernement. Je ne suis pas sûre que ce soit l'essentiel : le pouvoir législatif est à l'Assemblée. Nous pouvons être constructifs sans entrer dans une coalition », juge toutefois la parlementaire de droite. L'élue du groupe de Laurent Wauquiez imagine bien une personnalité comme Bernard Cazeneuve débarquer à Matignon et elle s'en accommoderait finalement plutôt bien. « Si c'est un Premier ministre de gauche, il faut quelqu'un de responsable, assez consensuel et mesuré dans son expression politique. Et il faut un gouvernement sans figure répulsive.

5. Entretien avec Marc Ferracci, 15 juillet 2024.

Sinon, on censure »[6], poursuit-elle, loin d'imaginer que, d'ici quelques semaines, ce sera une personnalité issue de son propre camp politique qui sera nommée.

Mais pour l'instant, ni les macronistes, ni LR ne s'organisent pour une quelconque tentative de prise de Matignon. « Quand on revient, il y a surtout ce sentiment de tristesse. Je repense à tous ces gens que j'ai dû appeler entre les deux tours pour leur demander de se retirer afin de faire le front républicain », se souvient Marc Fesneau, alors ministre de l'Agriculture, qui décrit un sentiment « de colère » et « d'incompréhension ». « À ce moment-là, je me dis : "Pourquoi on a fait cette dissolution, pourquoi avoir abîmé tant de personnes ?" » Et le député de reprendre : « Mais peut-être que ce n'était pas pour rien ? Peut-être qu'elle a fait bouger les lignes, cette dissolution, et qu'elle va restructurer la vie politique pour l'après-Macron »[7].

---

6. Échange informel avec Émilie Bonnivard, juillet 2024.
7. Entretien avec Marc Fesneau, 8 janvier 2025.

7

La fin d'une ère

16 juillet 2024 – Élysée

Fadila Khattabi est en pleurs. À l'instar de la quasi-totalité du gouvernement, la ministre chargée des Personnes âgées et des Personnes handicapées sait qu'elle vit ses dernières minutes en tant que membre de l'exécutif. L'élue de Côte-d'Or a, comme beaucoup de députés, échoué à se faire réélire. Elle a décidé de se désister entre les deux tours des législatives pour éviter la victoire d'un député RN. D'ici quelques jours, elle devra dire adieu à la politique. Même chose pour certains de ses collègues du gouvernement, comme Sabrina Agresti-Roubache ou Stanislas Guérini. Une claque. Dans la salle des fêtes du palais de l'Élysée où se tient exceptionnellement ce Conseil des ministres, tous sont réunis une dernière fois autour du chef du gouvernement, Gabriel Attal, et du président de la République. Une grande table a été dressée pour l'occasion. L'ambiance est crépusculaire.

Pourtant, Emmanuel Macron dégage une rare sérénité. Tout sourire, le chef de l'État prend le premier la parole, dans un discours sobre mais qui ne dégage aucune forme d'inquiétude quant à la suite. Chacun autour de la table le sait : ce soir, il acceptera la démission de son Premier ministre, qui entraînera celle de l'ensemble de son gouvernement. Il les remercie donc tous pour leur action. « Vous pouvez être fiers des résultats obtenus[1] », leur lance-t-il. Avant de se projeter rapidement, en leur faisant comprendre qu'il souhaite « la stabilité pendant les Jeux olympiques et paralympiques ». Et que ces derniers resteront donc probablement en poste jusqu'au terme de cet événement sportif très attendu. « Nous sommes dans un moment de responsabilité. Les Français ont été responsables à l'occasion des élections législatives. Désormais, c'est à toutes les forces politiques de l'être », poursuit-il, imaginant déjà les contours d'une alliance de gouvernement permettant de ne pas être censurés à l'Assemblée nationale.

« Il y a autour de la table une drôle d'ambiance entre ceux qui, on le voit bien, ne sont pas très affectés et ont même l'air de trouver la situation cocasse et presque drôle, et ceux qui ont tout perdu », retrace une ministre. Qui poursuit sa critique envers ceux qui, comme Éric Dupond-Moretti, semblent s'amuser de la situation : « Il y a vraiment un côté je-m'en-foutiste, comme s'ils vivaient le truc en spectateurs d'un

1. Toutes les citations d'Emmanuel Macron et de Gabriel Attal dans ce chapitre ont été rapportées à l'auteur par plusieurs participants.

feuilleton et qu'ils trouvaient ça comique. On vient presque de tout perdre, reprend-elle. Certains passent de décideurs de la sixième puissance mondiale à chômeurs. C'est ultra-violent. Personnellement, je perds mon job. J'étais en train de m'acheter un appartement, donc je suis dans la merde »[2].

Gabriel Attal, plus jeune Premier ministre de la Ve République, va devoir quitter Matignon. Groggy, lui aussi prend la parole, remerciant ses ministres, avant d'exprimer sa « gratitude » et sa « reconnaissance » envers Emmanuel Macron, qui l'a nommé il y a tout juste six mois. Faux-semblants. Le chef de gouvernement ne digère toujours pas la dissolution surprise, et ne se gêne d'ailleurs pas pour envoyer une pique au président de la République. « Nous aurions pu disparaître, et nous avons évité le pire », glisse-t-il subtilement. Une manière de rappeler son désaccord avec la décision de dissolution et le rôle important qu'il a joué pour permettre aux macronistes de ne pas mourir au combat.

Dans un mélange de tension, de tristesse et d'amertume, les personnes présentes prennent la direction de la sortie quand Gabriel Attal lance à Emmanuel Macron : « On prend une photo ? » Il faut rattraper ceux qui se sont déjà échappés et réunir tout le monde à l'extérieur, dans les jardins de l'Élysée. On finit par se retrouver sur les marches pour ce premier et dernier cliché de famille. Le soleil est magnifique, mais l'ambiance est morose. « C'était un joyeux

2. Entretien avec une ancienne ministre, début 2025.

bordel[3] », raconte l'un d'entre eux, qui voit encore les mines émues de certains de ses camarades. Agnès Pannier-Runacher, la ministre de la Souveraineté alimentaire, dépose ses dossiers sur la rambarde de la terrasse pour pouvoir poser avec ses camarades, quand une bourrasque emporte toutes les feuilles dans le jardin. Fou rire général dans l'assemblée. D'autant que Jules et Jeanne, les deux lévriers du président de la République, se jettent sur les feuilles et en déchiquettent certaines.

Une « ambiance de fin de règne[4] », se souvient un autre. Agnès Pannier-Runacher, aidée par Éric Dupond-Moretti, finit par récupérer ses fiches. Ce dernier blague devant les autres membres du gouvernement, faisant mine de découvrir un commentaire de la ministre de la Souveraineté alimentaire : « Qui a écrit ça sur la feuille ? "Gérald Darmanin est insupportable." Agnès, c'est toi[5] ? » Sourires amusés. Et photo de groupe enfin réussie. Les membres du gouvernement peuvent partir. Dans quelques heures, ils seront ministres démissionnaires. Gérald Darmanin dénoue sa cravate. Il retrouve sa liberté. Sur la terrasse de l'Élysée, quelques députés viennent quant à eux d'arriver. Ils ont été invités à déjeuner par le chef de l'État. Cocasserie ultime : Marie Lebec, ministre des Relations avec le Parlement qui vient de vivre le dernier Conseil des ministres, est de la partie. En tant que députée des

3. Entretien avec un participant, février 2025.
4. Entretien avec un ancien ministre, avril 2025.
5. Propos rapportés à l'auteur par plusieurs participants.

Yvelines, cette fois. « Quand j'arrive, tout le monde est déjà assis. Il n'y a plus qu'une place, tout au bout de la table, je m'y installe. Il y a quelques minutes, j'étais ministre. Désormais, je redeviens députée parmi les députés[6]. »

6. Entretien avec Marie Lebec, 16 janvier 2025.

8

Tergiversations et atermoiements

« C'est un peu le dernier inventaire avant la liquidation. On sait très bien qu'on est passés à côté d'une catastrophe politique[1]. » Attablé en terrasse du café Bourbon ce 15 juillet 2024, Marc Ferracci, alors simple député macroniste, livre ce constat lucide : la dissolution prononcée par son ami Emmanuel Macron voici quelques semaines a failli signer la mort pure et simple du macronisme. Si le parlementaire des Français de l'étranger (Suisse et principauté de Liechtenstein) a été réélu sans difficulté, il sait que nombre de ses collègues sont passés proches de la disparition. Et savent que leur réélection s'est faite grâce aux désistements des candidats de gauche dans des circonscriptions où des triangulaires les opposaient à des prétendants du RN.

1. Toutes les citations de Marc Ferracci dans ce chapitre sont tirées d'un entretien avec l'auteur, 15 juillet 2024.

Des personnalités comme l'ex-première ministre, Élisabeth Borne, ou l'ancien ministre de l'Intérieur, Gérald Darmanin, ne doivent leur salut qu'à ce front « anti-RN ». « Le péril d'un tête-à-tête entre les extrêmes est désormais manifeste. Cela doit inciter chacun à faire preuve de responsabilité et à dépasser les postures de fond », analyse Marc Ferracci. Difficile, après une campagne hors du commun marquée par un clivage profond entre les différentes forces politiques. « Il va falloir faire preuve d'empathie, mais il est certain que cela va être difficile de s'y astreindre », admet-il encore. Toutefois le soulagement des macronistes semble en ce mois de juillet 2024 les pousser à l'introspection. Et à un semblant d'ouverture vers une partie de la gauche à qui, ils le savent, ils doivent souvent leur survie politique. « Les retrouvailles sont très émouvantes. Il y a même des embrassades avec les collègues de la coalition présidentielle, qui viennent nous faire de gros bisous quand ils nous croisent dans les couloirs[2] », raconte avec le sourire l'écologiste Sandra Regol.

Cette gauche, qui espère encore – ou fait encore semblant d'espérer – voir l'un des siens devenir Premier ministre, tente malgré tout de se montrer ouverte et à l'écoute. « Nous sommes dans les sables mouvants politiques, l'enjeu de pacification est extrêmement fort. Nous devons retrouver un peu de stabilité. Pour l'instant, tout ce qui se passe est trop brouillé, trop brouillon. Nous avons besoin de choses

2. Entretien avec Sandra Regol, juillet 2024.

simples et claires[3] », confie l'écologiste Sandrine Rousseau.

Ainsi, au discours officiel de « victoire » impulsé par les Insoumis commence à se mêler, en coulisse, un autre, plus modéré, qui avance la nécessité de trouver des accords, y compris avec les macronistes, pour gouverner. « Il faut envoyer tout le monde faire des stages en Allemagne[4] », lâche un communiste, en réunion de groupe, à l'Assemblée. Une autre cadre de la gauche est dans le même état d'esprit. « Quand j'entends tout le monde crier : "Youpi, on a gagné !" je suis exaspérée. C'est ridicule ! Les gens ne veulent pas entendre ça, ils veulent que l'on s'entende. Sans coalition, il n'y aura rien : le Parlement sera à l'arrêt pendant un an », livre-t-elle. Avant d'avouer, fataliste : « Et en même temps, ça va être difficile de trouver des sujets sur lesquels on soit tous d'accord. Il va falloir être créatifs »[5].

Beaucoup sont toutefois optimistes. Ils en sont certains, de cette Assemblée nationale sans majorité peuvent sortir de belles choses. Les députés français vont peut-être apprendre une nouvelle forme de parlementarisme beaucoup plus transpartisane. « On va trouver des solutions, on va être intelligents collectivement. Tous ceux qui ont été élus ont en tête leurs responsabilités », avance la socialiste Ayda Hadizadeh, nouvelle députée du Val-d'Oise. « Le soir de mon

3. Entretien avec Sandrine Rousseau, 17 juillet 2024.

4. Propos rapportés à l'auteur par deux sources du groupe communiste en juillet 2024.

5. Échange informel avec une source parlementaire de gauche en juillet 2024.

élection, j'avais du mal à exulter, j'avais bien conscience que c'était un sursis. Mais je pense que nous sommes beaucoup de femmes et d'hommes de bonne volonté », poursuit-elle. Désormais, elle en est certaine : « Il faudra faire des alliances »[6].

6. Entretien avec Ayda Hadizadeh, juillet 2024.

9

Viens chez moi

Quels seront les futurs rapports de force de l'Assemblée nationale ? Alors que les 577 députés sont désormais installés, une course parfois féroce s'engage pour la composition des groupes du Palais-Bourbon. Les enjeux sont nombreux au sein de chaque famille politique, toutes souhaitent rassembler le plus de députés. À gauche, par exemple, les socialistes, largement renforcés par ces élections législatives, parviendront-ils à égaler le nombre de députés du groupe Insoumis, hégémonique dans ce camp lors de la précédente législature ? Au sein du bloc central, Gabriel Attal arrivera-t-il à conserver tous les députés macronistes au sein d'un même groupe, y compris ceux, plutôt à l'aile gauche, qui sont séduits par l'idée d'aller mener une aventure parallèle ? À droite, Laurent Wauquiez, tout juste revenu au Palais-Bourbon, a déjà des frondeurs à gérer. Dans son dos, nombre de députés s'activent pour tenter de créer un autre groupe indépendant de celui de l'ex-président de la région Auvergne-Rhône-Alpes. Quant au petit groupe Libertés, indépendants, outre-mer et territoires (Liot), pivot lors de la dernière législature[1], parviendra-t-il à survivre alors que son médiatique président, Bertrand Pancher, a échoué à se faire réélire ?

Tout le monde s'active en coulisse. Les purgés de LFI, Danielle Simonnet, Alexis Corbière et Hendrik Davi, ainsi que les deux frondeurs François Ruffin et Clémentine Autain sont courtisés. « Nous nous sommes interrogés sur le groupe auquel nous pourrions nous rattacher. Les socialistes, c'était quand même compliqué, même si on est unitaires… Les communistes, ça pouvait être confortable même s'ils nous avaient fait quelques mauvais coups. Les écologistes, c'était très bien aussi, même si on n'a pas la même culture politique[2] », se souvient Alexis Corbière. Des discussions commencent avec André Chassaigne, le patron du groupe communiste, et Cyrielle Chatelain, la présidente des écologistes à l'Assemblée. Mais les négociations sont de courte durée. Huguette Bello, la présidente communiste du conseil régional de La Réunion, s'en mêle. Il est hors de question que les frondeurs Insoumis rejoignent le groupe communiste, fait-elle savoir à André Chassaigne. Si tel était le cas, alors elle ferait en sorte que tous les députés

1. Lors de la précédente législature, où le bloc macroniste possédait une majorité relative plutôt importante, le petit groupe Liot, composé d'une vingtaine de députés, permettait souvent de faire basculer les voix d'un côté (majorité) ou de l'autre (opposition).

2. Entretien avec Alexis Corbière, 26 mars 2025.

d'outre-mer quittent le groupe pour rejoindre celui de LFI. Ce qui aurait pour conséquence de renforcer le bloc mélenchoniste et de rendre impossible pour les communistes de constituer un groupe, car ils n'atteindraient plus le nombre des 15 députés nécessaires à sa composition. Fin du match : les ex-Insoumis rejoindront leurs amis Verts dans un groupe rebaptisé « écologiste et social ».

À droite, on s'active également. « Il y a à ce moment-là une forte émulation permanente. On reçoit des messages de tout le monde : "Alors, tu vas rejoindre quel groupe[3] ?" », se remémore le député LR Vincent Jeanbrun, à la fois courtisé par Horizons, le parti d'Édouard Philippe, mais aussi par ceux de chez LR qui envisagent de créer un bloc de « frondeurs ». Ces derniers multiplient les coups de fil, depuis quelques jours. Au vu de la donne politique, ils ne souhaitent pas entrer de nouveau dans l'opposition systématique qui a été celle des Républicains à l'Assemblée ces dernières années. Ils craignent que leur chef, Laurent Wauquiez, ne soit encore plus antimacroniste qu'Olivier Marleix, qui dirigeait le groupe jusqu'à présent. Il y a d'abord Philippe Juvin et Véronique Louwagie, qui tentent de convaincre certains de leurs collègues de l'utilité d'un groupe LR qui ne serait pas une « écurie présidentielle » de Laurent Wauquiez. « On ne voulait pas être caporalisés[4] », se rappelle l'un

3. Toutes les citations de Vincent Jeanbrun dans ce chapitre sont tirées d'un entretien avec l'auteur, 18 février 2025.

4. Entretien avec un député LR, janvier 2025.

de ceux qui souscrivent à l'initiative. Et puis il y a le trublion Aurélien Pradié, qui tente de rallier à sa cause les députés LR sur une ligne de « droite sociale ». Mais les deux initiatives se percutent car elles ciblent les mêmes élus. Véronique Louwagie et Aurélien Pradié tentent alors de les faire fusionner, sans être certains de parvenir à franchir la barre des 15 députés. La première réunion se passe plutôt bien : Laurent Wauquiez, qui sent que le groupe pourrait se scinder en deux du fait de sa forte opposition au macronisme, essaie de rassurer les récalcitrants. Première tentative vaine, tous se retrouvent donc autour d'un déjeuner pour tenter de s'organiser. À la table, on voit notamment Véronique Louwagie, Aurélien Pradié, Jean-Louis Thiériot, Philippe Juvin, Antoine Vermorel-Marques. En tout, ils sont entre 14 et 20. Ils pourraient donc presque officiellement lancer leur groupe. « Il faut qu'on soit au moins 20 pour être en sécurité, juge l'un d'eux. D'autant plus que, entre Véronique Louwagie, pro-réforme des retraites, et Aurélien Pradié, qui a voté la censure sur cette même réforme, il y a un monde, et ça peut péter à tout moment[5]. »

Tous promettent d'en parler plus tard. Le temps de consulter autour d'eux pour voir si l'idée est vraiment bonne. Antoine Vermorel-Marques appelle par exemple Michel Barnier, qui l'en dissuade. « Je pense que vous devez tous rester ensemble[6] », lui

5. Entretien avec un député LR, mars 2025.

6. Entretien téléphonique avec Antoine Vermorel-Marques, 21 mai 2025.

conseille-t-il. Véronique Louwagie, de son côté, se voit promettre la présidence de la Commission des finances par Laurent Wauquiez, certain de pouvoir obtenir un deal avec les macronistes. Finalement, il parvient à rassurer tous les frondeurs. « De réunion en réunion, il fait la démonstration qu'il souhaite donner sa place à chacun. Il pâtissait d'une image et il en a été totalement à l'opposé. Ça a désarmé tous les arguments de ceux qui voulaient créer un groupe parallèle », se félicite Vincent Jeanbrun.

Finalement, une grande partie des réfractaires se rangent derrière Laurent Wauquiez et son idée de « pacte législatif[7] ». « On s'est dit qu'on n'allait quand même pas casser une chance historique de remonter dans le train[8] », se remémore Philippe Juvin. « Ils sentent que je suis dans une dynamique sincère, que je souhaite donner sa place à chacun, et que sur la ligne politique je cherche un point d'équilibre de manière à ne pas être soluble dans la macronie ni dans une opposition systématique », retrace Laurent Wauquiez qui promet aux membres de la nouvelle génération – Justine Gruet, Ian Boucard, Vincent Jeanbrun – de les mettre en valeur. Avant de prophétiser : « Si à ce moment-là, on ne garde pas notre unité, ça aura été la dernière pierre tombale de la droite républicaine »[9]. Quelques-uns, comme Aurélien

7. Pour « empêcher le blocage du pays », Laurent Wauquiez et Bruno Retailleau proposent un « pacte législatif » de 13 propositions de loi que LR s'engage à voter si elles sont reprises par le camp présidentiel.
8. Entretien avec Philippe Juvin, 26 mai 2025.
9. Entretien avec Laurent Wauquiez, 27 mai 2025.

Pradié, choisiront finalement de siéger parmi les non-inscrits, ou dans d'autres groupes déjà existants, comme Liot, Horizons ou Ensemble pour la République (EPR).

10

Morts-vivants

C'est l'histoire d'un groupe qui s'est réduit comme peau de chagrin. Un groupe qui, il y a encore trois ans, était hégémonique, et qui désormais n'est même pas certain d'atteindre les 100 députés. Un groupe dont tout le monde veut pourtant prendre la tête.

À la sortie de ces législatives, les anciens « marcheurs » sont lessivés. Beaucoup s'estiment miraculés. Et chacun imagine que c'est le Premier ministre démissionnaire, Gabriel Attal, qui a mené le combat pour sauver les meubles pendant les législatives, qui prendra logiquement la tête du groupe. Lui-même en a envie. « Dès le soir de la dissolution, il est très clair pour moi que je vais retourner au Parlement. Et dès que je remets ma démission au président, je suis également dans l'optique de devenir président car je veux garder un groupe uni, qui n'éclate pas[1] », retrace-t-il.

---

1. Toutes les citations de Gabriel Attal dans ce chapitre sont tirées d'un entretien avec l'auteur, 29 mai 2025.

Mais l'équation n'est pas si simple. Parmi les anciens ministres, beaucoup se verraient bien, eux aussi, prendre la tête de l'écurie macroniste à l'Assemblée – une façon d'attendre un hypothétique retour au gouvernement. L'ex-ministre de l'Intérieur, Gérald Darmanin, est intéressé. L'ancienne Première ministre, Élisabeth Borne, également. Le président de groupe qui officiait juste avant la dissolution, Sylvain Maillard, a déjà fait le deuil d'un poste qu'il aimait beaucoup. Cette nouvelle phase n'est pas la sienne.

En coulisse, chacun fait campagne à sa manière et la tension est déjà immense. « On avait tous une seule certitude, c'était que le groupe allait complètement exploser. Si Darmanin gagnait, on perdait les attalistes et si Attal gagnait, on perdait les darmanistes[2] », se souvient un cadre, qui imagine alors un groupe qui ne dépasserait pas les 70 députés, dans le meilleur des cas.

D'autant que, pendant les élections législatives, Gérald Darmanin a déjà opéré un rapprochement avec Édouard Philippe, envisageant de créer un groupe commun avec des députés Horizons et avec d'autres proches de l'ancien hôte de Beauvau. « Sauf que ça ne marche plus. Les députés d'Édouard Philippe ont pu maintenir l'existence de leur groupe sans Darmanin, et ce dernier se retrouve donc dans la compétition interne à Renaissance[3] », résume une source au fait des tractations.

2. Entretien avec un cadre du groupe, début 2025.
3. Entretien avec un macroniste, février 2025.

Emmanuel Macron, lui, n'a pas très envie que le poste revienne à son ancien Premier ministre. Ces dernières semaines, les relations se sont tendues entre les deux hommes. Gabriel Attal a ouvertement critiqué la décision du président de dissoudre l'Assemblée nationale, ce qui lui a déplu. Il a également élaboré la stratégie du front républicain entre les deux tours des législatives, mettant ainsi à mal la stratégie secrète du chef de l'État.

Chacun élabore sa propre tactique pour former la nouvelle mouture du groupe Renaissance. Gérald Darmanin soumet alors à Emmanuel Macron l'idée d'une sorte de présidence tournante, avec plusieurs chapeaux à plumes pour diriger conjointement le groupe. « Gérald savait qu'il ne gagnerait pas en se présentant contre Gabriel. Élisabeth Borne voulait aussi sa part du butin et Aurore Bergé voulait la tête de Gabriel[4] », résume un cadre au cœur des échanges. Naît alors à l'Élysée l'idée d'une forme de collégialité avec plusieurs patrons. Sylvain Maillard, qui dirigeait le groupe jusqu'à la dissolution, en conserverait officiellement la tête, afin d'assurer le *statu quo* et de ne vexer aucun des poids lourds lorgnant le poste. « L'idée de la présidence collégiale, c'est surtout une excuse pour que Gabriel ne prenne pas la tête du groupe[5] », considère d'ailleurs l'entourage de l'ancien chef de gouvernement. Attal, lui, argumente : « Une présidence à plusieurs têtes n'a aucun sens.

4. Entretien avec un cadre du groupe Renaissance, début 2025.
5. Échanges avec l'entourage de Gabriel Attal, mai 2025.

Quand vous devez négocier des postes avec Laurent Wauquiez, vous n'envoyez pas trois personnes. »

Emmanuel Macron n'est pas de cet avis. Il convoque donc Sylvain Maillard à l'Élysée. « On ne sait pas ce qui va se passer. Il faut que tu restes jusqu'en septembre à la tête du groupe et ensuite, lorsqu'on saura exactement la composition de ce gouvernement, on fera des élections pour la présidence du groupe[6] », lui dit en substance le président de la République. À l'Assemblée nationale, Sylvain Maillard se trouve à peine quelques heures plus tard dans son bureau en compagnie de Gabriel Attal, Yaël Braun-Pivet et Gérald Darmanin. Il leur soumet l'idée du chef de l'État. Hors de question pour Gabriel Attal, qui leur fait comprendre qu'il souhaite être candidat. « Tu ne peux pas tout prendre. Il n'y a pas que toi. Il faut partager les responsabilités avec toutes les sensibilités. Si tu prends le groupe, alors tu me laisses le parti[7] », s'agace Gérald Darmanin. Mais le Premier ministre démissionnaire lui tient tête. Il ira à la présidence du groupe ; quant au parti, « c'est une élection, on ne va pas décider à trois dans un bureau qui en prend la tête ». La tension est très forte entre les deux hommes et Yaël Braun-Pivet, énervée, quitte la réunion prématurément.

À l'Élysée, de toute façon, le sujet de la présidence de groupe est déjà tranché. On décide qu'il n'y aura pas d'élection et qu'on attendra le scrutin pour la tête

6. Propos rapportés à l'auteur par Sylvain Maillard lors d'un entretien, 14 mai 2025.

7. Propos rapportés à l'auteur par plusieurs participants.

du parti, qui aura lieu en novembre. L'ancienne première ministre, Élisabeth Borne, est d'accord avec cette idée. Sylvain Maillard conservera la présidence du groupe pendant que Gabriel Attal, Élisabeth Borne et Gérald Darmanin le dirigeront dans la collégialité. Tous quatre sont convoqués devant le président de la République pour acter officiellement ce principe. Gabriel Attal est mutique. Mais il n'a pas dit son dernier mot.

C'est dans cette ambiance à couteaux tirés qu'a lieu la première réunion de groupe à l'Assemblée. « Une véritable boucherie[8] », se remémore un participant. « Nous étions presque tous en thérapie de groupe, ça tirait à balles réelles contre Emmanuel Macron[9] », se souvient un élu. « Je suis un survivant, j'ai gagné malgré le président[10] », lâche notamment, en substance, le député Belkhir Belhaddad. Un certain nombre de députés font savoir qu'ils ne sont pas sûrs de s'inscrire au sein du groupe. « C'était la guerre, je n'avais jamais vu une réunion aussi tendue[11] », raconte un député. Sylvain Maillard est mal à l'aise. D'autant qu'il ne souhaite plus particulièrement conserver la présidence du groupe, sur laquelle il a déjà tiré un trait. Mais il tente de faire preuve de loyauté envers le président de la République. « Le problème, c'est que pendant qu'on se bat entre nous, on ne va pas chercher les quelques députés qui auraient pu siéger avec nous et qui sont

8. Témoignage d'un député Renaissance, mars 2025.
9. Entretien avec un député Renaissance, mai 2025.
10. Propos rapportés à l'auteur par plusieurs participants.
11. Entretien avec un député Renaissance, début 2025.

finalement démarchés par Liot[12] », regrette un cadre Renaissance.

« Une grande partie du groupe ne veut pas se réinscrire s'il n'y a pas d'élection. Je n'ai que 30 députés[13] », se remémore Sylvain Maillard. Le début d'une rébellion contre Emmanuel Macron et dont Sylvain Maillard lui fait état. « Il faut faire avancer le dossier, il faut qu'ils s'inscrivent[14] », coupe court le président de la République. Mais la situation semble presque intenable pour Sylvain Maillard, qui ne voit pas comment défendre cette position qu'il n'a lui-même pas choisie. Pendant une réunion de service, il explique la ligne officielle du chef de l'État aux différents cadres du groupe. L'atmosphère est électrique. « Ce n'est pas une bonne idée du tout, ça va mal se terminer[15] », lui lance une personne présente. Afin que rien de cet échange ne fuite dans la presse ou auprès des députés, Deborah Abisror-De Lieme, secrétaire générale du groupe, fait sortir une grande partie des personnes présentes. « Tout le monde dehors », lâche-t-elle afin de discuter en tête à tête avec le président sortant de Renaissance.

Et de l'interpeller : « S'il n'y a pas d'élection, le groupe explose. Nous avons collectivement besoin que les députés s'expriment. Pour l'instant, je n'ai que 60 députés qui ont signé pour en faire partie et je

12. Entretien avec un cadre du groupe Renaissance, 2025.

13. Toutes les citations de Sylvain Maillard dans ce chapitre sont tirées d'un entretien avec l'auteur, 14 mai 2025.

14. Propos rapportés à l'auteur par Sylvain Maillard en mai 2025.

15. Propos rapportés à l'auteur par plusieurs participants.

t'assure que j'en ai plus de 30 qui s'en vont si on ne les fait pas voter »[16]. Sylvain Maillard sait déjà tout ça. Il sait que même le Premier ministre démissionnaire, Gabriel Attal, n'a pas encore officiellement intégré le groupe. Et il ne peut qu'être d'accord avec le constat de Deborah Abisror-De Lieme. La pression sur lui est extrêmement forte. Il voit bien qu'une très large majorité de ses députés réclament un vote. Et que beaucoup veulent voir Gabriel Attal, qui a mené campagne pour eux pendant les législatives anticipées, prendre la tête du groupe.

Sylvain Maillard s'enferme dans son bureau pendant plusieurs heures. Il réfléchit. Le président de la République est aux États-Unis. Il est injoignable. Il va falloir prendre une décision sans le consulter. Une décision qui ne lui plaira probablement pas. La journée se passe dans un silence absolu. Quelques échos de la possible décision qui se dessine arrivent toutefois aux oreilles de certains députés. Une élection reportée à septembre et une sorte de présidence tournante en attendant. « On vient de nous virer à la télévision un dimanche soir, il est hors de question qu'on ne vote pas pour notre président[17] », s'énerve notamment Violette Spillebout auprès de l'un de ses amis.

Dans son bureau, Sylvain Maillard a tranché. Et vient de faire connaître son choix au président en lui envoyant un message laconique : « J'ai pris ma décision.

16. Propos rapportés à l'auteur et confirmés par les deux protagonistes en 2025.

17. Propos rapportés à l'auteur par un cadre Renaissance en avril 2025.

C'est intenable. Mon groupe veut un patron. » Il envoie, quelques minutes plus tard, par mail, la convocation pour l'élection du président de groupe, ouvrant officiellement l'appel à candidatures, auquel seul Gabriel Attal répond.

Furieux, Emmanuel Macron convoque une nouvelle fois les protagonistes dans son bureau dès son retour des États-Unis. « Je pars trois jours et vous ne respectez pas la ligne qu'on avait fixée, je pars trois jours et c'est tout de suite le bordel[18] », s'agace-t-il. En face de lui, Gabriel Attal ne dit toujours rien mais le fixe du regard. Sylvain Maillard, lui, explique que la situation n'était « pas tenable ». Et Gérald Darmanin refuse de parler. « J'ai déjà tout dit », lâche-t-il seulement. « Si vous ne voulez pas de moi, présentez-vous donc contre moi », répond Gabriel Attal. Seul candidat, il sera largement élu dès le lendemain par vote électronique.

18. Tous les propos cités lors de cette réunion ont été rapportés par plusieurs participants.

11

Marchands de tapis

Pendant ce temps, les macronistes et LR scellent, avant même la nomination d'un Premier ministre, une alliance pour se répartir les postes clés de l'Assemblée nationale. À la manœuvre, l'ancien Premier ministre, Gabriel Attal, et l'ex-patron des Républicains, de retour au Palais-Bourbon après plusieurs années d'absence, Laurent Wauquiez. Ils ont respectivement pris la tête des députés EPR pour le premier et Droite républicaine (DR) pour le second. Pour les deux hommes, il s'agit de frapper d'entrée un grand coup en parvenant à nouer une alliance d'intérêts, sans oublier les deux autres groupes macronistes, le Mouvement démocrate (Modem) de François Bayrou et Horizons d'Édouard Philippe. Une stratégie qui doit leur permettre d'obtenir les principaux postes à responsabilités du Palais-Bourbon : la présidence et plusieurs vice-présidences de l'Assemblée nationale, les présidences de commission, certaines questures et des postes de secrétaires.

Dans le plus grand secret, les deux hommes s'organisent très rapidement. Ils n'ont pas besoin de faire connaissance : ils se sont déjà rencontrés il y a plusieurs semaines lors d'un dîner à Matignon. Le courant passe bien entre eux, tous deux étant très directs. « On avait déjà éprouvé notre fiabilité commune. On savait qu'on pouvait se faire confiance[1] », relate Laurent Wauquiez. « On a de bons rapports. C'est quelqu'un de cash, de franc. On se dit les choses. On a des désaccords majeurs sur le fond, mais c'est un bon interlocuteur[2] », se félicite aussi Gabriel Attal. Ils se retrouvent donc très vite, dans le bureau de l'ex-Premier ministre, à l'Assemblée, pour négocier point par point chacun des postes clés et élaborent une stratégie pour conserver la présidence du Palais-Bourbon. Car ils en sont bien conscients : alliés, ils sont numériquement supérieurs à l'alliance de gauche, qui revendique pourtant Matignon ainsi que la présidence de l'Assemblée. « L'objectif, c'est d'éviter que LFI prenne le Perchoir, en prenant en compte les contraintes de chacun », résume Laurent Wauquiez.

Les échanges sont fluides et se poursuivent par téléphone, sur WhatsApp. Ils se déroulent étonnamment très bien. Laurent Wauquiez, qui a pourtant jusqu'ici fait preuve de beaucoup de virulence envers les macronistes, se montre à l'écoute et très constructif. « Il donne une bonne image de lui. À ce moment-là, on se dit tous : "Si

1. Toutes les citations de Laurent Wauquiez dans ce chapitre sont tirées d'un entretien avec l'auteur, 27 mai 2025.

2. Toutes les citations de Gabriel Attal dans ce chapitre sont tirées d'un entretien téléphonique avec l'auteur, 29 mai 2025.

on l'avait eu lui à la place d'Olivier Marleix entre 2022 et 2024, il n'y aurait jamais eu de dissolution de l'Assemblée[3]" », se remémore, sévère, un cadre du groupe EPR. « Il est dur en affaires, mais ce qui est très agréable, c'est qu'une fois qu'on a topé, on a topé. Il fait le job de manière totale, il tient son deal, retrace Gabriel Attal. On sort de sept ans où les LR sont nos opposants et ils sont encore dans une volonté de ne pas entrer au gouvernement et de rester dans l'opposition. Il n'était pas dit qu'on tomberait d'accord, ça n'était pas naturel du tout. »

Laurent Wauquiez est gourmand. Très gourmand. En dépit de ses moins de 50 députés, il réclame deux vice-présidences de l'Assemblée, une questure et une présidence de commission. Gabriel Attal fait ses calculs. Il ne faut pas sacrifier le Modem et Horizons, les deux autres alliés, pour favoriser ce nouveau partenaire. Les deux présidents de groupe respectifs, Marc Fesneau et Laurent Marcangeli, ne sont pas conviés à ces discussions. Il s'agit de ne pas leur faire de mauvais coups. Cela devra donc se faire au détriment des postes revenant normalement au RN. « La discussion se fait sans moi mais pas dans mon dos. Wauquiez fait l'épicier mais Attal est réglo avec nous », se souvient Marc Fesneau. Le président du groupe DR tient d'ailleurs, lui aussi, régulièrement informés les deux autres présidents de l'avancée des tractations avec Gabriel Attal. « Le deal est réglo et on ne perd rien, donc on avance »[4], dit encore Marc Fesneau.

3. Entretien avec un cadre du groupe Renaissance, février 2025.

4. Toutes les citations de Marc Fesneau dans ce chapitre sont tirées d'un entretien avec l'auteur, 8 janvier 2025.

Le président du groupe Horizons n'est, lui, pas tout à fait d'accord. Car, si son groupe ne se trouve pas désavantagé outre mesure, il regrette que cet accord entre Gabriel Attal et Laurent Wauquiez soit noué au détriment du RN, qui perdra donc deux postes de vice-président et n'aura aucun élu au sein du bureau de l'Assemblée, censé pourtant représenter proportionnellement toutes les forces politiques du Palais-Bourbon. « Je leur ai dit que c'était une connerie. Mais j'ai fait voter mes députés. Je leur ai dit : "On sort du deal ou on suit." Ils ont majoritairement dit : "On suit", alors, on a suivi[5] », résume, pragmatique, Laurent Marcangeli. Le contrat est donc scellé. Si tout se passe bien, chacun de ces quatre groupes sera représenté au sein du bureau de l'Assemblée et des commissions permanentes. Reste à confirmer l'essai dans quelques jours, lors des votes en Hémicycle et en commission. Ce qui ne sera pas une mince affaire, loin de là.

5. Entretien avec Laurent Marcangeli, 20 novembre 2024.

12

Panier de crabes

Empêtrées dans leurs interminables négociations pour trouver le nom de leur futur Premier ministre, les quatre forces de gauche entament en parallèle des tractations destinées à acter qui sera leur candidat pour la présidence de l'Assemblée nationale. « Les négociations patinaient tellement qu'on s'est tous dit : "Stop ! On se met sur l'Assemblée nationale, c'est là-bas que va se jouer la bagarre dans un premier temps[1]" », se remémore Cyrielle Chatelain. L'enjeu est capital pour la gauche. Jean-Luc Mélenchon le répète à plusieurs reprises à ses troupes en guise d'avertissement : « L'Assemblée nationale est légitime. Si elle trouve une autre majorité que la nôtre, nous ne pourrons pas dire qu'elle n'existe pas. Puis, Emmanuel Macron a un point de passage : Yaël Braun-Pivet. Si elle gagne, c'est terminé : il a renversé la table et il a une légitimité pour nommer le Premier ministre

1. Entretien avec Cyrielle Chatelain, 15 janvier 2025.

qu'il veut[2]. » Le NFP doit donc absolument l'emporter. Sur le plan arithmétique, rien n'est impossible. Mais les chances sont minces : il va donc falloir jouer serré.

De nouvelles négociations commencent donc. Les réunions se déroulent en petit comité, à huis clos, dans plusieurs salles de travail de l'Assemblée nationale, au 101, rue de l'Université. La plupart du temps, les quatre présidents de groupe y participent : Mathilde Panot pour les Insoumis, Boris Vallaud chez les socialistes, l'écologiste Cyrielle Chatelain et le communiste André Chassaigne. D'autres négociateurs sont parfois présents : Bastien Lachaud côté Insoumis, Sandra Regol côté écologistes, Christine Pirès-Beaune côté socialistes. Plusieurs noms sont évoqués pour le Perchoir, principalement ceux des quatre patrons de groupe en question, ainsi que celui de l'Insoumis Éric Coquerel, président de la Commission des finances depuis 2022. Son caractère « plus rond » que celui de Panot peut être un atout dans les négociations, estime l'état-major LFI. « Au commencement de la discussion, personne ne veut céder. Et j'ai cette sensation que les écologistes se disent qu'ils peuvent tirer leur épingle du jeu en étant le plus petit dénominateur commun »[3], se rappelle un présent.

Chacun défend sa chapelle. Le nom d'Éric Coquerel est le plus rapidement écarté. Son profil de parlementaire expérimenté et respecté de certains à droite est

---

2. Propos rapportés à l'auteur par plusieurs proches de Jean-Luc Mélenchon et répétés par ce dernier lors d'un entretien, 10 janvier 2025.

3. Entretien avec un négociateur, 2025.

trop similaire à celui du communiste Chassaigne, estiment les négociateurs. Restent donc les quatre présidents de groupe. Mais rapidement, les tractations pour désigner le futur Premier ministre du NFP viennent perturber ces réunions. Hors de question, estiment les Insoumis, qu'un socialiste soit choisi pour occuper le Perchoir si par ailleurs le parti à la rose tente d'imposer le nom de l'un des siens pour Matignon. Même revendication parmi les troupes d'Olivier Faure. « J'accepte de rayer mon nom de la liste si Boris Vallaud retire également le sien[4] », lance alors en substance Mathilde Panot. Le patron du groupe socialiste qui, de toute façon, poussait en coulisse pour la candidature de son homologue communiste, accepte donc également de ne plus être candidat.

Il ne reste plus que deux noms : le truculent André Chassaigne, à la tête d'un petit groupe d'à peine plus de 15 députés, et Cyrielle Chatelain, meneuse d'une petite quarantaine de parlementaires. Les Insoumis soutiennent clairement la patronne des Verts. Le communiste s'est souvent montré très critique envers les députés LFI ces dernières années, n'hésitant pas à prendre la parole dans l'Hémicycle pour fustiger l'attitude déplacée d'un parlementaire mélenchoniste[5]. « Il a soutenu la plupart des sanctions contre nos députés et nous tacle

4. Toutes les citations de Mathilde Panot dans ce chapitre sont tirées d'un entretien avec l'auteur, 19 décembre 2024.

5. Lors de la législature précédente, André Chassaigne a souvent été critique des députés LFI, notamment lors d'une prise de parole remarquée dans l'Hémicycle en février 2023, après que l'élu mélenchoniste Aurélien Saintoul a traité d'« assassin » le ministre du Travail, Olivier Dussopt, au cours de l'examen de la réforme des retraites.

régulièrement », résume Mathilde Panot. Ce dernier en est d'ailleurs conscient : « J'ai voté toutes les sanctions lorsque j'estimais qu'ils étaient allés trop loin, j'ai souvent pris la parole pour dénoncer leurs prises de position, voilà pourquoi les Insoumis ne voulaient surtout pas de moi comme président de l'Assemblée[6] », admet-il. Les socialistes, eux, sont clairement derrière André Chassaigne.

Nous sommes le 17 juillet 2024. Les différents protagonistes se séparent et se donnent rendez-vous une dernière fois à 16 heures, au Palais-Bourbon, pour une possible ultime réunion. Mais, alors que les discussions semblaient avancer, celles pour le poste de Premier ministre viennent de nouveau perturber les pourparlers. « On se dit que si on arrive à trouver un candidat pour la présidence de l'Assemblée, on peut peut-être réussir à faire d'une pierre deux coups en trouvant aussi un nom pour Matignon[7] », se remémore l'Insoumis Éric Coquerel. Le nom de la communiste Huguette Bello, proche de Jean-Luc Mélenchon, proposé voici quelques jours pour Matignon, vient de revenir dans le jeu. Les Insoumis y sont favorables, mais les socialistes n'en veulent pas. Les écologistes n'osent, encore une fois, pas trop se mouiller.

En coulisse, LFI met la pression sur les écologistes. « On veut bien vous soutenir pour la présidence de l'Assemblée, mais ce serait bien si vous disiez des choses positives au sujet d'Huguette Bello, lâche Mathilde Panot à Cyrielle Chatelain.

6. Entretien avec André Chassaigne, 19 mars 2025.
7. Entretien avec Éric Coquerel, 3 mars 2025.

— Je ne veux pas qu'on ait l'impression que j'ai donné mon aval uniquement pour avoir un poste[8] », réplique, en substance, l'écologiste, qui refuse donc de se prononcer. Dans le même temps, Marine Tondelier, la secrétaire nationale des Écologistes, refuse également de donner son feu vert, permettant ainsi au PS, qui se serait incliné en cas de « trois contre un », de maintenir son opposition.

Mais ces palabres de couloir ne sont pas du goût du communiste André Chassaigne qui, lors d'une réunion, pousse un coup de gueule, reprochant aux écologistes et aux Insoumis de négocier dans leur coin et de favoriser l'écologiste Cyrielle Chatelain. « On s'était mis d'accord pour que la désignation du candidat au Perchoir ne soit pas télescopée par le combat entre les chefs de partis pour Matignon, on voulait faire la démonstration de notre union sans être influencés par nos organisations politiques. Or, j'apprends que vous négociez dans notre dos pour tenter en quelque sorte de nous berner », lâche-t-il, furieux, en direction des Insoumis. La colère froide du communiste résonne dans la salle et la tension est à son comble. « Je les ai ramassés. Dans ce genre de situations, je parle avec mes tripes et il y a souvent une forme de colère qui prend le dessus »[9], se rappelle-t-il.

La pression et la tension sont à leur comble dans cette petite salle du Palais-Bourbon. Les larmes aux

8. Discussion entre Mathilde Panot et Cyrielle Chatelain rapportée à l'auteur par plusieurs sources.

9. Entretien avec André Chassaigne, 19 mars 2025.

yeux, Cyrielle Chatelain annonce alors, à la stupéfaction générale, son désistement. Visiblement touchée, l'écologiste explique : « Je suis candidate mais surtout porteuse d'un mandat de mon groupe. Je ne veux pas prendre une décision dans mon seul intérêt personnel ou être utilisée comme levier pour influer sur la position de mon groupe ou de mon parti[10]. » Dans la salle, l'émotion remplace alors les frictions. André Chassaigne reprend la parole, également très troublé : « Non, non, ne te retire pas, c'est moi qui vais me retirer, tu es une très bonne candidate.

— C'est trop tard, lui répond l'écologiste. J'ai déjà envoyé un message à l'AFP pour leur annoncer mon retrait.[11] » C'est donc officiel. André Chassaigne est le candidat du NFP pour le Perchoir. Les socialistes sont satisfaits et les Insoumis, furibonds. « Vouloir être présidente de l'Assemblée et ne pas savoir résister à trois coups de pression d'un vieux… On veut gouverner ce pays, si vous craquez à la moindre intimidation, on ne va pas y arriver[12] », lancera, furieuse, Mathilde Panot en petit comité après coup. « Le choix de Cyrielle était d'un côté très noble et de l'autre, désastreux car on se retrouve avec un candidat, André Chassaigne, qui ne fait pas campagne pour la présidence alors qu'il y avait moyen de moyenner[13] », peste, encore aujourd'hui, le leader Insoumis Jean-Luc Mélenchon.

10. Échanges de messages avec Cyrielle Chatelain, 29 mai 2025.

11. Propos rapportés à l'auteur par plusieurs présents en 2025.

12. Propos rapportés à l'auteur par plusieurs proches de Mathilde Panot.

13. Entretien avec Jean-Luc Mélenchon, 10 janvier 2025.

13

Tentative désespérée ?

Juillet 2024 – Assemblée nationale

Yaël Braun-Pivet n'a pas encore tout son plan en tête. Mais elle sait déjà ce qu'elle veut. Alors que le second tour des élections législatives anticipées n'est pas passé et qu'elle n'est pas encore réélue, la présidente sortante de l'Assemblée nationale voit plus loin. Elle imagine déjà une Assemblée nationale divisée en trois blocs, avec une nouvelle majorité relative pour les macronistes qu'elle pourrait, cette fois encore, présider. Elle en parle à ses proches. « Je perçois que si le RN ne gagne pas, l'Assemblée sera hyper-fragmentée et que je pourrai être utile[1] », se souvient-elle. Elle évoque même l'idée, optimiste, auprès du président de la République. Le chef de l'État répond par un sourire à cette confession un peu ambitieuse : « Ça me fait

1. Toutes les citations de Yaël Braun-Pivet dans ce chapitre sont tirées d'un entretien avec l'auteur, 5 mai 2025.

plaisir, Yaël, car contrairement à beaucoup d'autres, tu ne considères pas que tout est perdu d'avance. Tu te projettes[2] ! » la félicite-t-il.

Peut-être un peu trop. Au soir du premier tour, les résultats ne sont guère encourageants pour les macronistes. La gauche est en tête et revendique le pouvoir. Les macronistes, eux, ne sont pas très loin derrière, et sont devant le RN, finalement sévèrement battu. Yaël Braun-Pivet est réélue confortablement dans sa circonscription des Yvelines. Elle fait ses petits calculs. Elle en est certaine, il existe un trou de souris qui lui permettrait d'être réélue. Mais la présidente sortante va d'abord devoir convaincre dans son propre camp. « Il fallait que je m'impose comme candidate Renaissance, mais aussi que je voie comment aller chercher d'autres voix. Il y avait deux batailles en une pour reconquérir le Perchoir », retrace-t-elle. Il faut faire campagne très vite. Alors, avec sa petite équipe, elle s'organise. Elle appelle les députés un à un, envoie des messages, passe son temps à la buvette de l'Assemblée. « Elle venait dire bonjour à tout le monde. Elle nous disait : "Comment tu vas ? Ça me fait plaisir de te voir !" Elle était sympathique et souriante, alors que d'habitude, elle n'est jamais très avenante[3] », retrace un député macroniste, un brin moqueur.

Yaël Braun-Pivet se préoccupe aussi beaucoup des députés LR. Elle les connaît bien pour avoir travaillé avec la plupart d'entre eux lors de la législature

2. Propos rapportés par Yaël Braun-Pivet en mai 2025.
3. Témoignage d'un député Renaissance, début 2025.

précédente. Elle sait qu'ils peuvent faire pencher la balance de son côté. Elle appelle Laurent Wauquiez, nouveau président du groupe, à plusieurs reprises. Mais aussi Gérard Larcher, le président du Sénat, et Hervé Marseille, président de l'Union centriste au palais du Luxembourg. Il faut s'assurer de leur soutien. « J'ai envoyé mon bilan à tous les députés et j'ai mené une campagne sur le fond, raconte-t-elle. C'est une grosse bataille car il y a un enjeu politique énorme à conserver le Perchoir pour le président de la République : montrer qu'on avait encore un socle commun et une majorité relative. »

Ce dernier s'implique personnellement dans la bataille et soutient activement Yaël Braun-Pivet. Il va même jusqu'à appeler certains députés qui ne souhaitent pas lui apporter leur voix. D'autres macronistes mouillent la chemise pour elle. C'est le cas de son amie Aurore Bergé, mais aussi de députés Modem, qui pensent que la présidente sortante est la meilleure option. Les jours passent et rien n'est gagné. La plupart des embûches sur son chemin viennent de son propre camp. Son groupe lance un appel à candidatures officiel, comme pour tous les autres postes à responsabilité. Elle est la seule prétendante. Elle est donc officiellement investie candidate des députés EPR. Il lui faudra tout de même affronter la philippiste Naïma Moutchou, du groupe Horizons, qui compte bien faire entendre sa voix, au moins au premier tour, ainsi que le député LR Philippe Juvin, avant de parvenir à faire l'union au second puis au troisième tour.

En réunion de groupe, la veille du scrutin, Gabriel Attal interroge Yaël Braun-Pivet : « Si tu ne fais pas le plein au premier tour, il faudrait que tu puisses retirer ta candidature pour que l'on trouve un recours qui fonctionne davantage. Serais-tu d'accord[4] ? » Réponse sèche de l'intéressée : « Non, je ne me retirerai pas. Il n'y a pas de candidature alternative[5]. » La discussion est close. Yaël Braun-Pivet a gagné son premier bras de fer. Il lui faut maintenant battre le candidat du NFP.

---

4. Propos rapportés à l'auteur par plusieurs participants.

5. Propos rapportés à l'auteur par plusieurs participants et confirmés par Yaël Braun-Pivet lors d'un entretien, 5 mai 2025.

14

Le complot

Juillet 2024 – Assemblée nationale

Sous bonne escorte, la voiture noire aux vitres teintées du Premier ministre démissionnaire pénètre dans la cour du Palais-Bourbon. Visage fermé, regard déterminé, Gabriel Attal en sort d'un pas vif et s'engouffre immédiatement dans l'un des principaux bâtiments de l'Assemblée nationale. Qui vient-il voir ? Nul ne le sait. À la fois ministre et député, il prospecte et consulte. Depuis plusieurs jours, une idée germe dans son esprit. Plusieurs parlementaires de son camp lui ont fait une confidence : pour eux, Yaël Braun-Pivet, présidente sortante de l'Assemblée nationale, ne devrait pas se représenter. Son image est trop abîmée. Et puis, ne faut-il pas donner une nouvelle incarnation à ce Palais-Bourbon complètement recomposé ? Ne faut-il pas, en quelque sorte, acter le changement de législature en changeant aussi l'occupant du prestigieux Perchoir ?

Gabriel Attal n'a pas vraiment d'idée fixe sur le sujet, mais il n'a jamais été très proche de Yaël Braun-Pivet, qu'il ne porte pas particulièrement dans son cœur. Manifestement, c'est un avis partagé par d'autres. « Yaël Braun-Pivet n'a plus aucune chance[1] », juge par exemple un député Renaissance. Le Premier ministre démissionnaire entend ces arguments. Et les partage. Son seul objectif ? Faire gagner le Perchoir au camp macroniste et ainsi marquer des points dans le rapport de force avec la gauche, qui milite pour voir l'un des siens nommé à Matignon. Alors celui qui vient d'être élu président des députés Renaissance « pousse de tout son poids[2] », *dixit* un ami à lui, pour trouver un autre candidat. « Il voulait la tuer politiquement. Tout le monde venait de revenir et il n'avait pas envie non plus de laisser prospérer quelqu'un d'autre que lui dans son espace[3] », décrypte un proche. Lui nuance cette version. « Un certain nombre de députés estiment que repartir avec la même présidente de l'Assemblée va donner le sentiment qu'il n'y a pas eu d'élection. Certains prennent donc l'initiative de proposer des noms. Ma responsabilité de président de groupe est d'essayer de faire en sorte que ça se passe bien[4] », retrace-t-il.

Gabriel Attal cherche donc une solution alternative. Il écrit notamment à Marc Fesneau[5], patron des députés

---

1. Échange informel avec un député Renaissance, juillet 2025.
2. Témoignage d'un député Renaissance proche de Gabriel Attal en 2025.
3. Entretien avec un élu macroniste proche de l'ancien Premier ministre en 2025.
4. Entretien téléphonique avec Gabriel Attal, 29 mai 2025.
5. Témoignages concordants et confirmés à l'auteur l'entourage de Marc Fesneau.

Modem et ancien ministre de l'Agriculture. Une personnalité très appréciée dans le camp macroniste et loin d'être un repoussoir chez LR. Il lui explique que l'impopularité de Yaël Braun-Pivet à l'Assemblée peut nuire au camp du président de la République, qu'il faut changer les visages de ce Palais-Bourbon très renouvelé. Et lui suggère de se porter candidat. Son idée : organiser une sorte de primaire avec les différents candidats de tous les groupes de l'ex-majorité. Si Yaël Braun-Pivet l'emporte largement, elle sera la candidate du socle macroniste. En revanche, si un autre prétendant est en mesure de faire plus consensus, elle devra se retirer.

L'ancien ministre de l'Agriculture n'est pas bien emballé par l'idée. Il ne donne toutefois aucune réponse définitive. Il en discute notamment avec le président de la République, qui partage ses doutes. « La priorité, c'est de se protéger d'une opération qui aboutirait à l'élection d'un président de l'Assemblée NFP. Cette solution ne fonctionne que si Yaël accepte de perdre. Et ce ne sera pas le cas[6] », répond en substance le chef de l'État. Qui apporte donc son plein soutien à la présidente sortante. Marc Fesneau est d'accord avec ce constat. Il décline poliment l'offre, par SMS, en expliquant à Gabriel Attal qu'il ne souhaite pas entrer dans ce jeu-là[7]. Et que si le seul objectif est de conserver la présidence, tuer politiquement la sortante n'est peut-être pas la meilleure des idées.

---

6. Propos rapportés à l'auteur par plusieurs proches du président de la République.

7. Information confirmée à l'auteur par l'entourage de Marc Fesneau.

En parallèle, Gabriel Attal s'entretient avec d'autres parlementaires. La plupart du temps, par SMS. Il sonde également l'éventualité d'une candidature de l'ancien patron des députés Modem, Jean-Paul Mattei. Pas directement cette fois mais par l'intermédiaire d'un appel à François Bayrou. Refus net de l'intéressé. « Hors de question[8] », répond le haut-commissaire au Plan, qui ne souhaite pas qu'un député de son camp prenne la tête du Palais-Bourbon. « Il se dit sûrement que ce serait plus compliqué d'aller à Matignon si un de ses élus présidait l'Assemblée[9] », décrypte un cadre macroniste.

Aucun remplaçant potentiel de Yaël Braun-Pivet ne semble donc se dégager. L'ancien Premier ministre commence alors à adapter son discours : la députée des Yvelines est peut-être finalement la moins mauvaise candidate. D'autant plus si personne n'ose se présenter contre elle. Mais, au sein du camp macroniste, les « anti-Yaël » tentent encore de le convaincre qu'elle n'est pas une bonne candidate.

« Tout le monde est complètement paumé, se souvient une ministre démissionnaire. Il y a une sorte de flottement généralisé. Quel projet ? Avec qui on s'allie[10] ? » Les jours passent et Gabriel Attal ne trouve toujours pas de plan B. Il insiste une nouvelle fois auprès de Marc Fesneau. Fin de non-recevoir. Malgré ce refus, certains continuent de chercher. Un rendez-vous très

---

8. Propos rapportés à l'auteur par deux députés macronistes en 2025.

9. Entretien avec un député Renaissance, mai 2025.

10. Entretien avec un ancien ministre, 2025.

secret[11] a lieu dans le bureau de Jean-René Cazeneuve, député Renaissance et ancien rapporteur général du budget. Sont notamment présents Roland Lescure, ancien ministre de l'Industrie mais, surtout, adversaire de Yaël Braun-Pivet pour le Perchoir en 2022, ainsi que Maxime Cordier, très proche collaborateur de Gabriel Attal. Ces derniers, envoyés tels des émissaires par l'ex-Premier ministre, sondent Jean-René Cazeneuve sur l'éventualité d'une candidature de recours. « Gabriel Attal voulait que Jean-René se présente. Il l'a poussé pendant plusieurs jours[12] », atteste un député Renaissance proche de l'ancien Premier ministre. Mais Jean-René Cazeneuve refuse immédiatement la proposition.

Légitimiste, il prévient Yaël Braun-Pivet du complot qui se trame contre elle. « Je voulais t'avertir que certains sont venus me démarcher pour que je présente ma candidature à la présidence de l'Assemblée. Je ne le ferai pas. Je refuse d'entrer là-dedans car je n'aime pas les combines et les écuries. Et il n'y a aucune raison pour nous de montrer un combat fratricide[13] », fait savoir le député Renaissance à la présidente sortante.

Dont acte. Désormais, puisque Yaël Braun-Pivet risque de ne pas faire l'unanimité parmi les siens, il faudrait au moins trouver un député qui puisse faire le plein de voix au troisième tour face au candidat de gauche. « Une fois qu'on a compris que Yaël serait

---

11. Un rendez-vous et une proposition confirmés à l'auteur par plusieurs personnes présentes.

12. Entretien avec un député Renaissance proche de Gabriel Attal, avril 2025.

13. Propos rapportés à l'auteur par plusieurs sources.

notre candidate, la crainte était qu'elle perde. Alors on a forcément réfléchi à un plan de dernière minute », confirme Gabriel Attal. Ce dernier demande à Aurore Bergé de « sonder » Valérie Létard, figure respectée de l'Union des démocrates et indépendants (UDI) qui vient d'être élue députée et s'apprête à intégrer le petit groupe Liot. Ancienne vice-présidente du Sénat, cette dernière pourrait être un bon plan B. Aurore Bergé, qui est amie avec Yaël Braun-Pivet, la prévient à son tour du coup tordu qui se prépare[14]. Ce qui ne l'empêche pas d'appeler la centriste : « Je n'ai pas du tout cette ambition. Je n'avais même pas prévu d'être députée, je voulais juste battre le RN dans ma circonscription[15] », lui répond en substance Valérie Létard, qui prend le temps de rassurer directement Yaël Braun-Pivet sur ses intentions après la parution d'un article du *Figaro*[16] révélant cette idée de remplacement.

Loin d'être dupe, Yaël Braun-Pivet suit les événements de près. Certains élus la tiennent informée de toutes les tractations. « Je peux compter sur la très grande loyauté du Modem et l'aide de Marc Fesneau qui me préviendra des coups fourrés pour me permettre de les déjouer », raconte d'ailleurs, sans en dire plus, la présidente de l'Assemblée, dans son livre *À ma place*[17]. Un jour, alors qu'elle appelle Gabriel Attal pour évoquer l'élection au Perchoir et sa candidature,

14. Témoignages concordants confirmés par Aurore Bergé en 2025.
15. Propos rapportés à l'auteur par plusieurs sources.
16. « Valérie Létard, le "plan B" des macronistes pour la présidence de l'Assemblée », *Le Figaro*, 16 juillet 2024.
17. Buchet-Chastel, 2025.

elle mentionne les bruits de couloir selon lesquels il tenterait de lui mettre un remplaçant dans les pattes. Ce dernier la rassure. Un tel complot n'existe pas. « Je me bats pour toi[18] », lui promet-il. Et pourtant. Jusqu'au bout, le Premier ministre démissionnaire tentera de lui trouver une alternative. Et pourtant. S'il nuance les faits, les témoignages sont éloquents. Jusqu'au bout, il échouera. L'ordinaire de la politique…

18. Propos rapportés à l'auteur par plusieurs sources.

15

Gauche défaite

18 juillet – Hémicycle de l'Assemblée nationale

Chacun semble un peu perdu. Ce 18 juillet, aux quatre coins de l'Hémicycle, des députés déambulent en cherchant leur place dans l'enceinte parlementaire. Beaucoup se trompent de chemin, font demi-tour, reviennent sur leurs pas, changent de travée. C'est la toute première séance de cette 17ᵉ législature. Celle où les 577 élus de la Chambre basse vont élire leur nouveau président. Ou réélire Yaël Braun-Pivet. La tradition veut qu'ils soient classés par ordre alphabétique et non par groupe politique comme c'est le cas habituellement. Ce qui donne des voisinages pour le moins éclectiques. L'Insoumis Antoine Léaument s'installe à côté de Marine Le Pen, Gabriel Attal est avec l'ex-LFI Clémentine Autain, tandis que l'ancien président de la République François Hollande se trouve tout près de l'ex-macroniste Sacha Houlié, et la députée LFI Sophia Chikirou côte à côte avec l'élu RN Sébastien Chenu.

Laurent Wauquiez discute sans la reconnaître avec sa voisine, l'écologiste Dominique Voynet.

Le président de séance du jour, doyen d'âge, est le député RN José Gonzales. L'ambiance, teintée de joie, de grande solennité et d'une sourde tension, est étrange. Après un bref discours d'introduction, l'heure du vote a déjà sonné. Un par un, les députés sont appelés à rejoindre la tribune de l'Assemblée nationale où les attend une urne. Ils y sont accueillis par les deux plus jeunes parlementaires du Palais-Bourbon, Flavien Termet (RN) et Hanane Mansouri (Union des droites pour la République), chargés du bon déroulement du scrutin. Plusieurs candidats sont en lice. Les deux favoris d'abord : la sortante Yaël Braun-Pivet (Renaissance) et le communiste et candidat de la gauche unie, André Chassaigne. Il y a également le RN Sébastien Chenu, la philippiste Naïma Moutchou, le LR Philippe Juvin et le centriste du groupe Liot, Charles de Courson.

« C'était flippant. Je ne suis pas sereine car il y a énormément d'incertitudes, se souvient Yaël Braun-Pivet, assise ce jour-là entre son amie Aurore Bergé et la députée Maud Bregeon. Il y a tellement d'inconnues que je n'ai rien fait comme en 2022. Mon mari et mes enfants ne sont pas en tribune, je n'ai préparé aucun discours, je ne suis pas allée chez le coiffeur. Je sais que rien n'est gagné donc je suis dans le combat jusqu'au bout[1] », poursuit-elle. Son principal adversaire,

1. Toutes les citations de Yaël Braun-Pivet dans ce chapitre sont tirées de son entretien avec l'auteur, 5 mai 2025.

André Chassaigne, est dans le même état d'esprit. Combatif, il a serré de nombreuses mains en entrant dans l'Hémicycle, même celles des députés RN Roger Chudeau et Union des droites (UDR) Éric Ciotti, souvent ignorés par la gauche.

Aucun groupe n'ayant la majorité absolue, l'élection devrait *a priori* se jouer en trois tours – les deux premiers se gagnant avec 289 voix ou plus et le dernier pouvant être remporté avec une simple majorité relative. La journée va être longue, d'autant que les 577 députés votent un par un à la tribune. Comme souvent, les Insoumis, suivis par plusieurs de leurs collègues de gauche, ont décidé de faire parler d'eux. Ils refusent de serrer la main des deux députés positionnés devant l'urne. « On ne serre jamais la main à l'extrême droite. On ne les banalise pas[2] », explique, laconique, l'ex-Insoumise Clémentine Autain. Le député LFI Sébastien Delogu fait de même avec Flavien Termet. « T'y es un fou toi[3] », lui lâche-t-il sans raison. Alors que son collègue François Piquemal s'amuse à mimer un pierre-feuille-ciseaux pour éviter de saluer le frontiste.

Après leurs votes, beaucoup de députés s'éclipsent à la buvette en attendant la fin du scrutin. Les anciens se croisent pour la première fois depuis la dissolution, alors que les nouveaux font connaissance. On parle de la difficile campagne législative, des alliances surprises entre les uns et les autres, de cette nouvelle Assemblée,

2. Entretien avec Clémentine Autain, 4 mars 2025.
3. Propos rapportés à l'auteur par plusieurs sources.

et évidemment, du vote du jour : qui sera le prochain au Perchoir ? « La buvette est pleine à craquer, tout le monde boit un verre, et même plusieurs. Il y a une forme d'effervescence assez sympathique[4] », raconte une députée Renaissance. Sauf pour les candidats qui continuent jusqu'au bout de faire campagne. « Entre les tours, je suis à la buvette, je discute, j'essaie d'aller convaincre les uns et les autres », relate Yaël Braun-Pivet. Son collègue André Chassaigne n'est pas en reste : il va voir les élus Liot et même quelques macronistes pour tenter de les convaincre qu'il est la bonne personne. « Je te jure que je ne serai pas sectaire, je serai un président impartial qui fera preuve d'ouverture[5] », promet-il par exemple à un membre du camp présidentiel.

Le résultat du premier tour lui est plutôt favorable puisqu'il arrive en tête avec 200 voix. Mais il est encore loin d'être élu président de l'Assemblée. Deuxième avec 124 voix, Yaël Braun-Pivet n'a pas rassemblé tous les macronistes. Certains se sont sûrement reportés sur la députée Horizons Naïma Moutchou, qui a gagné 38 voix, plus que le nombre d'élus au sein de son groupe. « Yaël ne fait pas le plein car des consignes sont données par Gabriel Attal pour qu'elle ne gagne pas, ou, au minimum, pour qu'elle soit affaiblie[6] », assure un Renaissance. Des accusations que nie le Premier ministre démissionnaire. « Personnellement,

4. Entretien avec une députée Renaissance, mai 2025.

5. Entretien avec André Chassaigne, 19 mars 2025, propos confirmés à l'auteur par le député macroniste en question.

6. Entretien avec un député Renaissance, février 2025.

je ne vote pas pour elle. Je vote pour André Chassaigne car je pense que les électeurs nous ont envoyé un message : on veut que ça change. J'estime donc qu'il faut donner une nouvelle image à cette Assemblée et ne pas dire à l'opinion publique qu'on prend les mêmes et on recommence[7] », avoue sans fard le Modem Richard Ramos, pourtant membre de la coalition macroniste.

Le LR Philippe Juvin se retire de la course pour soutenir Yaël Braun-Pivet, tout comme la philippiste Naïma Moutchou. Grâce à ces nouveaux soutiens, à l'issue du deuxième tour, Yaël Braun-Pivet est en tête avec 210 voix : pile son nombre de suffrages du premier tour, auxquelles s'additionnent celles de Philippe Juvin (48) et Naïma Moutchou (38). André Chassaigne (202 voix) est deuxième et n'obtient que deux voix supplémentaires par rapport à son premier tour. Les 143 voix de Sébastien Chenu et les 12 de Charles de Courson viennent compléter le tableau. Il n'y a que 8 voix d'écart entre le communiste et la sortante macroniste. Les 12 voix du centriste Charles de Courson, qui se retire à son tour, vont être déterminantes au troisième tour, qui opposera donc les candidats des trois blocs : Yaël Braun-Pivet pour les macronistes, André Chassaigne pour la gauche, et Sébastien Chenu pour le RN.

L'incertitude est totale. D'autant que les députés Liot, groupe auquel appartient Charles de Courson, ont déjà montré, durant la législature précédente, leur opposition au macronisme, notamment lors de la

7. Entretien avec Richard Ramos, 30 avril 2025.

réforme des retraites. Plusieurs sont d'ailleurs encore membres du PS, proches de Carole Delga, la présidente de la région Occitanie. « Il y a une vraie incertitude. Si André Chassaigne est élu, on entre dans la quatrième dimension de la vie politique. On sera le seul pays au monde à revenir au communisme[8] », redoute une source du bloc macroniste, dans les travées du Palais-Bourbon. « Jusqu'à ce que le président annonce les résultats, je n'y crois pas », se souvient Yaël Braun-Pivet.

Le résultat tombe après plusieurs heures d'un véritable suspense : Yaël Braun-Pivet est bien réélue présidente de l'Assemblée nationale avec 220 voix contre 207 pour André Chassaigne et 141 pour Sébastien Chenu. Le groupe Liot s'est – *a priori* – finalement rallié majoritairement à la macroniste. Et le vote de deux mystérieux députés, qui avaient donné leur voix à Sébastien Chenu au second tour, s'est porté cette fois-ci sur un autre candidat. Aide de dernière minute à Yaël Braun-Pivet ou, au contraire, tentative de la faire perdre en votant pour le communiste ? Nul ne semble le savoir. Mais une chose est certaine : avec cette défaite, la gauche vient de voir balayée son ambition d'occuper Matignon.

8. Échanges de SMS avec un député du camp présidentiel pendant le troisième tour, le 18 juillet 2024.

16

Encore des nouvelles du Front

20 juillet 2024 – Salle des Quatre-Colonnes du Palais-Bourbon

Salle des Quatre-Colonnes. Marine Le Pen et ses députés font leur petit numéro. C'est désormais officiel, contrairement à 2022, ils n'ont pas obtenu de poste de vice-président de l'Assemblée nationale. Sébastien Chenu et Hélène Laporte, qui occupaient ces responsabilités jusqu'à la dissolution, redeviennent donc de simples députés. Le parti de Marine Le Pen ne décroche rien au sein du stratégique bureau de l'institution. Devant les caméras, la double finaliste de l'élection présidentielle s'insurge. « La démonstration a été faite que l'ensemble des groupes, de LFI à LR en passant par Ensemble, ont souhaité interdire au RN, premier groupe de l'Assemblée nationale représentant près de 11 millions d'électeurs, toute présence au sein du bureau, peste-t-elle, sous le regard de plusieurs de ses députés. Ce qui rend toutes les décisions de ce bureau parfaitement illégitimes puisque le règlement de l'Assemblée prévoit que ce bureau représente le pluralisme de l'Hémicycle. Ce n'est évidemment pas le cas ! […] C'est un scandale qui sera ressenti tel quel par des millions de Français. Pas seulement les électeurs du RN mais aussi ceux qui sont attachés à la démocratie[1] », sourit-elle, bien qu'agacée. Il est un peu plus de minuit, Marine Le Pen et ses troupes quittent précipitamment le Palais-Bourbon, vexées d'avoir été injustement laissées de côté. Puisqu'il en est ainsi, les macronistes, LR et la gauche se répartiront le reste des postes à responsabilité sans elles.

En juin 2022, la présidente du groupe Renaissance, Aurore Bergé, avait laissé deux députés RN accéder à la vice-présidence en demandant aux parlementaires de leur accorder leur voix. Cette fois, la stratégie du camp macroniste est bien différente. Gabriel Attal défend une tout autre ligne. Après avoir appelé au front républicain dans les urnes au lendemain du premier tour des élections législatives, obligeant nombre de ses candidats mal placés à se retirer pour permettre à la gauche de battre des prétendants du RN, le Premier ministre démissionnaire maintient sa ligne : aucun député RN au sein du bureau de l'Assemblée, instance décisionnaire majeure de l'institution. Une ligne d'ailleurs similaire à celle du NFP, qui publie même un communiqué de presse d'avertissement : « Lors du second tour des élections législatives anticipées, le

1. Déclaration de Marine Le Pen salle des Quatre-Colonnes, 20 juillet 2024.

peuple français s'est mobilisé, comme jamais depuis 1981, pour protéger la République de l'avènement de l'extrême droite [...]. Le Rassemblement national n'a pas sa place au bureau de l'une des plus hautes instances de notre République[2] », écrivent-ils.

Mais Gabriel Attal se heurte à une nouvelle difficulté. Son allié du moment, le président du groupe DR, Laurent Wauquiez, a été gourmand dans les négociations en réclamant deux vice-présidences et un poste de questeur. Soit exactement le nombre de postes qu'aurait dû obtenir, eu égard à son poids au Palais-Bourbon, le RN. Dès lors, difficile de leur accorder la moindre place sans léser l'un de ses alliés historiques : les philippistes d'Horizon et les bayrouistes du Modem.

Des tentatives de discussion ont déjà eu lieu quelques jours avant le vote. Laurent Wauquiez souhaite que le RN soit représenté au sein du bureau. En parallèle de ses débats avec Gabriel Attal, tout en prévenant l'intéressé, il tente de joindre Marine Le Pen par téléphone. Aucune réponse. « Elle avait très bien compris qu'il y avait un deal Attal-Wauquiez, donc elle évitait tous ses appels[3] », se souvient un proche de la présidente du groupe RN. « Ta cheffe m'évite[4] », confie même le président du groupe DR à un député mariniste qu'il croise dans les couloirs. Quelques macronistes passent alors des coups de fil à Sébastien

2. Communiqué de presse des groupes de gauche à l'Assemblée, 16 juillet 2024.

3. Témoignage d'un député RN proche de Marine Le Pen, 2025.

4. Propos rapportés à l'auteur par plusieurs sources.

Chenu, bras droit de Marine Le Pen, en lui expliquant qu'il pourrait, s'il le souhaite, conserver son poste de vice-président de l'Assemblée. Ce dernier répète ce que sa patronne lui a déjà dit : « Il est hors de question que nous nous contentions des miettes pour tenter de nous amadouer. Nous avons le droit à deux vice-présidences et une questure. C'est ça, ou rien[5] ! »

Le jour du vote, Laurent Wauquiez croise Marine Le Pen dans l'un des salons attenants à l'Hémicycle. Il lui propose un deal : les députés LR sont prêts à faire « ce qu'il faut[6] », ainsi que très probablement des élus Horizons et Modem, pour que le RN obtienne au moins une vice-présidence aux dépens de la gauche. Refus tout net de la présidente du groupe RN qui ne déroge pas à ses revendications : que le système traditionnel à points soit respecté en fonction des poids des différents groupes dans l'Hémicycle et que le RN hérite donc de deux vice-présidents, un questeur et deux secrétaires. Elle dément d'ailleurs qu'une proposition de vice-présidence leur ait été faite, indiquant que l'ancien président de la région Auvergne-Rhône-Alpes lui a seulement proposé de voter pour leur faire obtenir trois secrétaires. « Je lui ai répondu : "Vous êtes bien gentil mais vous n'achèterez pas notre silence et notre moralité avec ça, alors que nous sommes le premier groupe de l'Assemblée." » Avant d'ajouter : « Et puis, quand bien même ils nous auraient proposé

5. Entretien avec Sébastien Chenu, 27 mars 2025.

6. Propos rapportés à l'auteur par l'entourage de Laurent Wauquiez et confirmés par Marine Le Pen.

une vice-présidence, on sacrifie donc Hélène Laporte ou Sébastien Chenu au profit de l'autre ? La vérité, c'est que Laurent Wauquiez est venu me proposer cela pour pouvoir se précipiter et raconter à la presse que j'avais refusé. Ce qui est profondément détestable humainement parlant »[7].

De toute façon, la stratégie du RN est déjà prête, les éléments de langage aussi. Fidèles à sa ligne, ses élus voteront dès le premier tour en respectant le poids de chacun au Palais-Bourbon, permettant ainsi de faire élire à une large majorité les deux Insoumises Nadège Abomangoli et Clémence Guetté, candidates du NFP. « Quand je vois, dans la file d'attente pour aller voter, que les députés RN ont mis le nom des deux Insoumises sur leur bulletin, j'hallucine. C'est à ce moment-là que je me suis dit : "C'est définitivement le bordel"[8] », narre Laurent Wauquiez. Plusieurs heures plus tard, les députés RN crient au scandale. « En nous privant des postes qui nous revenaient de droit, l'ensemble des groupes nous piétinent, et par la même occasion, crachent au visage de nos électeurs[9] », s'emporte Sébastien Chenu. « Cette décision est une erreur politique. Elle provoque du ressentiment chez les Français qui se sentent méprisés car ils ne sont pas représentés à l'Assemblée… Et elle donne un argument tellement facile au RN. Pour quel gain[10] ? » regrette la macroniste Aurore Bergé.

7. Entretien avec Marine Le Pen, 19 mai 2025.
8. Entretien avec Laurent Wauquiez, 27 mai 2025.
9. Entretien avec Sébastien Chenu, 27 mars 2025.
10. Entretien avec Aurore Bergé, 7 mai 2025.

Une stratégie que le RN est loin d'avoir oubliée. Pour preuve, quelques mois plus tard, l'annonce du gouvernement Barnier entraîne la libération de plusieurs postes de présidents de commission. Laurent Wauquiez, dont l'entente avec Gabriel Attal vacille quelque peu, se tourne cette fois vers Marine Le Pen. Alors qu'il la croise à la buvette de l'Assemblée nationale, entourée de cinq de ses députés, il lui lance : « Il faudrait peut-être que l'on se parle pour les commissions… sinon ce sera l'extrême gauche qui gagnera. » Cette dernière, qui était en train de payer l'addition, le regarde, sourit, et lui répond : « Ah mais non, ne vous inquiétez pas, monsieur Wauquiez, ce ne sera pas l'extrême gauche ! Pour nous, ça ne sera ni NFP ni LR nulle part[11] ! » Elle tourne les talons et disparaît, laissant bouche bée Laurent Wauquiez.

11. Propos rapportés à l'auteur par plusieurs personnes présentes.

17

Amateurisme

20 juillet 2024 – Salon Delacroix,
périmètre sacré de l'Assemblée nationale

Il est un peu plus de 2 heures du matin ce 20 juillet 2024. Les traits tirés, Gabriel Attal réunit plusieurs de ses fidèles lieutenants dans le salon Delacroix, l'une des grandes salles attenantes à l'hémicycle de l'Assemblée nationale dans laquelle se regroupent souvent les députés pendant les suspensions de séance. Sont notamment présents Guillaume Kasbarian et Roland Lescure, ses anciens ministres du Logement et de l'Industrie, ainsi que la secrétaire générale du groupe EPR, Deborah Abisror-De Lieme. Il fait sombre et, malgré la petite lampe allumée sur la table, tous sont obligés de plisser les yeux pour voir les différents noms inscrits sur les feuilles qu'ils se font passer.

L'heure est grave pour les macronistes. Jusqu'ici le plan fonctionnait pourtant à merveille. Le jeudi précédent, Yaël Braun-Pivet avait été élue présidente de l'Assemblée nationale. Le lendemain, la répartition des vice-présidences et des questures tournait une nouvelle fois au profit des troupes présidentielles et de la droite LR. Tout allait bien. Jusqu'à ce qu'une bonne partie des députés du groupe de Gabriel Attal décide petit à petit de déserter l'Assemblée nationale, alors que doit encore avoir lieu l'élection des secrétaires du bureau du Palais-Bourbon. *A priori*, rien de très important que ces postes secondaires… Pourtant, ces douze secrétaires de l'institution disposent chacun d'une voix au bureau de l'Assemblée nationale, l'instance décisionnaire la plus puissante du Palais-Bourbon.

Gabriel Attal et ses proches voient bien le scénario qui les guette : en prenant en considération les nombreuses défections macronistes et celles des lepénistes, qui ont décidé de quitter le Palais-Bourbon avant l'heure, ils risquent de perdre presque tous les postes de secrétaire face à la gauche. Laissant ainsi le NFP devenir majoritaire au sein du bureau de l'Assemblée nationale, et imposer une cohabitation à Yaël Braun-Pivet. « C'est un moment très important. On vient à peine d'être réélus et, ce jour-là, ça fait partie de notre job de rester jusqu'à trois heures du matin pour assurer le coup. On est tous sur les rotules, tous sous tension. Ce n'est vraiment pas au niveau de gens qui se veulent hommes et femmes d'État que d'aller se coucher[1] », peste Roland Lescure, qui a, un peu plus tôt, été élu vice-président de l'Assemblée.

1. Entretien avec Roland Lescure, 20 février 2025.

S'ils ne sont pas décisifs, les deux premiers tours donnent une tendance. « Nous étions très inquiets. J'avais fait les comptes et je pensais les macronistes plus nombreux que nous. Je me suis dit : "On est dans le pétrin." Alors, j'ai réuni le groupe pour commencer à en discuter, il fallait les préparer à ce que nous n'ayons peut-être aucun représentant au bureau[2] », se remémore Cyrielle Chatelain, la présidente du groupe écologiste et social. Quand soudain, un message d'un député de son camp l'informe des résultats : la gauche est majoritaire. Changement radical d'ambiance en l'espace de trente secondes. Les élus de gauche se rassemblent dans l'urgence, il faut sceller un pacte avec Liot avant le troisième tour. Objectif : s'assurer la majorité absolue au sein du bureau de l'Assemblée. « En quinze minutes, c'est plié », se souvient Cyrielle Chatelain. Sa collègue Sandrine Rousseau raconte : « Quand on s'est rendu compte de ça, on est allés à la buvette pour dire : "Qui veut être secrétaire ? Il y a encore des postes !" C'était complètement fou[3] ! »

Quelques minutes plus tard, le résultat est sans appel. Le NFP obtient neuf des douze postes de secrétaire, bénéficiant donc d'une majorité absolue au sein de la plus haute instance décisionnaire du Palais-Bourbon. « C'est une belle surprise, un moment d'euphorie. On déjoue tous les pronostics[4] », se réjouit Clémentine Autain. « Dans l'Hémicycle, ils sont

2. Toutes les citations de Cyrielle Chatelain dans ce chapitre sont tirées d'un entretien avec l'auteur, 15 janvier 2025.

3. Entretien avec Sandrine Rousseau, 20 février 2025.

4. Entretien avec Clémentine Autain, 4 mars 2025.

hébétés. Le Modem est livide. Les autres sont complètement démobilisés, présents de manière éparse. C'est une vraie déroute », se souvient Cyrielle Chatelain. « Théoriquement, on ne devrait pas être majoritaires. C'est une anomalie. Je ne considère pas que lorsque l'on gagne par effraction il s'agit d'une vraie victoire, ce n'est pas sain[5] », nuance quant à lui un important cadre du NFP.

Le résultat est surtout une défaite colossale pour le camp macroniste et les LR, qui avaient toutes les armes pour remporter largement ce scrutin. Le matin même, Gabriel Attal avait d'ailleurs averti Cyrielle Chatelain, en lui lançant : « De toute façon, à partir du moment où vous ne voulez pas du RN, la représentativité ne compte plus. Donc, on compte bien avoir nos postes et la majorité au bureau[6]. » La désertion des macronistes aura pesé lourd dans la balance. D'autant que les LR, eux, étaient presque tous présents. « On avait mangé sur place, on commençait à faire connaissance, ça avait un côté très sympathique. Le soir, en attendant les votes, on buvait un verre dans une grande salle de réunion pendant que d'autres fumaient des clopes dehors. On se disait : "Il ne faut pas lâcher, il faut empêcher LFI d'avoir plus de sièges[7]" », raconte le député DR Vincent Jeanbrun.

L'épisode questionne sur la solidarité et l'unité des troupes présidentielles. Voire sur son amateurisme.

5. Entretien avec un important cadre du NFP, 2025.
6. Propos rapportés à l'auteur par plusieurs sources.
7. Entretien avec Vincent Jeanbrun, 18 février 2025.

« S'ils n'étaient pas là, il y a une bonne raison, ce n'est pas juste parce qu'ils avaient un bon film à voir ce soir-là[8] », ironise l'Insoumis Éric Coquerel. « Pour moi, c'est un complot contre Gabriel Attal. Lors de ce vote nocturne, il n'y a ni Aurore Bergé, ni Élisabeth Borne, ni Gérald Darmanin, ni Sylvain Maillard. Tous les frustrés sont absents, et leurs amis avec. Ce n'est sûrement pas un hasard. Ont-ils simplement fait ça par aigreur ? Par volonté d'affaiblir ? Par machiavélisme diabolique ? Dans tous les cas, c'est très grave[9] », peste un député Renaissance, sans avancer toutefois la moindre preuve. Un cadre du groupe abonde, dépité : « Tous les déçus sont allés dormir[10]. »

Mathieu Lefèvre, qui fait partie de ceux qui sont effectivement allés se coucher, relativise : « Ce soir-là, il n'y a eu aucune relance dans la boucle WhatsApp pour nous dire d'être présents. Donc j'ai pensé qu'il n'y avait pas d'enjeu. Beaucoup de monde était parti alors j'ai fait de même, j'étais fatigué. Le lendemain, j'ai évidemment regretté en découvrant le résultat[11]. » Aurore Bergé, qui était également partie, assume : « Quand vous ne respectez pas les gens, ça ne marche pas. Et nous avons été nombreux à ne pas être respectés. Les autres groupes ont cherché à maintenir leur cohésion. J'ai fait ma part pour l'élection de Yaël, là où beaucoup ont tout fait pour qu'elle trébuche[12]. » Un autre député,

8. Entretien avec Éric Coquerel, 3 mars 2025.
9. Entretien avec un député Renaissance, fin 2024.
10. Entretien avec un cadre du groupe EPR, 2025.
11. Entretien avec Mathieu Lefèvre, 17 mars 2025.
12. Entretien avec Aurore Bergé, 7 mai 2025.

sous couvert d'anonymat, avoue, lui, être parti volontairement, accusant sans preuve son président de groupe : « Gabriel Attal nous avait laissés de côté pour tous les postes clés, on n'allait quand même pas s'emmerder à rester jusqu'à 3 heures du matin[13]. »

Les conséquences de cette désertion seront peut-être importantes. Majoritaire au bureau, la gauche aura par exemple droit de vie ou de mort sur la recevabilité, ou non, des différentes propositions de loi, comme celle d'abrogation de la réforme des retraites, proposées par ses députés. Elle pourra aussi agir comme elle le souhaite pour sanctionner, ou non, les élus fauteurs de troubles. De quoi faire regretter à certains d'être partis dormir un peu trop tôt. Laurent Wauquiez et Gabriel Attal demanderont, le lendemain, les listes d'émargement à Yaël Braun-Pivet pour savoir quels députés sont partis se coucher. Mais cette dernière ne la leur communiquera jamais. « J'ai regardé cette liste mais je n'ai pas voulu la leur donner. Je ne veux pas qu'elle devienne un instrument politique[14] », se justifie-t-elle.

---

13. Entretien avec un député Renaissance, 2025.
14. Entretien avec Yaël Braun-Pivet, 5 mai 2025.

DEUXIÈME PARTIE

MISSION IMPOSSIBLE

18

L'inconnue

Il est 13 heures, ce 22 juillet 2024. Lucie Castets est dans le garage à vélos de la direction des finances de la ville de Paris. Elle s'apprête à déjeuner avec un ami quand tout à coup, son portable se met à vibrer. Sur l'écran, le nom d'Olivier Faure s'affiche. Elle répond immédiatement, loin d'imaginer ce que le premier secrétaire du PS, qu'elle connaît pour l'avoir déjà interrogé lors d'un débat avec les différents chefs de parti il y a quelques mois, veut lui proposer. La conversation s'oriente rapidement sur la situation politique du pays. Tout en écoutant le socialiste, Lucie Castets plaisante avec sa compagne, par message[1] : « Je suis au téléphone avec Olivier Faure !

— Il va peut-être te proposer d'être première ministre !

— Ah ah. »

---

1. Une grande majorité des propos rapportés dans ce chapitre l'ont été par Lucie Castets lors d'un entretien avec l'auteur, le 10 avril 2025.

La blague devient une réalité quelques minutes plus tard. « Je voudrais te consulter sur quelque chose… » introduit le premier secrétaire du parti à la rose, qui finit par en venir au fait : il aimerait soumettre le nom de Lucie Castets pour le poste de Première ministre du NFP. Cette dernière éclate de rire. « Vraiment, vous en êtes là ? » lui lance-t-elle, complètement déconcertée. Si elle n'a pas une mauvaise opinion d'elle-même, la haute fonctionnaire se sait inconnue du grand public. Mais le socialiste insiste, il pense qu'elle peut être la femme de la situation. « Les services publics, c'est notre combat commun au sein du NFP. Et nous n'arrivons pas à nous mettre d'accord. Tu peux être celle qui réussit à nous unir. C'est tout à fait logique », tente-t-il de la convaincre. Avant de la rassurer : « Ne t'inquiète pas, si tu acceptes et si tu es nommée, on ne te laissera pas aller à la déclaration de politique générale toute seule. Est-ce que tu m'autorises à proposer ton nom aux autres partis du NFP ? »

Après tout, pourquoi pas ? Lucie Castets se laisse prendre au jeu. Mais elle doit encore réfléchir. « Tu peux leur soumettre mon nom, mais ne leur dis pas que tu m'as eue au téléphone », répond-elle, toujours aussi stupéfaite de la proposition. Avant de raccrocher et de terminer sa journée comme si de rien n'était. Le soir, sa compagne l'interroge. Cette proposition est-elle bien sérieuse ? Ne faut-il pas y réfléchir à deux fois avant d'y aller ? « Mais non, laissons les choses se faire et on verra ! » lui répond Lucie Castets, qui n'imagine pas que l'idée d'Olivier Faure puisse devenir réalité.

Le lendemain, la haute fonctionnaire enregistre un podcast avec son ami Saïd Benmouffok, un proche de Raphaël Glucksmann, et un autre comparse, quand s'affiche cette fois-ci le nom de Manuel Bompard sur l'écran de son portable. « Je suis désolée, je ne peux pas te parler, je suis en plein enregistrement, je te rappelle dans une heure », lui répond-elle avant de raccrocher, comme s'il s'agissait d'un appel comme les autres. Malgré ça, le trouble commence à la gagner. L'idée saugrenue d'Olivier Faure serait-elle en train de faire son chemin dans l'esprit de ses partenaires de LFI ? Une heure plus tard, Lucie Castets rappelle le coordinateur national du parti mélenchoniste. Et elle est rapidement fixée sur ses intentions. Très cash, comme à son habitude, Manuel Bompard la questionne. « Est-ce qu'il y a des choses qui t'embêtent dans ce que nous défendons à LFI ? interroge-t-il notamment.

— Oui, certaines de vos réactions au lendemain du 7 octobre et "le programme, rien que le programme"[2] », répond-elle.

Un peu plus tard dans la journée, cette fois, un numéro inconnu tente de la joindre. Lucie Castets se doute de l'identité de la personne qui se trouve à l'autre bout du fil. Elle répond. C'est Jean-Luc Mélenchon. Le leader Insoumis s'est renseigné sur cette militante

2. Lucie Castets fait ici référence à la phrase prononcée publiquement par Jean-Luc Mélenchon à l'issue du second tour des législatives : « Le Nouveau Front populaire appliquera son programme, rien que son programme, mais tout son programme » (discours diffusé sur toutes les chaînes de télévision, 7 juillet 2024).

associative et lui pose une foule de questions. Il insiste notamment sur la situation ukrainienne. « Il essayait de me faire dire que la France ne serait pas belligérante si je devenais Première ministre[3] », se remémore-t-elle. Rapidement, la conversation prend des airs d'entretien d'embauche. Ce qui ne plaît pas beaucoup à Lucie Castets. « Je ne suis candidate à rien et je n'ai rien demandé. »

Décidément, les choses commencent à devenir beaucoup plus concrètes que ce qu'elle avait prévu. Lucie Castets prévient le directeur de cabinet de la mairie de Paris et lui demande d'avertir la maire, Anne Hidalgo. L'appréhension monte. « Je me dis : "Dans quoi est-ce que je me suis fourrée ?" », se rappelle-t-elle. Les minutes passent et les échanges se poursuivent par texto avec Olivier Faure. « Salut Lucie, on est toujours en discussion. Tu es "examinable" pour la FI. On continue et je te tiens au courant », lui écrit-il en début d'après-midi. Avant de lui réécrire, vers 17 h 30 : « Bompard vient de m'appeler, il tope ! »

Dans quelques minutes, ce sera donc officiel : Lucie Castets sera la candidate désignée par le NFP pour occuper le poste de Première ministre. « Je me dis, c'est bon, c'est parti. C'est un décollage de fusée… La pression est monstrueuse. En quelques minutes, mon téléphone explose », se souvient-elle. Du jour au lendemain, les Français découvrent cette femme sortie de nulle part et désignée par le NFP pour diriger le futur

3. Toutes les citations de Lucie Castets dans ce chapitre sont tirées d'un entretien avec l'auteur, 10 avril 2025.

gouvernement au cas où Emmanuel Macron accepterait de donner gain de cause à la gauche. Elle-même n'en croit pas ses yeux en découvrant son visage sur les chaînes de télévision. « Psychologiquement, c'est un peu comme si ce n'était pas moi. Je me dis que ce n'est pas possible, que ce n'est pas pour de vrai », se souvient-elle.

Et pourtant. Désormais, il faut assumer. Entrer dans la peau du personnage. Très vite, une petite équipe se met en place autour d'elle : aucun membre des quatre familles du NFP n'en fait partie. Il y a des hauts fonctionnaires, des économistes, des personnalités de la société civile et des membres du collectif Nos services publics. « Ma faiblesse, c'est que je suis une inconnue et le plus petit dénominateur commun. Ma force, c'est la légitimité et la liberté : j'ai fait consensus, ils doivent être en soutien », résume-t-elle. Très vite, il faut enchaîner les médias, à commencer par France Inter, dès le lendemain de l'officialisation. « C'était très stressant, le costume est lourd à endosser », se rappelle-t-elle. Mais l'entretien se passe plutôt bien. Comme les suivants. « Elle était inconnue du grand public mais elle incarnait de manière très intéressante ce que nous portons[4] », se souvient l'écologiste Sophie Taillé-Polian. « Elle est sortie de l'anonymat d'un coup et elle crève l'écran. Elle est faite pour ça[5] », acquiesce le socialiste parisien Emmanuel Grégoire, qui la connaît de longue date.

4. Entretien avec Sophie Taillé-Polian, 6 septembre 2024.
5. Entretien avec Emmanuel Grégoire, 26 septembre 2024.

Tout l'été, Lucie Castets fait donc campagne pour Matignon. Alors que les Français, en vacances, se passionnent pour les Jeux olympiques de Paris, elle tente de passer le mur du son. En ayant conscience que le choix du président de la République ne se portera probablement pas sur elle, elle enchaîne les déplacements et les prises de parole publiques. « Je savais que la plus grande probabilité était que je ne sois pas nommée. Mais je me disais que pour les électeurs qui ont placé la gauche en tête, il fallait que je le fasse. Puis, Emmanuel Macron est tellement imprévisible... S'il avait respecté la logique institutionnelle, il m'aurait désignée », juge Lucie Castets.

Elle se démarque de certains de ses partenaires – notamment les Insoumis – en se disant prête à « faire des compromis » avec toutes les forces politiques qui composent l'Assemblée nationale, sauf le RN. Elle prend d'ailleurs contact avec des personnalités politiques du centre et de la droite, comme les députés Liot Charles de Courson et Stéphane Lenormand ou l'ancien ministre Dominique de Villepin. Lorsqu'elle commence à réfléchir à son futur gouvernement, elle évoque même auprès de ce dernier le ministère des Affaires étrangères. Il refuse poliment. « Les partis n'étaient pas forcément favorables à ce que je le fasse, mais je l'ai fait. Ils m'ont finalement laissée très libre, contrairement à ce que tout le monde pense », assure-t-elle.

Le 23 août, Lucie Castets est reçue par le président de la République à l'Élysée, accompagnée de tous les leaders du NFP. Autour d'elle, les Insoumis Manuel

Bompard et Mathilde Panot, les socialistes Olivier Faure, Boris Vallaud et Patrick Kanner, les écologistes Marine Tondelier, Cyrielle Chatelain et Guillaume Gontard, et les communistes Fabien Roussel et Stéphane Peu. Emmanuel Macron se délecte de ce moment. Il sait qu'il ne nommera pas Lucie Castets mais il souhaite tout de même voir ce qu'elle a dans le ventre. Il l'interroge sur la situation politique et l'absence de majorité. « Comment allez-vous faire adopter le budget ? lui lance-t-il notamment.

— Je me permets de vous retourner la question », lui rétorque-t-elle.

« J'ai été assez rentre-dedans tout en étant très respectueuse. Il ne fallait pas que je me comporte comme si j'étais une élève, que je me laisse enfermer dans une posture d'infériorité », relate-t-elle. Le socialiste Patrick Kanner se souvient : « Lucie s'en sort très bien, elle endosse très bien le manteau même si on savait tous que c'était un jeu de dupes. Emmanuel Macron est très respectueux mais on voit qu'il vit le moment avec une gourmandise un peu sadique[6]. » L'entretien se termine et le chef de l'État est marqué par sa discussion avec Lucie Castets. Il salue même, auprès d'une connaissance qu'ils ont en commun, la qualité de la prestation. « Ta protégée a été excellente[7] », lance-t-il.

Pas suffisant pour la nommer Première ministre. Trois jours plus tard, Emmanuel Macron annonce officiellement qu'il ne choisira pas un chef de gouvernement

6. Entretien avec Patrick Kanner, 27 mai 2025.
7. Propos rapportés à l'auteur par plusieurs sources.

issu du NFP. Et décide finalement, début septembre, d'installer l'homme de droite Michel Barnier à Matignon. Clap de fin pour Lucie Castets qui aura mené tout l'été une campagne tambour battant. La gauche crie au scandale démocratique, pendant que la droite arrive aux affaires. Lucie Castets, elle, voit la pression redescendre petit à petit. « Moralement, ça fait tanguer la famille... C'est très violent, c'est une pression immense. Les gens vous reconnaissent dans la rue, la vie privée est exposée », retrace-t-elle. Désormais plus éloignée des radars médiatiques, elle ne semble toutefois pas prête à rester à l'écart de la politique. « Maintenant que je suis passée de l'autre côté, j'envisage la suite. Ça m'intéresserait de pouvoir me frotter au suffrage universel. Mais la politique n'est pas une carrière. J'ai eu autre chose avant, j'aurai autre chose après. »

19

La fin d'un monde

5 septembre 2024 – Hôtel de Matignon

Après d'interminables jours de tractations, la France a un nouveau Premier ministre. Le président de la République a choisi Michel Barnier, un homme de droite, dont la solide expérience politique n'est pas à démontrer. Ancien ministre de l'Agriculture puis des Affaires étrangères, parlementaire français puis européen, négociateur du Brexit, le natif d'Isère devient, à 73 ans, le nouveau chef de gouvernement de la France. Pour les macronistes, c'est la fin d'un monde. Dans la cour de Matignon, alors qu'ils attendent la passation de pouvoir entre Gabriel Attal et Michel Barnier, l'émotion est palpable. Fadila Khattabi, la ministre démissionnaire chargée des Personnes handicapées, est en pleurs. « Plusieurs sentiments s'entremêlent, se remémore l'ancienne élue macroniste. Il y a déjà l'impression d'être passé à côté d'un danger très grave, d'avoir vu sa vie défiler, et de ne pas s'en sortir si mal.

Mais il y a aussi la sensation que d'un coup, tout s'arrête. Que sept ans au pouvoir nous ont menés à ça : un RN plus élevé que jamais et l'ancien monde qui revient au galop[1]. »

Alors qu'elle attend que Gabriel Attal fasse son discours, Fadila Khattabi dresse donc le bilan. Avec un mélange de colère et de stupéfaction. « Tout ça pour ça… La dissolution était d'une violence inouïe. Malgré l'absence de majorité absolue, Élisabeth Borne avait réussi à passer tous ses textes, Gabriel Attal avait su redonner un espoir, il incarnait du renouveau. Et le président a tout de même décidé de précipiter une élection dont on savait qu'elle était déjà perdue », tempête-t-elle. Un avis qu'elle ne s'était pas privée de partager avec le chef de l'État, au lendemain de sa décision surprise, en juin dernier. Pourquoi n'a-t-il pas compris qu'il menait ses troupes à l'abattoir ? « Comment a-t-il pu être si mal conseillé ? » s'interroge-t-elle encore. Dans sa tête, certaines scènes repassent en boucle. Comme ce moment où le patron des sénateurs macronistes, François Patriat, lui lance, confiant, quelques jours après la dissolution : « Mais ne t'inquiète pas, Fadila, tu vas gagner !

— François, ça va être difficile pour tout le monde », lui répond-elle.

Aujourd'hui, Fadila Khattabi n'est plus ministre. Elle n'est même plus députée. Et la tristesse l'accable. « Ma situation, mon avenir, ce n'est pas ce qui importe.

1. Toutes les citations de Fadila Khattabi dans ce chapitre sont tirées d'un entretien téléphonique avec l'auteur, 31 mars 2025.

C'est celui de notre pays, de nos enfants, auquel je pense. J'avais l'impression que tout mon investissement n'était qu'un énorme gâchis, se souvient-elle, en fondant une nouvelle fois en larmes. Que notre bilan était de laisser une France encore plus fragmentée. » Une émotion qui accompagne l'ex-ministre dès qu'elle évoque ces événements. Fadila Khattabi n'a aucune rancœur vis-à-vis du président de la République. « C'est lui qui a permis qu'il y ait une certaine égalité des chances, qui nous a donné la nôtre, qui a permis que l'Assemblée soit un peu plus colorée, qui était déterminé à combattre le RN. On a traversé plusieurs crises, j'étais persuadée qu'on allait pouvoir répondre aux Français, qu'il y aurait une forme de concorde. Je me suis engagée pour ça », se reprend-elle. En observant, sur le perron de Matignon Gabriel Attal et Michel Barnier, une immense sensation de « gâchis » la saisit.

Ce jour-là, les deux hommes ont passé un quart d'heure ensemble avant la passation. Un moment amical, très agréable. Ils se connaissent depuis quelques années et déjeunent régulièrement ensemble depuis 2017. Gabriel Attal est d'ailleurs plutôt satisfait que Michel Barnier, personnalité qu'il respecte et estime, lui succède. Aujourd'hui, en revanche, la différence de ton et de style entre eux est marquante. Dans un long discours, Gabriel Attal ne cache pas sa frustration de voir son mandat « trop court » à Matignon se terminer si brièvement. Il évoque son bilan, ses priorités et remercie longuement ses ministres, les fonctionnaires de l'Assemblée avant de rendre hommage à sa mère. Il ne manque pas au passage de prendre ses distances avec le président de la République, critiquant entre les lignes sa décision de dissoudre l'Assemblée nationale et lâchant, non sans sous-entendus : « Au moment où je quitte Matignon et peut-être plus encore qu'auparavant, la liberté sera au cœur des valeurs qui m'animeront dans les mois et les années à venir[2]. »

À côté de lui, Michel Barnier trépigne d'impatience. Il observe avec une pointe d'ironie ce prédécesseur, de trente-huit ans son cadet. La prise de parole est longue. Trop longue à son goût. Les images trahissent d'ailleurs largement la crispation qui, au fil des minutes, commence à monter chez le nouveau Premier ministre : il se tourne les pouces, regarde, d'un œil de plus en plus sévère, Gabriel Attal poursuivre son au revoir. Début 2024, le discours de passation d'Élisabeth Borne n'a duré que huit minutes, *idem* pour celui d'Édouard Philippe en 2020, quand celui de Jean Castex s'est étiré sur douze minutes en 2022. Celui-ci se termine après plus de quinze minutes.

Après avoir applaudi son prédécesseur, Michel Barnier met ses lunettes et sort ses fiches de sa poche. Finalement, il les replie aussitôt avant de retirer ses bésicles. Il se tourne vers Gabriel Attal et lance ironiquement : « Je peux dire quelques mots, là ? » Éclats de rire dans l'assistance. Gabriel Attal esquisse un sourire gêné et acquiesce. « J'ai bien aimé, cher Gabriel,

2. Discours officiel de passation de Gabriel Attal à l'hôtel de Matignon, 5 septembre 2024.

la manière dont vous m'avez donné des… non pas des leçons, hein !

— Je ne me permettrais pas, sourit Gabriel Attal.

— Enfin, les enseignements, même si ça n'a duré que huit mois, que l'on apprend quand on est Premier ministre. Ça va m'être très, très utile, poursuit ironiquement Michel Barnier. (Et d'enchaîner, sans sourire et suscitant un malaise de plus en plus général :) J'ai compris qu'il y avait des tas de projets de loi en suspens qui n'avaient pas pu être menés à bien. Bien sûr, je vais les reprendre, il y en a plusieurs auxquels je tiens d'ailleurs. Mais vous me permettrez peut-être d'ajouter ma propre valeur ajoutée, hein[3]. »

Le ton est donné. L'ambiance s'annonce donc glaciale entre les deux hommes, qui vont pourtant devoir travailler ensemble ces prochains mois. L'assistance est refroidie. « Cette scène, c'est le péché originel de la censure qui viendra dans quelques semaines. Depuis ce jour, Michel Barnier a considéré que son pire ennemi était Gabriel Attal. C'est une erreur qui lui sera fatale[4] », juge un macroniste présent dans la foule. Le député LR Vincent Jeanbrun abonde : « Cette passation a eu des conséquences sur le dialogue entre nos deux groupes, car dans l'esprit de nos collègues, depuis ce jour, Michel Barnier est le Premier ministre des Républicains[5]. » L'ancienne ministre et désormais députée macroniste Marie Lebec, également présente,

3. *Ibid.*
4. Entretien avec un ministre, 2025.
5. Entretien avec Vincent Jeanbrun, 18 février 2025.

résume : « Je n'ai pas du tout apprécié cette passation avec Gabriel. Tout était très maladroit. Ensuite, Michel Barnier a été très sur la défensive vis-à-vis de nous, alors qu'il bénéficiait d'une bonne cote de popularité dans l'opinion publique[6]. » Rétrospectivement, Gabriel Attal l'avoue sans fard : si c'était à refaire, il ne referait pas pareil. « J'ai été trop long, j'ai montré trop de frustration. Je ne dirais pas que j'ai fait une bonne passation[7]. »

---

6. Entretien avec Marie Lebec, 16 janvier 2025.
7. Entretien téléphonique avec Gabriel Attal, 29 mai 2025.

20

Intérêt supérieur de la France

Les promesses n'engagent que ceux qui veulent bien y croire. Laurent Wauquiez l'a appris à ses dépens. Au cœur des tractations pour le poste de Premier ministre, le président du groupe DR estime avoir largement donné de sa personne pour aider Michel Barnier. Ce dernier fait campagne depuis plusieurs semaines, dans le plus grand secret, pour obtenir Matignon. Xavier Bertrand, qui était bien parti pour obtenir le poste, n'est désormais plus dans la course, après la menace de censure très claire brandie par Marine Le Pen et les siens. Alors, Michel Barnier commence à croire en son étoile. Et fait tout son possible pour obtenir le poste. « Il me harcelait matin midi et soir, il me mettait un message toutes les quatre heures[1] », se souvient, sarcastique, Laurent Wauquiez. Qui décide de jouer le jeu. Il a dit oui pour

1. Toutes les citations de Laurent Wauquiez dans ce chapitre sont tirées d'un entretien avec l'auteur, 27 mai 2025.

Xavier Bertrand, il n'y a aucune raison de dire non à Michel Barnier, au contraire.

Mais l'ex-patron de LR a des conditions. « On va tester ton hypothèse, mais si tu es nommé, je veux que sur le choix des ministres LR, on compose ensemble, l'avertit-il.

— C'est d'accord », lui répond Michel Barnier. Laurent Wauquiez pousse donc, d'abord auprès d'Alexis Kohler, puis auprès du président de la République, pour que l'ancien négociateur du Brexit soit nommé. Le secrétaire général de l'Élysée prévient le patron de la DR : « On est d'accord, mais ça veut dire que vous participez au gouvernement et vous rejoignez donc la majorité[2]. » C'est ça ou la gauche au pouvoir, réfléchit Laurent Wauquiez, qui en discute avec ses députés, lesquels actent collectivement leur entrée au sein de l'exécutif, acceptant ainsi d'intégrer, de fait, une majorité avec leurs anciens pires ennemis macronistes. Le président rappelle Laurent Wauquiez : « Est-ce que tu donnes ton accord pour la nomination de Michel Barnier ?

— Oui[3]. »

Le lendemain, voilà l'ancien député européen officiellement nommé Premier ministre. Il doit désormais composer un gouvernement. La partie s'annonce éminemment compliquée. Laurent Wauquiez attend un signe de Michel Barnier. Un jour. Deux jours. Trois jours. « Pendant quatre jours, je n'ai aucune nouvelle

2. Propos rapportés à l'auteur par Laurent Wauquiez en 2025.
3. Propos confirmés à l'auteur par plusieurs sources.

de lui », se souvient le patron des députés LR. Pas un message ni un coup de téléphone, jure-t-il. Avant de le revoir à Matignon. « Il va falloir qu'on regarde ensemble pour la composition du gouvernement, lui rappelle à ce moment Laurent Wauquiez.

— Je ne suis astreint à tenir ma parole que dans les limites de l'intérêt supérieur de la France[4] », lui rétorque Michel Barnier. Le président du groupe DR est stupéfait par ces mots. Et tape du poing sur la table. « Je n'étais pas content, je n'ai vraiment pas aimé », avoue Wauquiez.

La composition du gouvernement avance lentement. Dans la douleur. Laurent Wauquiez voulait Beauvau, Michel Barnier lui propose Bercy. Après discussion, il refuse. Il n'entrera pas au gouvernement. Les versions divergent entre les deux hommes. Laurent Wauquiez assure avoir refusé l'Économie car Michel Barnier souhaitait augmenter les impôts. Ce dernier dément et jure lui avoir proposé un large ministère de l'Économie avec le Travail et avoir reçu comme seule réponse : « C'est Beauvau, ou rien. » Ce sera sans lui. Et avec Bruno Retailleau à Matignon.

Mais rien n'est encore gagné pour Michel Barnier, qui doit contenter tout le monde. D'un côté, Gabriel Attal, de l'autre, Laurent Wauquiez. Et tous les autres partenaires. Le Premier ministre consulte énormément. « Il arrive à imposer aux présidents de groupe de l'Assemblée la répartition des ministères : Beauvau pour la droite, l'Économie pour les macronistes, etc.

4. *Ibid.*

En revanche, ce sont eux qui ont toute latitude pour choisir les ministres[5] », indique un membre de l'exécutif d'alors. « C'est Gabriel Attal qui a choisi, donc malheureusement, tu n'y es pas[6] », annonce par exemple Michel Barnier à un ministre sortant par téléphone.

La députée Renaissance Violette Spillebout vit un ascenseur émotionnel improbable. Un jour, Michel Barnier l'appelle et lui annonce qu'elle va être nommée ministre de l'Éducation nationale. Il lui demande de commencer à se préparer, en attendant de ses nouvelles dans quelques jours. Mais lorsqu'il la rappelle finalement quarante-huit heures plus tard, il lui annonce : « Je suis très embêté mais je ne vais malheureusement pas pouvoir vous nommer à l'Éducation nationale. Je vous demande de ne pas me demander d'explication.

— Entendu, et vous voyez plutôt quel ministère ou secrétariat d'État ?

— Vous ne m'avez pas bien compris, je suis navré. Vous ne pourrez pas faire partie de mon gouvernement.

— …

— Je subis malheureusement des pressions de toute part dans la composition de ce gouvernement et certaines choses ne sont pas de mon ressort. Je suis désolé[7]. »

---

5. Entretien avec un ministre, 2024.

6. Propos rapportés à l'auteur par plusieurs sources.

7. Entretien téléphonique avec Violette Spillebout, 31 mai 2025. Informations confirmées à l'auteur par plusieurs sources.

En vérité, le Premier ministre, qui a eu plusieurs personnalités politiques lilloises au téléphone, a entendu dire que des photos de charme sur lesquelles apparaîtrait la députée pourraient être divulguées si elle était nommée au sein de son gouvernement. Des rumeurs infondées diffusées depuis des années localement et que Violette Spillebout a déjà évoquées et démenties dans son livre autoédité, *L'Autre Mur. Vade Mecum pour une République en paix*[8]. « Ce sont des rumeurs qui circulent à Lille depuis des années et c'est caractéristique des choses que l'on peut faire pour tenter d'affaiblir une femme politique sur un territoire... Malheureusement, cette fois, ça a des répercussions nationales. C'est mon destin[9] », sourit-elle rétrospectivement.

À droite, il faut à la fois satisfaire Laurent Wauquiez et Bruno Retailleau. « La vérité, c'est qu'à part pour les gros ministères, les ministres ne sont pas choisis pour leurs compétences ou leur professionnalisme. Souvent, il nous manque un homme ou une femme, ou quelqu'un de tel ou tel groupe, ou bien une région n'est pas représentée. À la fin, on prend ce qui reste[10] », confie, mi-amusé, mi-outré, un décisionnaire.

Ce petit jeu de puzzle dure plusieurs jours au terme desquels Michel Barnier propose une première version de gouvernement à Emmanuel Macron. Mais la liste ne convient pas à ce dernier. Il faut rayer des noms.

---

8. 2024.
9. Entretien téléphonique avec Violette Spillebout, 31 mai 2025.
10. Entretien avec un cadre macroniste décisionnaire, 2025.

Retravailler. Finalement, après moult changements, il se rend une nouvelle fois à l'Élysée pour une nouvelle proposition. Dans la poche droite de sa veste, la composition de son gouvernement ; dans la gauche, une lettre de démission. Pour rédiger cette dernière, il s'est inspiré de celle écrite par Georges Pompidou au général de Gaulle en 1962. Cette fois, si le président de la République et les différents partenaires ne la valident pas, il présentera sa démission. « Je n'ai jamais demandé à être nommé Premier ministre, je fais ça pour le pays[11] », répète-t-il à son entourage. La liste est validée. L'aventure peut commencer.

---

11. Propos rapportés à l'auteur par plusieurs sources, fin 2024.

21

Loyale mais libre

Entrer au gouvernement, oui. Mais pas à n'importe quel prix, et pas n'importe où. Beaucoup tiennent ce discours… avant d'accepter n'importe quel ministère lorsqu'ils sont appelés. Naïma Moutchou, elle, sera restée fidèle à sa ligne. Quand Michel Barnier la contacte, mi-septembre, la vice-présidente Horizons de l'Assemblée nationale croit bien, pour la première fois depuis son élection comme députée en 2017, qu'elle va faire son entrée au gouvernement. Le Premier ministre évoque avec elle un poste qui l'intéresse particulièrement : ministre déléguée à l'Exécution des peines et de l'Administration pénitentiaire auprès du futur garde des Sceaux. Encore faut-il attendre de savoir qui sera ministre de la Justice. Dès le lendemain, Michel Barnier la rappelle. Impossible, finalement. L'ancien socialiste Didier Migaud va être nommé place Vendôme et il ne veut pas faire équipe avec Naïma Moutchou, trop à droite pour lui sur les sujets régaliens.

Mais le Premier ministre a une alternative à suggérer à la députée, qu'il tient à avoir dans son équipe : « Je vous propose d'être ministre déléguée auprès du ministre de l'Intérieur en charge de la Citoyenneté et de la Lutte contre les discriminations[1]. » Un poste régalien, donc. « Cela pourrait me convenir, à condition qu'on retire l'intitulé "Lutte contre les discriminations". Je ne suis pas l'Arabe de service. Très peu pour moi[2] », répond-elle. Michel Barnier accepte. Il lui promet de revenir vers elle rapidement, une fois sa nomination validée avec le futur hôte de Beauvau. Mais une nouvelle fois, impossible, lui annonce-t-il le lendemain. Bruno Retailleau, qui va être nommé à l'Intérieur, préfère travailler avec l'un de ses proches, l'adjoint LR à la région Île-de-France Othman Nasrou. Encore raté.

Le chef de gouvernement n'abandonne pas pour autant. Il a deux autres propositions pour Naïma Moutchou. L'Égalité entre les femmes et les hommes. « Je préfère décliner, j'en suis désolée. Je ne suis pas la mieux placée : je ne suis pas la plus grande des féministes modernes », rit cette proche d'Édouard Philippe. Ministre déléguée chargée de l'Économie sociale et solidaire ? Nouveau refus. « Vous êtes certaine ? C'est un sujet très important pour moi et très intéressant. »

1. Une grande partie des propos rapportés dans ce chapitre sont tirés de deux entretiens de Naïma Moutchou avec l'auteur, 26 septembre 2024 et fin mai 2025.

2. Toutes les citations de Naïma Moutchou dans ce chapitre sont également tirées de ces deux entretiens, 26 septembre 2024 et fin mai 2025.

De nouveau, elle décline poliment. « J'aime profondément l'Assemblée nationale et j'aime le terrain. Je préfère porter une parole libre que d'entrer au gouvernement dans un ministère hors du régalien, où je me serais probablement sentie à l'étroit », se justifie aujourd'hui l'avocate, qui siège au sein de la Commission des lois depuis 2017.

Ancienne membre de La République en Marche (LREM), Naïma Moutchou a rejoint Édouard Philippe dès la création de son parti Horizons en 2021. Elle est rapidement devenue l'un des principaux appuis de l'ancien Premier ministre à la Chambre basse. Élue vice-présidente du Palais-Bourbon en 2022, elle se présente cette fois pour la présidence de l'Assemblée nationale après sa réélection en juillet 2024. « J'ai fait le choix de la liberté et de la légitimité. Je savais pouvoir jouer un rôle utile au sein de l'Assemblée parce que j'avais gagné le respect des groupes d'opposition », se remémore-t-elle. Quitte à diviser le camp présidentiel, qui a déjà une candidate en la personne de Yaël Braun-Pivet, présidente sortante de l'institution. Son camp la pousse à y aller et certains, au sein des groupes Renaissance aussi bien que Liot, estiment qu'elle ferait une meilleure présidente que sa concurrente officielle.

Les troupes macronistes sont donc divisées au premier tour. Et Yaël Braun-Pivet ne fait pas totalement le plein de voix – on l'a vu –, pendant que Naïma Moutchou parvient à en obtenir 38, cinq de plus que le nombre de députés de son groupe. La philippiste doit-elle se retirer au deuxième tour pour laisser Yaël Braun-Pivet seule candidate du camp présidentiel et de la droite ? L'hésitation est grande. D'autant que l'élue du Val-d'Oise sait qu'elle a une carte à jouer. Des bruits courent selon lesquels les députés du RN comme ceux du groupe d'Éric Ciotti pourraient décider, si elle était encore en lice au troisième tour, de voter unanimement pour elle en cas de retrait de Sébastien Chenu, le prétendant du RN. Elle sait que ces rumeurs ne sont pas infondées. Ce que confirme l'ancien vice-président RN de l'Assemblée. « Rien n'était dealé ni proposé, mais on était un certain nombre à se dire qu'à choisir entre Chassaigne, Braun-Pivet et Moutchou, si Naïma se maintenait au troisième tour, alors il faudrait y réfléchir sérieusement[3] », raconte Sébastien Chenu.

Au sein des troupes RN, Sébastien Chenu comme Jean-Philippe Tanguy évoquent ouvertement l'hypothèse. « L'option aurait été sérieuse si Naïma s'était maintenue. J'aurais alors pu me retirer. Mais nous aurions dû acter cette décision avec Marine Le Pen, argumente Sébastien Chenu. Je crois d'ailleurs qu'elle s'est retirée en partie pour ne pas risquer d'être élue avec nos voix. » Pas exactement. Naïma Moutchou aurait tout à fait été capable de maintenir sa candidature, jure-t-elle. « J'aurais pu aller jusqu'au bout. J'aurais assumé chaque vote et chaque conséquence. Mais j'ai préféré me retirer. Il faut savoir penser plus large que soi. J'ai fait un choix de loyauté. Ceux qui savent, savent », confie-t-elle, mystérieuse.

---

3. Toutes les citations de Sébastien Chenu dans ce chapitre sont tirées d'un entretien téléphonique avec l'auteur, fin mai 2025.

Peut-être pas le meilleur moment pour devenir présidente de l'Assemblée grâce aux voix du RN. D'autant plus que la députée Horizons vient d'être réélue grâce au désistement d'un candidat ciottiste au second tour, qui lui a permis de gagner facilement contre le NFP. Et *Libération* a révélé seulement quelques jours auparavant qu'Édouard Philippe avait dîné avec Marine Le Pen. Complexe, donc. Entre les deux tours, Naïma Moutchou reçoit d'ailleurs dans son bureau la visite de son président de groupe, Laurent Marcangeli, qui, accompagné de Gabriel Attal, lui passe le même message : « Retire-toi ! » Suit la visite de Yaël Braun-Pivet, avec qui elle commence à s'assurer, en cas de retrait, de conserver la vice-présidence. Ce qui se produit lorsqu'elle décide finalement de se retirer, loyale à Édouard Philippe, et redevient, le lendemain, vice-présidente de l'Assemblée nationale.

Depuis, elle n'est donc pas entrée au gouvernement. Ni dans celui de Michel Barnier, ni dans celui, un peu plus tard, de François Bayrou. Elle poursuit son travail de vigie au Perchoir du Palais-Bourbon, en alternance avec Yaël Braun-Pivet et tous les vice-présidents. Appréciée aux quatre coins de l'Hémicycle. « Quand elle est là, je sais très bien que tout se passera bien[4] », se félicite l'Insoumis Paul Vannier. Elle continue également d'œuvrer sur les sujets régaliens, comme lorsqu'elle défend une nouvelle fois le retour des peines planchers lors de la niche parlementaire du groupe Horizons, en mars. Ou lorsqu'elle détaille son

4. Entretien avec Paul Vannier, 4 mars 2025.

plan, remis au gouvernement Bayrou fin mai, pour lutter contre le fléau des armes blanches chez les mineurs. « Elle a de vraies convictions et elle les défend avec sincérité[5] », admet en privé Marine Le Pen. Naïma Moutchou l'avoue sans ambages, la dissolution « a été un traumatisme fondateur », pour elle comme « pour tous ceux qui ont tenu bon ». « Depuis, une chose est claire : tout le monde veut sortir de l'étiquette macroniste et rompre avec l'image tutélaire du président », avance-t-elle. Pour cultiver une parole de plus en plus libre.

5. Entretien avec Marine Le Pen, 19 mai 2025.

22

Retour vers le futur

1er octobre 2024 – Hémicycle de l'Assemblée nationale

Il y a des discours qui marquent la vie politique. Celui de Michel Barnier, ce 1er octobre 2024, n'est assurément pas un de ceux-là. Devant les députés, d'un ton monocorde, le Premier ministre détaille pendant plus d'une heure et vingt minutes sa « feuille de route » pour la France. Il évoque la situation budgétaire du pays, une « véritable épée de Damoclès » due à une dette qu'il estime « colossale ». Raison pour laquelle il veut absolument réduire le déficit public en faisant des économies, mais aussi avec des hausses fiscales très ciblées sur les grandes entreprises et les contribuables les plus fortunés. Il évoque également une légère revalorisation du Smic ou encore un élargissement du prêt à taux zéro pour les primo-accédants à la propriété. Pas d'annonce fracassante, particulièrement sur le sujet clivant de l'immigration.

Le nouveau chef du gouvernement est prudent, il sait la situation politique complexe. Il marche donc sur des œufs, et même, « sur des épines », ironise-t-il lors de son allocution, en citant le chef des députés communistes, André Chassaigne. Inutile de brusquer la gauche, qui a déjà un *a priori* politiquement négatif sur ce Premier ministre issu des Républicains. Inutile aussi de bousculer le RN, qui a entre ses mains droit de vie ou de mort sur son gouvernement. Michel Barnier reste donc volontairement flou, s'offrant même le luxe d'être applaudi par la gauche après avoir promis qu'il n'aurait « aucune tolérance à l'égard du racisme et de l'antisémitisme[1] », ni contre les violences faites aux femmes, et qu'il ne reviendrait sur aucune des lois sociétales (mariage pour tous, IVG, etc.) votées ces dernières années.

Une fois n'est pas coutume, c'est dans un silence de cathédrale que le Premier ministre discourt. Les Insoumis sont sages comme des images. Tout l'Hémicycle est à l'écoute. « C'est la droite conservatrice mais dans sa posture calme, posée et respectueuse, il incarne la fonction. Politiquement, c'est plus efficace que ce que l'on a pu connaître auparavant[2] », juge la communiste Elsa Faucillon. « Au début de son discours, je me suis dit : "Mince, il n'est vraiment pas bon." Mais en fait, c'était plutôt dans ses réponses, après les prises de parole de chacun, qu'il a su faire

1. Citations tirées de la déclaration de politique générale de Michel Barnier à l'Assemblée nationale, 1er octobre 2024.

2. Entretien avec Elsa Faucillon, 14 novembre 2024.

les choses avec une certaine habileté. Il n'est pas dit que sa façon de faire et son style ne plaisent pas aux Français », considère Boris Vallaud. Le patron des socialistes poursuit : « Après Gabriel Attal, Michel Barnier fait preuve de plus de rondeur. On n'a pas envie de l'attaquer. Et puis, ses propres amis étant tellement désagréables avec lui, on hésite à l'être nous-mêmes »[3].

Pas de coup d'éclat. Pas d'emphase. Une feuille de route volontairement très floue. Un discours de près d'une heure et demie à la suite duquel chacun des groupes politiques représentés à l'Assemblée nationale prend la parole, de manière plus ou moins offensive, pour répondre au Premier ministre. Marine Le Pen, d'abord, qui vante « le sens de la courtoisie et le respect inné » que Michel Barnier porte, selon elle, à ses « adversaires politiques ». Gabriel Attal, ensuite, qui, en dépit de sa participation à l'alliance gouvernementale, ne manque pas d'envoyer une petite pique à destination du ministre de l'Intérieur, Bruno Retailleau : « Évidemment, on peut avoir une parole forte. Mais sans hystériser tout le temps. Agir plutôt que parler, plutôt qu'hystériser »[4].

Michel Barnier écoute attentivement et prend des notes. Il se sent bien. L'ancienne Première ministre Élisabeth Borne l'avait alerté, la veille de son discours : « Faites attention, ils ne vont pas vous laisser parler.

---

3. Entretien avec Boris Vallaud, 15 octobre 2024.
4. Citations issues des discours de Marine Le Pen et Gabriel Attal le jour de la déclaration de politique générale de Michel Barnier, à l'Assemblée nationale, 1er octobre 2024.

Leurs cris vont couvrir votre voix[5]. » L'exercice s'est finalement déroulé sans trop d'obstacles. « Elle n'était pas la seule à m'avoir averti que je ferais face à une Assemblée nationale très difficile. Mais ça s'est passé beaucoup mieux que je ne l'aurais pensé. J'étais à l'aise dans le ton que j'adoptais, j'étais bien dans ma peau de Premier ministre. Je ne ressentais pas de fébrilité[6] », relate Michel Barnier.

Il le prouve quelques heures plus tard lorsqu'il reprend la parole pour répondre à chacun des orateurs. À l'aise, il affiche un style à rebours de ses prédécesseurs. Et se paie même le luxe d'envoyer quelques petites attaques bien senties. Comme à Mathilde Panot : « Ça fait peut-être trop longtemps que je ne me suis pas rendu dans cette Assemblée… J'ai du mal à comprendre votre ton et votre agressivité. Je n'arrive pas à comprendre la manière systématique dont vous attaquez personnellement le chef de l'État. Et moi, je vais vous dire une chose, plus vous serez agressive, plus je serai respectueux. » Mais surtout, à celui qui, quelques jours auparavant, lui cédait sa place à Matignon : « Ce sera deux tiers de l'effort sur la maîtrise de la dépense publique et ce sera difficile. Et, monsieur Attal, je serai très attentif à vos propositions d'économies supplémentaires, très attentif, hein… » Applaudissements dans les bancs macronistes et de l'ancien Premier ministre en personne. Un peu trop précipités, au regard de la suite de la phrase : « … pour

5. Propos rapportés à l'auteur par plusieurs sources.
6. Entretien avec Michel Barnier, 9 avril 2025.

faire face à un déficit que j'ai trouvé en arrivant ! » Éclats de rire sur les bancs de la gauche et mimique gênée de Gabriel Attal. Et Barnier de reprendre, un brin provocateur : « Il faut que vous vous habituiez, les uns et les autres, à ce que je dise ce que je pense »[7].

L'attaque est tranchante. Gabriel Attal est mortifié. Il le confiera quelques mois plus tard à Michel Barnier, quand il le reverra en tête à tête, une fois François Bayrou installé à Matignon : « Lorsque tu m'as dit ça, j'ai été humilié.

— Mais ton discours était très critique. Qu'aurais-je donc pu te répondre d'autre[8] ? »

---

7. Toutes ces citations sont tirées des réponses de Michel Barnier après les prises de parole des présidents de groupe à l'Assemblée nationale, jour de sa déclaration de politique générale, 1er octobre 2024.

8. Propos rapportés à l'auteur par plusieurs sources.

23

Le torchon brûle

8 octobre 2024 – Salle Colbert –
Assemblée nationale

Ce mardi 8 octobre, dans la prestigieuse salle Colbert qui accueille chaque semaine les députés du groupe EPR, le Premier ministre, Michel Barnier, est venu arrondir les angles alors qu'il s'apprête à présenter le budget 2025. Pour la première fois depuis sa nomination, le chef du gouvernement veut rassurer les parlementaires du groupe de Gabriel Attal, en expliquant notamment les hausses d'impôts ciblées qu'il envisage dans sa copie. Une augmentation à hauteur de 20 milliards d'euros – beaucoup trop pour les macronistes, et notamment pour les deux poids lourds Gabriel Attal et Gérald Darmanin, qui ne se sont pas privés de critiquer ouvertement ce projet avant même le début de la discussion budgétaire.

L'heure est donc aux explications. « Dès le départ, il y a de l'électricité dans l'air[1] », se souvient un présent. Malgré cela, tout commence étonnamment sous les meilleurs auspices. « C'est un moment important pour nous[2] », introduit très aimablement Gabriel Attal. Avant que Michel Barnier ne dise sensiblement la même chose. « C'est très important pour moi d'être là aujourd'hui. [...] Il est essentiel que nous apprenions à nous connaître car nous avons besoin de plus de fluidité, de plus de proximité », rassure-t-il notamment, avant de vanter sa relation « très fluide » et « simple » avec le président de la République, et de dire sa grande fierté d'avoir une dizaine de députés du groupe EPR au sein de son exécutif. Il lance même, non sans cibler Gabriel Attal et leurs échanges tendus lors du discours de politique générale : « Je suis désolé s'il y a eu des malentendus. » Avant d'estimer que « de réels efforts ont été faits » pour améliorer la situation budgétaire et pour faire des économies avant son arrivée à Matignon.

Le Premier ministre évoque ensuite les grandes lignes de son budget, admettant qu'il « prend le risque d'être impopulaire », mais pas « celui d'être irresponsable ». Et de rassurer, concernant les hausses d'impôts : « Je ne veux pas qu'on touche les plus faibles, les classes moyennes, les petites et moyennes entreprises. » Vient le tour des parlementaires de lui poser des questions. Plusieurs spécialistes des finances

1. Entretien avec un député Renaissance, début 2025.

2. Dans ce chapitre, tous les propos rapportés de Gabriel Attal, Michel Barnier et des autres intervenants l'ont été par plusieurs ministres et députés Renaissance.

publiques se lancent, successivement, et obtiennent des réponses. Intervient alors la députée des Français de l'étranger (Amérique latine et Caraïbes), Éléonore Caroit, qui commence ainsi : « Bonjour, Monsieur le Premier ministre, nous sommes ravis qu'enfin, aujourd'hui, vous veniez nous voir. » Michel Barnier tique. Puis lui répond sans ménagement : « Madame la députée, pourquoi dites-vous cela ? Vous m'invitez, je viens. Pourquoi dites-vous "enfin" ?

— Cela fait quelque temps que l'on dit que l'on a des questions à vous poser sur le fond, on vous attendait depuis longtemps », lui répond la parlementaire, sans se démonter.

Avant que celui-ci, très agacé, lui réplique : « Je vous demande de faire attention à ce que vous dites. Ce que vous dites n'est pas juste, vraiment. Ce n'est pas de cette manière que cela fonctionne, je n'allais pas venir vous voir pendant la formation des gouvernements. J'avais dit que je viendrais après ma déclaration de politique générale, me voilà. »

La salle Colbert tout entière est stupéfaite. Les députés sont bouche bée, tétanisés que la discussion tourne tout à coup aussi mal. « La prise de parole d'Éléonore Caroit était très sincère et bienveillante, sans arrière-pensée. Mais lui l'a hyper-mal prise. Et on a tous compris à ce moment-là la force du quiproquo qui s'installait, se souvient le ministre des Comptes publics, Laurent Saint-Martin. Les rendez-vous manqués, souvent, ne sont voulus ni d'un côté ni de l'autre. Vous sentez que vous vous embarquez mal dans un dialogue avec quelqu'un, vous êtes persuadé qu'il y a un chemin pour que ça s'apaise mais en fait, plus vous parlez, plus ça s'aggrave[3]. »

C'est effectivement ce qui se produit. Quelques minutes plus tard, le député de l'Essonne Paul Midy lui suggère des pistes d'économies, notamment en ayant recours à l'annulation de crédits gelés, et s'interroge sur l'avenir de la réforme de l'assurance-chômage enclenchée par Gabriel Attal, avant de lancer, un peu cash : « Je ne comprends pas vos choix sur 2024. » Réponse du tac au tac du Premier ministre, encore une fois piqué au vif : « Je n'ai entendu que des critiques dans votre intervention. » Avant d'envoyer un petit tacle bien senti quelques minutes plus tard contre Gérald Darmanin : « J'ai moi-même été minoritaire dans mon propre parti, peut-être pas autant que vous dans le vôtre ! » Puis de s'en prendre aux cadres macronistes ayant publiquement critiqué son projet de budget : « C'est tout de même mieux que les deals et les interrogations diverses se fassent ici plutôt que dans les médias. » Ambiance glaciale.

« Rétrospectivement, je pense que cette réunion ratée est un moment de bascule. Tout le monde en attendait beaucoup et ça s'est finalement passé de la pire des manières », retrace Laurent Saint-Martin. Un rendez-vous raté que regrette également Michel Barnier. « J'aurais pu calmer le jeu plus tôt avec EPR, mais il y a un certain nombre de députés, ce jour-là, qui avaient été mandatés pour me taper dessus. Je n'ai pas

3. Toutes les citations de Laurent Saint-Martin dans ce chapitre sont tirées d'un entretien téléphonique avec l'auteur, 23 avril 2025.

été reçu de manière amicale ni comme quelqu'un avec qui on veut construire quelque chose. Il y avait une animosité, comme si j'étais un intrus avec qui il faut marquer des positions », déplore-t-il. Et de conclure : « Ils ont eu du mal à mettre les choses en perspective, ils n'ont pas vu la gravité de la situation. Je savais que le budget n'était pas parfait et comportait des mesures négatives. Mais il fallait que tout le monde soutienne plutôt que de chercher à fragiliser la diminution du déficit »[4].

4. Entretien avec Michel Barnier, 9 avril 2025.

24

Unions factices

Il y a trois alliances. D'abord, celle des gauches[1] qui, dès le lendemain de la dissolution, s'est organisée pour « faire barrage à l'extrême droite » et remporter le maximum de circonscriptions possible. Ensuite, celle du « socle commun »[2], composée des macronistes, des députés d'Édouard Philippe, de ceux de François Bayrou et des parlementaires des Républicains, forcés d'entrer tardivement dans la danse à la faveur de la nomination de Michel Barnier. Puis celle du bloc nationaliste, rassemblant les députés du RN et ceux de l'Union des droites pour la République (UDR) d'Éric Ciotti. Trois alliances qui, à l'Assemblée, ont chacune décidé de fonctionner différemment.

---

1. Le Nouveau Front populaire (NFP) s'est très rapidement constitué, au lendemain de la dissolution de l'Assemblée nationale, afin de faire front commun face au « risque » d'une arrivée de Jordan Bardella à Matignon.

2. Le « socle commun », surnom trouvé par Michel Barnier pour qualifier sa « majorité », est composé des macronistes, de Horizons, du MoDem et des Républicains.

Refroidie par les difficultés qu'elle avait connues avec la Nouvelle Union populaire écologique et sociale (Nupes), la gauche a cette fois-ci choisi de ne pas créer d'intergroupe. Entre 2022 et le 7 octobre 2024, les quatre forces de gauche se réunissaient pourtant toutes les semaines à l'Assemblée afin d'organiser leur travail commun. La coordination était alors très collective et rapprochée. Des réunions qui ont pris fin précipitamment après l'attaque terroriste du Hamas en Israël, le PS ayant décidé de rompre avec LFI. « Cette fois, on ne voulait pas reproduire la Nupes. Du coup, les réunions sont facilitées. Comme on se voit moins, on s'engueule moins[3] », s'amuse le communiste Stéphane Peu. Écologistes et Insoumis ont bien tenté de convaincre socialistes et communistes de faire une nouvelle fois front commun. En vain. « Non merci, j'ai vu comment ça se passait… On se voit autant que besoin et quand on se voit, on se coordonne[4] », raconte, sans trop en dire, le patron des députés PS.

Résultat, la gauche vote souvent les mêmes amendements, utilise les mêmes arguments, mais le fait de manière désorganisée. Et ne travaille plus que très peu en commun. « Il y a une guéguerre entre socialistes et Insoumis. On est dans une impasse[5] », regrette le député Hendrik Davi. Effectivement, depuis leur retour au Palais-Bourbon, députés PS et mélenchonistes se regardent en chiens de faïence. Et, sous une

3. Échange informel avec Stéphane Peu, 20 mai 2025.
4. Échange informel avec Boris Vallaud, 15 octobre 2024.
5. Entretien avec Hendrik Davi, 12 septembre 2024.

bonne entente de façade, savent que leurs différences vont finir par les diviser. « Je me suis construite politiquement en rupture avec la gauche Hollande, en intégrant tous ses échecs. C'est un peu particulier, désormais, de le compter, lui, parmi mes collègues… On se demande ce qu'il fait là[6] », s'interroge, circonspecte, la jeune députée LFI Claire Lejeune.

Du côté du « socle commun », il n'y a pas d'intergroupe qui tienne non plus. Le président de DR n'y est pas favorable, et les trois composantes de l'ex-majorité macroniste ne se voient pas en monter un sans le groupe duquel est issu le Premier ministre, Michel Barnier. « Aucun intérêt[7] », estime Laurent Marcangeli, le président du groupe Horizons. Aucune organisation commune au Palais-Bourbon, donc. « On échange, on a de bons rapports, mais il n'y a pas de travail commun[8] », résume ce très proche d'Édouard Philippe. Alors, les petits déjeuners de la « majorité » autour du Premier ministre sont la seule occasion pour les patrons des différents groupes de se voir.

Agacés par la non-entente de leurs chefs, certains députés tentent toutefois de s'organiser, en coulisse, pour créer une dynamique. La macroniste Laure Miller et le député LR Antoine Vermorel-Marques essaient notamment d'impulser un début d'intergroupe informel. « L'objectif, c'est de tenir trois ans pour avoir un candidat commun en 2027. Nos chefs

6. Entretien avec Claire Lejeune, 17 décembre 2024.
7. Entretien avec Laurent Marcangeli, 20 novembre 2024.
8. *Ibid.*

ne sont pas prêts à l'accepter, ce qui ne nous empêche pas d'essayer d'avancer[9] », sourit celui-ci. Mais l'idée ne va pas beaucoup plus loin. Entre les groupes, et particulièrement entre Gabriel Attal et Laurent Wauquiez, la méfiance règne. « Il y a beaucoup d'incompréhensions, qui, petit à petit, se transforment en défiance[10] », raconte un macroniste.

Un cadre du groupe de Gabriel Attal trouve même une métaphore pour illustrer cette union forcée : « On ne va pas se voiler la face, on ne sera jamais copains. Le mariage n'a jamais été consommé. C'est une colocation forcée dans un appartement en contrat précaire avec une très forte volonté de tous les participants de trouver rapidement une autre location ailleurs et séparément. » Selon lui, ce désamour est principalement dû au comportement « très arrogant » des macronistes entre 2017 et 2022. « On leur a marché dessus pendant cinq ans, ça a forcément créé de la rancœur et du ressenti. Et maintenant, on s'attendrait à ce qu'ils nous ouvrent les bras ? »[11].

Les troupes nationalistes, elles, accordent beaucoup mieux leurs violons. Il faut dire que, contrairement à leurs adversaires des autres blocs, les alliés de la droite de la droite ont l'avantage de n'être que deux entités : l'hégémonique RN de Marine Le Pen et le tout petit groupe UDR d'Éric Ciotti, qui compte seulement 16 députés. Cette nouvelle alliance, conclue au débotté

9. Entretien avec Antoine Vermorel-Marques, 5 novembre 2024.

10. Échange informel avec un député Renaissance, novembre 2024.

11. Entretien avec un cadre du groupe Renaissance, début 2025.

au moment des législatives anticipées, est finalement la seule à disposer d'un intergroupe et à se réunir, une fois toutes les trois semaines. « Les ciottistes, c'est un peu comme s'ils étaient des députés apparentés RN », plaisante un élu mariniste, très surpris de « l'alignement »[12] sur presque tous les sujets entre eux.

« On serait dans le même groupe qu'on ne verrait même pas la différence, salue Marine Le Pen, qui se félicite : Cette alliance a dépassé mes espérances. Éric Ciotti est un homme extrêmement loyal. Lui-même a découvert un fonctionnement politique qu'il ne connaissait plus depuis bien longtemps[13]. » Ce qui n'empêche pas les deux groupes d'avoir des lignes politiques différentes. Et Éric Ciotti de jouer son refrain ultralibéral, vantant les mérites de la méthode tronçonneuse du président argentin Javier Milei[14] sans que cela vienne perturber l'unité. « Quand on n'est pas d'accord, on n'est pas d'accord. La tronçonneuse dans les dépenses publiques, ce n'est pas vraiment notre truc. Mais ça lui permet de se différencier, et ça ne nous nuit pas[15] », considère un proche de Marine Le Pen. De quoi avancer de manière bien plus organisée que les deux autres alliances de l'Assemblée nationale.

---

12. Entretien avec un député RN, avril 2025.

13. Entretien avec Marine Le Pen, 19 mai 2025.

14. Le président argentin Javier Milei a brandi à plusieurs reprises une tronçonneuse, pendant la campagne de l'élection présidentielle de 2023, symbole des coupes effectuées dans les dépenses de l'État. Une méthode qu'il met en œuvre depuis qu'il est au pouvoir et dont tente de s'inspirer Éric Ciotti.

15. Entretien de l'auteur avec un proche de Marine Le Pen, avril 2025.

25

Coup de canif

9 octobre 2024 – Commission des affaires économiques de l'Assemblée nationale

Un bras de fer où tout le monde perd. Et qui résume à la perfection le mariage forcé auquel ont dû se résoudre les macronistes et la droite LR. Le gouvernement Barnier est en place depuis maintenant quelques semaines et de nouvelles élections pour certains postes clés vont avoir lieu au Palais-Bourbon. Parmi elles, les présidences de la Commission des affaires européennes, celle des affaires économiques, et une nouvelle vice-présidence de l'Assemblée nationale.

L'accord entre les quatre composantes du socle commun tient-il toujours ? Quelques mois plus tard, la donne a changé. Le Premier ministre est issu des rangs des Républicains. Il faut donc s'organiser pour ces élections à recommencer. En coulisse, les couteaux s'aiguisent. Laurent Wauquiez estime que le deal d'hier, qui prévoyait que LR obtienne la commission des finances, tient toujours. Et que son groupe doit obtenir la tête de celle des affaires économiques. « Je ne vois pas pourquoi le deuxième groupe du socle commun n'a aucune présidence de commission. Le Modem et Horizons, qui ont moins de députés que nous, en possèdent tous les deux une[1] », explique-t-il à Gabriel Attal. Mais l'ancien Premier ministre souhaite conserver son dû. Et lui fait savoir qu'il ne cédera pas. « Nous avions un accord, il tient encore aujourd'hui, à nous de le faire respecter dans nos rangs[2] », lui répond le patron des députés EPR. Les discussions entre les deux hommes durent plusieurs jours. « Wauquiez lui met clairement le pistolet sur la tempe en lui disant : "Je n'hésiterai pas à te buter cette présidence." Sauf qu'Attal ne le croit pas[3] », résume un député LR au courant des échanges.

En interne, à l'approche du vote pour la présidence de la Commission des affaires économiques, les députés LR sont divisés. Faire perdre le candidat macroniste, le député Stéphane Travert, c'est faire gagner la députée de gauche Aurélie Trouvé. Une Insoumise. « On se dit, on ne va quand même pas faire ça, c'est bof[4] », se remémore le député LR Julien Dive. En réunion de groupe, Laurent Wauquiez expose la stratégie. « Si on se couche sur ça, on va perdre le rapport de force sur tout le

1. Toutes les discussions rapportées dans ce chapitre ont été confirmées à l'auteur par plusieurs sources.
2. Propos confirmés par les deux protagonistes en 2025.
3. Entretien avec un député Renaissance, 2025.
4. Entretien avec Julien Dive, 6 novembre 2024.

reste[5] », argumente-t-il. Dans le groupe, les avis divergent. Le président décide de faire voter en interne ses troupes, un jour avant le scrutin : pour ou contre la candidature d'un LR pour faire échouer Stéphane Travert. Égalité parfaite : 13 pour, 13 contre, quelques abstentions. Laurent Wauquiez ne cache pas son agacement… Et lance un petit regard à Ian Boucard, vice-président du groupe, qui vient justement de s'abstenir. Avant de refaire voter. Boucard, « un brin zélé », s'amuse un ami à lui, bascule cette fois-ci du côté des pour : 14-13, le groupe DR présentera donc un candidat. Objectif : faire monter la pression sur les macronistes mais se retirer au troisième tour afin que le « socle commun » ne concède pas ce poste clé à la gauche.

C'est du moins ce que pensent la plupart des personnes présentes. Le jour du scrutin, Laurent Wauquiez réunit à l'improviste les députés LR de la Commission des affaires économiques, à la sortie d'une séance de questions au gouvernement. La scène se déroule dans l'un des petits salons attenants à l'Hémicycle.

Il prend la parole. « La stratégie est claire, expose-t-il. Aujourd'hui, l'objectif est de faire perdre Stéphane Travert. Vous vous abstenez, vous ne votez pas, vous faites ce que vous voulez, mais il ne doit pas gagner. » Chacun se lance un regard entendu et se disperse. Le chef a parlé. Le macroniste doit perdre. Le LR Julien Dive, qui apprécie humainement Stéphane Travert, le prévient. « Wauquiez veut aller jusqu'au bout : si tu

5. Propos rapportés à l'auteur par plusieurs députés LR, fin 2024.

veux être élu, démerde-toi pour trouver des voix ailleurs avec André Chassaigne [Parti communiste] ou Delphine Batho [écologiste]. Sinon, Trouvé sera présidente »[6], lui glisse-t-il. Aurélie Trouvé, l'Insoumise, ancienne coprésidente de l'Association pour la taxation des transactions financières et pour l'action citoyenne (Attac), est effectivement la favorite en cas de désunion du « socle commun ». Pour le macroniste Stéphane Travert, il va donc falloir entreprendre une campagne active auprès des députés de gauche réfractaires à l'idée que la LFI préside cette commission. Lors des deux premiers tours, Aurélie Trouvé termine en tête, devant le macroniste, le RN et la droite LR. Mais elle n'obtient pas la majorité absolue. Vient donc le troisième tour.

La séance est suspendue. Comme attendu, le député LR Julien Dive se retire de la course. Les députés de la commission se dispersent pendant quelques minutes. Certains vont boire un café, d'autres vont fumer une cigarette. Aurélie Trouvé en profite pour aller s'assurer des votes des différents élus du NFP. Le député LR Jean-Pierre Tait, qui remplace aujourd'hui un autre parlementaire de son groupe dans la commission, fait les cent pas dans le couloir. Mine sérieuse, il est en pleine discussion téléphonique. La séance reprend et ce fidèle soldat de Laurent Wauquiez vient s'installer auprès de ses collègues. Il lance à deux d'entre eux : « Je viens d'avoir Wauquiez au téléphone. Je vais voter Trouvé.

— Tu déconnes ? lui rétorque, stupéfait, l'un d'eux.

6. Propos rapportés à l'auteur à l'auteur par plusieurs sources.

— Non.[7] » Une version que l'intéressé ainsi que son président de groupe démentent, mais que confirment plusieurs de leurs collègues. Quelques minutes plus tard, Aurélie Trouvé est élue. Et après Éric Coquerel, qui, depuis 2022, préside la prestigieuse Commission des finances, les Insoumis prennent donc officiellement le pouvoir sur une seconde commission à l'Assemblée nationale.

Immédiatement, les macronistes crient au scandale. Un « coup de canif[8] » dans le pacte d'alliance avec la droite, déplore en privé l'ancien Premier ministre Gabriel Attal. « Un signal désastreux envoyé au monde de l'entreprise », regrette le député Renaissance Mathieu Lefèvre, qui voit en Aurélie Trouvé une « universitaire dogmatique[9] ». Auprès de ses troupes, Laurent Wauquiez, lui, assume. « J'ai fait cela sur une commission qui n'était quand même pas la plus importante. Je ne l'aurais jamais fait pour la Commission des finances. Il n'y avait aucune raison d'accepter le deal de Gabriel Attal, puisque celui-ci n'était pas fair-play. Il prenait cinq commissions, moi zéro, explique-t-il après coup au *Figaro*. Ce qui l'a surpris, c'est qu'il pensait que j'allais me coucher. Non. Je lui ai dit : “Maintenant, tu me connais”[10]. » De quoi tendre les relations entre les deux chefs de clan.

7. Propos rapportés à l'auteur par plusieurs témoins, fin 2024.

8. Entretien avec plusieurs personnes de l'entourage de Gabriel Attal.

9. Entretien avec Mathieu Lefèvre, fin 2024.

10. Propos de Laurent Wauquiez rapportés à l'auteur, voir « Chef de “commando” et meilleur ennemi des macronistes : la nouvelle vie de Laurent », *Le Figaro*, 26 novembre 2024.

Et fragiliser un peu plus l'alliance soutenant le Premier ministre, Michel Barnier. « Il était complètement insensé de faire élire cette Insoumise. C'est du petit court terme, de la petite politique. Tout cela n'est pas à la hauteur de la situation dans laquelle nous étions[11] », peste encore, quelques mois plus tard, celui qui occupait alors l'hôtel de Matignon. Laurent Wauquiez, lui, avoue quelques regrets : « Je m'en suis voulu ensuite car l'image que cela donnait, c'est qu'on n'avait pas réussi à s'entendre et que ça aboutissait à l'élection de LFI. Or, tout le boulot qu'on avait fait, c'était précisément pour les faire battre[12]. »

11. Entretien avec Michel Barnier, 9 avril 2025.
12. Entretien avec Laurent Wauquiez, 27 mai 2025.

26

Coup de poignard

10 octobre 2024 – Commission des affaires sociales de l'Assemblée nationale

À gauche, l'ambiance n'est pas meilleure. Le lendemain, les forces du NFP vont à leur tour faire l'étalage public de leurs divisions. Ce 10 octobre 2024, les députés de la Commission des affaires sociales doivent voter pour leur nouveau président. Le précédent, Paul Christophe, a été nommé au gouvernement. La présidente de séance, Annie Vidal, annonce les différents prétendants : Frédéric Valletoux pour le camp présidentiel, Thomas Ménagé pour le RN et le socialiste Jérôme Guedj pour la gauche. Jusqu'ici, rien d'anormal. Chacun des candidats prend la parole et plaide sa cause.

Enfin, le vote visant à départager les trois candidats peut avoir lieu. La présidente annonce les résultats du premier tour : en tête, le philippiste Frédéric Valletoux (28 voix), suivi du député RN Thomas Ménagé (17 suffrages), du socialiste Jérôme Guedj (16 voix) et d'un autre socialiste, Arthur Delaporte (10 voix). Incompréhension dans les rangs du RN, du camp macroniste et des LR, qui ne s'attendaient pas à ce que les voix de la gauche se divisent, qui plus est entre deux socialistes dont l'un n'est même pas candidat. Sourires amusés des Insoumis, parfaitement conscients du mauvais coup qu'ils sont en train de jouer à Jérôme Guedj. Ce dernier, qui avait refusé l'investiture du NFP lors des élections législatives anticipées de 2024 afin de ne pas valider l'alliance avec LFI, fait depuis figure d'ennemi juré au sein des troupes mélenchonistes. Ils ont donc décidé de voter en faveur d'Arthur Delaporte.

Il faut toutefois revoter. Aucun des candidats n'a la majorité absolue. Le second tour est organisé. Les prétendants sont les mêmes, les scores de Valletoux et Ménagé aussi (28 et 17 voix). Cette fois, en revanche, Arthur Delaporte dépasse Jérôme Guedj avec 15 suffrages contre 11. Cinq voix se sont donc déportées de l'un vers l'autre, toujours pas candidat. La séance est suspendue et le ton monte entre certains socialistes. « Ils se sont traités de tous les noms d'oiseau possibles pendant cinq minutes, ça faisait peine à voir[1] », rapporte le député RN Thomas Ménagé, effaré devant la virulence des échanges.

« Arrêtez, vous me mettez en porte-à-faux[2] », ordonne alors Arthur Delaporte aux Insoumis et à ceux qu'il suspecte de mettre son nom dans l'urne. Au troisième tour, les Insoumis, comme les autres

1. Entretien avec Thomas Ménagé, fin 2024.
2. Tous les propos rapportés dans ce chapitre ont été confirmés à l'auteur par plusieurs sources.

parlementaires qui avaient décidé de faire dissidence, entendent raison et s'abstiennent. Les députés RN apportent finalement leurs voix à l'élu Horizons Frédéric Valletoux, qui est désigné nouveau président de la commission.

Cet épisode révèle déjà les fortes divisions de la gauche. Et quelques tensions d'*ego* au PS. Car, si les Insoumis ont voté pour Arthur Delaporte, c'est aussi parce que ce dernier devait initialement être le candidat de la gauche. Il avait été désigné à 7 voix contre 2 par les députés socialistes membres de sa commission. Jusqu'à ce que Jérôme Guedj vienne le voir, la veille du scrutin, et lui annonce : « Les autres préfèrent finalement me soutenir. Ils estiment qu'on a plus de chance d'aller chercher des voix chez Liot[3]. » Après une discussion avec Boris Vallaud, le président du groupe PS, Arthur Delaporte accepte, vexé et déçu, le choix de ses collègues, décidé en catimini en son absence.

Le résultat : une défaite prévisible et une tension étalée au vu et au su de tous. « On a affiché le spectacle de notre division interne. C'était inutile. Et ça a permis aux Insoumis de dire : "Regardez, les socialistes sont gangrenés par la ligne anti-NFP[4]" », déplore, après coup, Arthur Delaporte. « Pas un moment de franche camaraderie », admettra également un important cadre du PS. Avant de regretter : « Les nouveaux n'avaient pas pris la mesure du mauvais message que ça envoyait »[5].

3. Propos rapportés à l'auteur par plusieurs sources en novembre 2024.

4. Entretien avec Arthur Delaporte, 13 novembre 2024.

5. Entretien avec un important cadre du PS, 2025.

27

Les fantômes

« Tiens, voilà enfin un député EPR[1] ! » ironise le ministre du Budget, Laurent Saint-Martin, auprès de son voisin de banc du jour, l'Insoumis Éric Coquerel, président de la Commission des finances. Il est un peu plus de 22 heures dans l'hémicycle de l'Assemblée nationale ce mercredi 23 octobre 2024. L'un des députés EPR, Jean-René Cazeneuve, vient d'apparaître dans l'enceinte parlementaire, venant agrémenter d'une unité les très clairsemés – voire, complètement abandonnés – rangs macronistes. Les élus sont en plein examen du projet de loi de finances pour 2025. D'un côté, la gauche, menée par les Insoumis, est surreprésentée. De l'autre, le RN est aussi extrêmement présent. Au milieu, la petite vingtaine de représentants du camp présidentiel présents se montrent discrets.

Beaucoup regardent les balles passer, d'un air passif. Certains prennent la parole, complètement isolés.

1. Propos rapportés à l'auteur par plusieurs sources.

Pire, les quelques-uns qui se lancent dans le combat ne sont même pas sur la ligne du gouvernement. L'exécutif plaide pour quelques augmentations d'impôts provisoires très ciblées – taxe sur les plus hauts revenus, hausse d'impôts des 300 plus grandes entreprises – pour réduire le déficit. Hors de question, estiment ces quelques élus EPR comme Mathieu Lefèvre, Charles Rodwell ou Charles Sitzenstuhl. S'ils sont venus ce soir, et s'ils suivront les débats jusqu'au bout, c'est donc uniquement pour défendre la ligne qui a été celle des macronistes depuis 2017 : il est impensable d'augmenter les impôts, au risque de nuire à l'attractivité de la France sur la scène européenne.

« Ce que l'on fait ces soirées-là, c'est un travail pour l'honneur. On sait tous très bien qu'à la fin, ce ne sera pas la copie votée à l'Assemblée qui sera mise au vote. Mais personnellement, je tiens à être présent pour combattre notamment les hausses fiscales prévues par le gouvernement Barnier. J'estime que c'est une faute politique majeure », raconte Mathieu Lefèvre, l'un des seuls macronistes présents. S'il s'inflige cette « épreuve physique », c'est aussi pour montrer que son « soutien » à l'exécutif en place n'est « pas un chèque en blanc ». « Il est important de dire les choses et de tenter de rééquilibrer le texte »[2], juge le député du Val-de-Marne.

Les autres sont aux abonnés absents. « La majorité est en déliquescence avec une forme de nonchalance que je trouve rageante[3] », observe la communiste Elsa

2. Entretien avec Mathieu Lefèvre, 17 mars 2025.
3. Entretien avec Elsa Faucillon, 14 novembre 2024.

Faucillon. Dans chacun des groupes du socle commun, aucune consigne de mobilisation n'a été donnée aux députés alors que c'est souvent le cas pour les textes à enjeux. « Gabriel Attal sait très bien que ça ne sert à rien de nous mobiliser sur ce sujet. Qu'on soit là ou pas, on va se prendre tôle sur tôle. Autant ne pas épuiser le groupe et garder des forces pour des moments plus importants[4] », estime un élu du bloc central. Le président du groupe EPR tente tout de même de montrer l'exemple en étant l'un des plus mobilisés dans l'Hémicycle à ce moment-là. « Je ne le vis pas comme une contrainte. Et comme je souhaitais prendre le parti, je ne voulais pas prêter le flanc au fait que je serais président de groupe à mi-temps[5] », témoigne celui qui regarde régulièrement sur le site Data AN son taux de présence et de vote dans l'Hémicycle par rapport aux autres présidents de groupe.

Une autre parlementaire explique différemment cette forme de passivité nonchalante du bloc macroniste : « Avant, on se sentait investis d'une mission de la ligne commune de la majorité et du gouvernement. Aujourd'hui, il n'y a plus de ligne commune et la volonté de défendre le gouvernement est quasiment nulle[6]. » Un avis que partagent de nombreux députés du camp présidentiel, dont beaucoup désertent complètement l'Hémicycle. « Il y a une perte de sens. Beaucoup ont du mal à faire le deuil de la majorité

4. Échange informel avec un député Renaissance, novembre 2024.

5. Entretien avec Gabriel Attal, 29 mai 2025.

6. Entretien avec un député Renaissance, octobre 2024.

absolue. Et ils ne se rendent pas compte que nombre d'amendements se jouent à quelques voix et que s'ils étaient là, on pourrait gagner des batailles[7] », regrette la députée Modem Anne Bergantz.

Le ministre des Comptes publics, Laurent Saint-Martin, présent sur son banc pendant ces longues soirées, analyse après coup cette désertion totale des troupes macronistes. « Il n'y avait pas de réelle solidarité entre le socle commun et le gouvernement, et beaucoup de défiance et d'animosité entre les groupes de la majorité, se souvient-il. J'ai un sentiment très partagé. D'un côté, c'est mon groupe, ce sont mes amis politiques et je comprends leur forme de démobilisation. Mais en même temps, je leur en veux car je me dis que leur absence fait que l'on s'empêche, vis-à-vis des Français, de créer un débat de fond pour défendre ce en quoi nous croyons », poursuit-il.

Selon lui, ce manque de solidarité est également dû à l'absence de rapporteur général issu des rangs macronistes ou LR. En juillet dernier, le centriste Charles de Courson, issu du petit groupe indépendant Liot, a été désigné rapporteur général du budget par les députés membres de la Commission des finances, après un vote très serré qui l'a vu arriver en tête, à égalité, avec le macroniste Jean-René Cazeneuve. Manque de chance pour les élus du camp présidentiel, ce dernier était plus jeune que Charles de Courson, qui a donc été désigné vainqueur grâce à son âge plus avancé. Une règle en vigueur à l'Assemblée en cas d'égalité. « Ça

7. Entretien avec Anne Bergantz, 20 février 2025.

change tout, regrette Laurent Saint-Martin. C'est le rapporteur général, qui rabat les troupes, qui mobilise, qui solidarise le gouvernement. Ça aurait pu modifier la fin de l'histoire. C'est un handicap terrible et ça ne s'était jamais vu. » Selon lui, si Charles de Courson n'a pas été « particulièrement poil à gratter ni malveillant vis-à-vis du gouvernement », il n'a pas non plus été « aidant », car appartenant à l'opposition. « Si on avait eu Cazeneuve, on aurait eu le trait d'union qui aurait aidé à mobiliser et à créer le débat. Ce petit facteur ne se joue à rien et bouleverse tout »[8].

Pendant ce temps, la gauche empile les victoires avec une facilité déconcertante. Elle parvient à instaurer de multiples nouvelles taxes : sur les superprofits, les superdividendes, les rachats d'actions, les multinationales, le patrimoine des milliardaires, les grandes sociétés du numérique. Tout en supprimant certaines des mesures phares du texte initial du gouvernement, comme la taxe sur l'électricité ou l'alourdissement du malus automobile. Un texte « NFP-compatible », se félicite au fil de la discussion et des victoires le président LFI de la Commission des finances, Éric Coquerel, qui contribue grandement à remanier le projet de loi. Dans l'Hémicycle, les Insoumis sont surmobilisés. « On engrange des victoires. Il y a des enjeux sans arrêt donc je mobilise tout le temps les députés sur WhatsApp. Nous devons gagner pour montrer aux Français que nous faisons tout pour

8. Entretien téléphonique avec Laurent Saint-Martin, 23 avril 2025.

donner au pays plus de justice fiscale[9] », expose Éric Coquerel.

Des avancées fictives. Les Insoumis le savent bien, même s'ils sautent de joie à chaque victoire en Hémicycle, comme si celle-ci était immédiatement mise en vigueur. « On passe notre temps à tout gagner et on communique sur ces gains. Mais à la fin, la maltraitance des institutions fait qu'elles ne se traduiront pas dans la vie des Français[10] », peste la députée LFI Claire Lejeune. Dans quelques jours, si l'examen du texte arrive à son terme sans que le gouvernement dégaine l'article 49.3 de la Constitution pour mettre fin aux débats, le projet de loi « NFP-compatible » ne trouvera certainement pas de majorité pour être adopté. Pas plus que n'en trouverait un texte déposé par le gouvernement ni un projet de loi totalement remanié par le RN. Coupée en trois, l'Assemblée n'a pas de majorité donc pas de moyen d'établir un véritable budget.

9. Entretien avec Éric Coquerel, 3 mars 2025.
10. Entretien avec Claire Lejeune, 17 décembre 2024.

28

Les présidents

Octobre 2024 – Hôtel de Lassay, résidence de la présidente de l'Assemblée nationale

La Conférence des présidents vient de se terminer : les présidents de groupe, ceux des différentes commissions, ainsi que la présidente et les vice-présidents de l'Assemblée quittent un à un la petite salle qui les réunit toutes les semaines dans le huis clos de l'hôtel de Lassay.

Ce mardi d'automne 2024, Laurent Wauquiez s'approche de Marine Le Pen. Il tient à lui dire un mot concernant son procès sur les faux assistants parlementaires, qui se déroule en ce moment devant le tribunal correctionnel. Leurs relations n'ont jamais été bonnes. Qu'importe, il s'approche d'elle d'un pas confiant. « Bon courage pour votre procès[1] ! » lui

1. Tous les propos rapportés dans ce chapitre ont été confirmés à l'auteur par plusieurs sources.

lance-t-il, poli. La double finaliste de l'élection présidentielle le regarde, interrogative. Moquerie ? Sarcasme ? Elle se raidit immédiatement, de manière presque épidermique. « Ce n'est pas un sujet d'humour pour moi, lui répond-elle, piquée.

— Je n'étais pas en train de faire de l'humour, je mesure très bien l'épreuve que ça représente pour vous », la relance-t-il, sans que cette dernière sache trop quoi répondre. La présidente du groupe RN n'a jamais apprécié celui de la DR. Elle considère qu'il est « la quintessence de tout ce qu['elle] déteste en politique […] : l'arrogance, le mensonge, l'immoralité, la perversité des arguments… » « C'est un personnage en qui je n'ai aucune confiance », répète-t-elle souvent.

Une critique qu'elle fait également à Gabriel Attal. « Chez eux, je ne sens jamais de sincérité. Tout est calculé. Ils pourraient dire exactement l'inverse de ce qu'ils disent, sans aucune conviction »[2], critique-t-elle. Le grand amour… En dépit de cette ambiance fort peu amicale, tout ce petit monde doit tenter de s'entendre, toutes les semaines, dans cette fameuse Conférence des présidents. Sont aussi présents l'Insoumise Mathilde Panot, le socialiste Boris Vallaud, Éric Ciotti, le nouvel allié de Marine Le Pen. Et, évidemment, Yaël Braun-Pivet, la présidente de l'Assemblée. Pendant près d'une heure, la plupart du temps le mardi, tous sont claquemurés ensemble, serrés comme des sardines autour d'une table. Objectif : examiner l'ordre des travaux de l'Assemblée pour la

2. Entretien avec Marine Le Pen, 19 mai 2025.

semaine en cours et les suivantes. Le ministre des Relations avec le Parlement est aussi régulièrement présent.

Dans ce petit cénacle où sont donc réunies plusieurs des principales figures politiques du pays, les échanges sont la plupart du temps arides. Et ils prennent souvent un tour très politique. On s'y observe, s'y teste, s'y attaque. « Comme nous sommes très nombreux, nous sommes tous extrêmement proches. Nos coudes se touchent. Il y a une proximité anormale alors que nous sommes politiquement aux antipodes[3] », décrit un habitué. « C'est un lieu à part », avoue la présidente du groupe RN, qui s'y fait rarement remplacer.

Marine Le Pen est assise à côté de Gabriel Attal, qui a sur sa gauche Mathilde Panot, qui elle-même est côte à côte avec Laurent Wauquiez. La première réunion des présidents de la législature, en juillet, fut en la matière une véritable « boucherie[4] », *dixit* un participant. « Vous êtes des marchands de tapis. Vous vous êtes comportés comme des chiffonniers, vous avez craché sur la République », reproche, ulcéré, le communiste André Chassaigne aux troupes macronistes et LR, qui sont parvenues, la veille, à gagner la présidence de l'Assemblée nationale. « Et toi, tu te comportes comme un marchand de bestiaux ! » lui répond Laurent Wauquiez avec virulence. Ces échanges durent plusieurs minutes avant que la réunion se termine, dans une tension toujours maximale.

---

3. Entretien avec un participant, 2025.
4. Entretien avec un participant, juillet 2024.

Tout au long de la législature, des frictions se sont régulièrement déroulées dans ce huis clos, où chaque personnalité tente d'affirmer son autorité et de défendre son groupe. Marine Le Pen y apparaît souvent concentrée mais fermée, ne cherchant pas à s'attirer la sympathie. « Elle ne parle à personne, elle donne ses arguments, et s'en va[5] », décrit un président de groupe. Mathilde Panot, au contraire, y est régulièrement très offensive, poussant fréquemment des « coups de gueule », notamment contre la présidente de l'Assemblée, Yaël Braun-Pivet. « Elle prend toute la place »[6], regrette un participant régulier, agacé par ses prises de parole intempestives. « Elle fait toujours son cinéma en aboyant parce qu'elle ne sait pas parler normalement. Sinon, ça se passe presque toujours très bien, personne ne s'écharpe et tout le monde est courtois[7] », note Marine Le Pen.

Souvent, Mathilde Panot se « chamaille gentiment » avec son voisin, Gabriel Attal. Comme lorsqu'elle le provoque en l'interpellant : « Alors, tu viens soutenir Aurore Bergé ? » le jour où la Conférence des présidents évoque le supposé « parjure » de la ministre – que cette dernière conteste vigoureusement – devant une commission d'enquête sur les crèches privées. « Ce n'est pas de gaieté de cœur », lui répond-il en souriant. Ou cette autre fois, après la première séance très difficile de questions au gouvernement de François

5. Entretien avec un président de groupe, 2025.
6. Échange informel avec un participant, 2025.
7. Entretien avec Marine Le Pen, 19 mai 2025.

Bayrou, où Mathilde Panot, voyant Gabriel Attal arriver, lui lance, goguenarde : « C'était sympa, le crash en direct hier ! » Demi-sourire gêné de ce dernier. Souvent, lorsque le macroniste pose une question, elle le charrie gentiment : « Ça y est, monsieur l'ancien Premier ministre qui ne connaît pas le Parlement prend la parole. On va encore devoir te donner un cours ! »

« On ne se déteste pas tous entre nous. Attal, par exemple, je n'ai aucune haine contre lui. J'ai juste l'impression de revoir un petit con de Sciences Po. C'est une espèce que je connais très bien[8] », s'amuse l'Insoumise. « On est de la même génération, on se chambre un peu[9] », admet lui aussi Gabriel Attal.

Laurent Wauquiez, lui, est omniprésent. « Il est bruyant, il fait toujours le coq[10] », se moque une participante régulière. Un autre président nuance : « Il est assez malin, il dit qu'il est là. Il n'est pas intimidé, respectueux de tout le monde y compris de Mathilde Panot. » Avant d'oser une métaphore : « Si la Conférence des présidents était une partie d'échecs, il serait le pigeon qui arrive à la fin de la partie et renverse la table. » La complicité de Laurent Wauquiez avec Gabriel Attal se manifeste régulièrement. « Ils sont copains comme cochons[11] », sourit l'un des présidents qui les observe souvent se montrer réciproquement leur portable. « La Conférence des présidents est

8. Entretien avec Mathilde Panot, 19 décembre 2025.
9. Entretien avec Gabriel Attal, 29 mai 2025.
10. Échange informel avec une participante, fin 2024.
11. Entretien avec un président de groupe, 2025.

grotesque. Tout y est superficiel, jeu de rôles. Tout est destiné à fuiter dans la presse. J'ai très rapidement compris que ça n'avait aucun intérêt[12] », se plaint le même Laurent Wauquiez, qui envoie souvent son vice-président, Ian Boucard, y siéger à sa place.

Le lieu est également un moyen pour les personnes présentes de voir l'évolution des relations entre les différentes alliances de l'Assemblée. Le socialiste Boris Vallaud se « fait souvent réprimander[13] » par l'Insoumise Mathilde Panot, s'amuse un participant. « Elle lui jette des regards noirs », rigole-t-il. Avant de décrire : « Parfois, quand il s'exprime, il a le réflexe de la regarder pour vérifier sa réaction. Il est sous tutelle. » « Mathilde et moi, on se charge un peu. Très franchement, elle ne m'intimide pas. De temps en temps, pour l'énerver, je fais le bon élève et je lève la main. Je m'en amuse et ça l'agace[14] », se gausse-t-il.

Yaël Braun-Pivet y tutoie tous les présidents de groupe, les nommant par leur prénom. Sauf une personne : la patronne du groupe RN, qu'elle appelle « Madame la présidente Le Pen ». « Tout le monde est comme ça, je pense que personne à l'Assemblée, en dehors des députés RN et ciottistes, ne tutoie Marine Le Pen, avoue une participante. Mais le tutoiement de Yaël à tous sauf à "Madame la présidente Le Pen" sonne bizarrement[15] », note-t-elle tout de même.

12. Entretien avec Laurent Wauquiez, 27 mai 2025.
13. Échange informel avec un participant, 2025.
14. Entretien avec Boris Vallaud, 20 janvier 2025.
15. Entretien avec une participante, 2025.

Néanmoins, ce cénacle restreint reste aussi l'endroit où se prennent nombre de décisions. Le soir de la censure de Michel Barnier, par exemple, tous les présidents de groupe se retrouvent autour de Yaël Braun-Pivet pour discuter de la suite. L'Assemblée nationale est sens dessus dessous et, dans le huis clos de la Conférence des présidents, le moment est grave. « Chacun joue le jeu de la continuité de l'institution », se souvient la présidente de l'Assemblée, rassurée de voir qu'en dépit des divisions, ils parviennent collectivement, ce soir-là, à « continuer de faire tourner la machine, indispensable au bon fonctionnement démocratique du pays ». « À l'issue de cette réunion, j'ai le sentiment assez profond que les groupes politiques, y compris les Insoumis, qui sont beaucoup moins dans la rupture qu'avant, veulent que l'Assemblée fonctionne »[16], conclut-elle.

16. Entretien avec Yaël Braun-Pivet, 5 mai 2025.

29

Petite société

C'est l'un des rendez-vous les plus politiques de la semaine. Au cours des sessions parlementaires, chaque mardi et mercredi, les députés se retrouvent, en début d'après-midi, pour les traditionnelles séances de questions au gouvernement. Celles du mardi sont les plus fréquentées, elles sont même un moment absolument incontournable et l'Hémicycle est au minimum aux trois quarts plein. Ces séances sont très souvent l'occasion pour les parlementaires de prendre la lumière en posant des questions « chocs » au gouvernement et de tenter de le mettre en difficulté, mais aussi une opportunité pour les ministres de faire des annonces dans leurs réponses, qui sont largement reprises dans les médias.

Certains groupes se font plus remarquer que les autres. C'est le cas des Insoumis, adeptes des *happenings* et des questions provocatrices pour ébranler les ministres. Ils sont d'ailleurs les seuls à refuser de transmettre à l'avance au gouvernement les thèmes de leurs questions, un protocole qui permet pourtant aux ministres d'apporter des éléments de réponse précis. « Ils ne nous disent même pas "Gaza" mais juste "question de politique étrangère", ou "logement" alors que les autres groupes précisent "squatteurs", voire, pour ceux appartenant à la majorité, nous donnent plus de détails », informe une membre de l'exécutif. Qui regrette cette difficulté : « En fait, ce qui les intéresse, c'est la question qu'ils vont poser, pas ce que l'on va dire. Du coup, on est souvent obligés de leur faire des réponses approximatives »[1]. Une collaboratrice de ministre confirme la difficulté de l'exercice : « Le stress peut être énorme pour les membres du gouvernement car ils se retrouvent parfois à répondre au dernier moment à une question dont ils ne connaissent quasiment pas le sujet[2]. » Ces séances sont aussi des moments de retrouvailles pour les députés, qui en profitent pour discuter, plaisanter, s'organiser, aller voir leurs collègues dans d'autres parties de l'Hémicycle. Des petits mots y circulent, transmis dans de petites enveloppes grâce à l'activité des huissiers de l'Assemblée nationale, que les visiteurs d'un jour voient passer d'un banc à l'autre et transmettre discrètement les messages. Une pratique très courante, qui permet aux parlementaires de communiquer avec ceux dont ils n'ont pas forcément le numéro de téléphone. « On avait arrêté pendant le Covid, et, en 2022, les nouveaux ne connaissaient pas la pratique. C'était un peu

1. Entretien avec un ministre, fin 2024.
2. Entretien avec une collaboratrice de ministre, mai 2025.

devenu désuet, mais ça revient en force[3] », s'amuse la LR Valérie Bazin-Malgras. Un moyen de tromper l'ennui, de s'amuser, de préparer des coups politiques ou, simplement, de faire passer une information à une personnalité présente dans l'Hémicycle. « C'est une manière d'entretenir des liens. Certains, qui ont été habitués à des responsabilités locales, le font beaucoup[4] », explique la communiste Elsa Faucillon.

Mardi 29 octobre, par exemple, alors que les macronistes de Gabriel Attal et le groupe LR de Laurent Wauquiez sont en pleine crise, ce dernier envoie un mystérieux petit message destiné à un député situé au dernier rang des bancs du groupe Renaissance. Le destinataire : Nicolas Metzdorf, élu de Nouvelle-Calédonie, personnalité appartenant à l'aile droite du camp présidentiel. Après avoir lu ledit mot, ce dernier sourit et lance un petit regard en direction de Laurent Wauquiez, qui, comme pour appuyer son message, lui jette également un coup d'œil. Le président du groupe DR vient tout simplement de proposer à Nicolas Metzdorf de rejoindre sa troupe de députés. Au nez et à la barbe de Gabriel Attal, qui n'y a vu que du feu. Refus poli de l'intéressé qui lui renvoie un mot dans la foulée sans toutefois fermer complètement la porte. Ne jamais insulter l'avenir. Si Laurent Wauquiez nie le contenu de ce message, il a pourtant bien existé[5].

---

3. Entretien avec Valérie Bazin-Malgras, 19 novembre 2024.
4. Entretien avec Elsa Faucillon, 14 novembre 2024.
5. L'auteur a eu confirmation par plusieurs sources de cette information et du contenu de ce mot. Il a par ailleurs assisté à cette scène

Un autre jour, alors que l'Insoumise Anaïs Belouassa-Cherifi aperçoit les macronistes Gabriel Attal, Prisca Thévenot, Sylvain Maillard et Hervé Berville lever la main en même temps, elle leur lance : « On dirait le jury de *The Voice*[6] ! » Les quatre députés rient. L'Insoumise reçoit quelques minutes plus tard un petit mot, par le biais d'un huissier : « Je ne sais pas ce que je voulais vous dire, mais je voulais vous le dire quand même… » Une référence à la chanson de Patrick Bruel, *J'te l'dis quand même*. L'Insoumise, qui connaît ses classiques, comprend tout de suite où le signataire de ce petit mot, un macroniste dont elle préfère taire le nom, veut en venir. « C'était de la dragouille en direct de l'Hémicycle[7] », s'amuse-t-elle. Une tactique de séduction manifestement pas si rare que ça, mais qui ne semble pas porter ses fruits. « Je me suis fait draguer une fois par lettre, mais je ne révélerai pas le nom de celui qui m'avait écrit car c'est vraiment la loose pour lui[8] », révèle avec un petit sourire le député LFI Antoine Léaument.

Ces messages peuvent aussi servir simplement à féliciter un élu d'un autre camp après une intervention dans l'Hémicycle. Lors d'une séance de questions au gouvernement, la députée Renaissance des Français de l'étranger (dont Israël), Caroline Yadan, attaque vertement les Insoumis, dénonçant « la haine des Juifs

---

depuis la tribune presse de l'Hémicycle de l'Assemblée nationale, placé juste au-dessus de Nicolas Metzdorf.

6. Propos rapportés à l'auteur par plusieurs personnes présentes.
7. Entretien avec Anaïs Belouassa-Cherifi, 10 décembre 2024.
8. Entretien avec Antoine Léaument, 12 décembre 2024.

exaltée par un dangereux parti à l'extrême gauche ». Les mélenchonistes sortent de l'enceinte parlementaire afin de manifester leur mécontentement, pendant que le député RN Sébastien Chenu fait passer, toujours grâce aux huissiers, un message à la macroniste. « Votre intervention m'a ému. Vous êtes courageuse, ne lâchez rien sur ce sujet[9]. » Un petit mot auquel la députée n'a pas répondu, mais qu'elle a soigneusement rangé dans son petit pupitre, avec une missive reçue le même jour d'un autre parlementaire[10].

Les ministres en particulier reçoivent énormément de ces lettres. « Souvent, ce sont des demandes de députés qui veulent quelque chose pour leur circonscription – une nouvelle maison de santé, un commissariat… – ou qui nous proposent simplement une visite sur leur territoire », détaille une membre de l'exécutif. « Tous les problèmes locaux, j'en fais des problèmes nationaux. Lorsque sur mon territoire, une entreprise va fermer et que 200 personnes peuvent se retrouver au chômage, je ne lâche pas. Je chope les ministres à l'entrée des questions au gouvernement et je leur donne ma lettre[11] », illustre la députée LR Valérie Bazin-Malgras.

Il faut dire qu'avec le *turn-over* gouvernemental, il est souvent difficile pour les élus de parvenir à faire avancer leurs sujets auprès des administrations. « Toutes les semaines, on découvre un nouveau ministre et on se dit : "Mais c'est qui, lui[12] ?" », s'amuse, un peu désabusé,

9. Échange de messages avec Sébastien Chenu le 28 janvier 2025.
10. L'auteur a assisté à cette scène le 28 janvier 2025.
11. Entretien avec Valérie Bazin-Malgras, 19 novembre 2024.
12. Entretien avec Ian Boucard, décembre 2024.

le LR Ian Boucard. Malgré cela, ces rendez-vous hebdomadaires sont aussi une véritable occasion pour les députés de se faire connaître auprès des ministres. Ainsi, il n'est pas rare, en début ou en fin de séance de questions au gouvernement, de voir certains parlementaires se précipiter pour parler à un membre de l'exécutif.

Comme l'illustrent ces deux scènes, un peu plus tard dans la législature, alors que François Bayrou est Premier ministre. La première se déroule avec la présidente du groupe RN. Alors que tous les députés sortent de l'Hémicycle, Marine Le Pen croise le Premier ministre et en profite pour l'interpeller et lui poser une question très technique sur la lenteur des recours aux législatives. « J'étais d'accord avec lui et je voulais juste le lui faire savoir[13] », relate-t-elle. Un échange *a priori* banal mais loin d'être anodin : jusqu'à présent, une très grande majorité des chefs de gouvernement de la Ve République se refusaient à discuter publiquement avec un Le Pen. Encore plus à la sortie d'une séance de questions au gouvernement, moment politique par excellence. La seconde scène a pour protagoniste l'ancien président de la République, François Hollande, qui, mi-janvier, en pleine négociation budgétaire entre le PS et le gouvernement, passe de longues minutes avant le début de la séance à plaisanter avec le Premier ministre, François Bayrou, le ministre de l'Économie, Éric Lombard, et celui des Outre-mer, Manuel Valls. Un moyen de glisser quelques bons mots en vue de la non-censure.

13. Entretien avec Marine Le Pen, 19 mai 2025.

30

Dépression

Pendant que certains sèchent l'Hémicycle, les grands perdants des législatives, eux, vivent une période difficile. Beaucoup se repassent le film de la dissolution. Pourquoi le président de la République a-t-il agi ainsi ? Que faire maintenant que la lumière s'est éteinte, maintenant que l'Assemblée nationale leur a fermé ses portes ? « Le président m'a coupé la tête, analyse, lucide, l'ancien député Renaissance de l'Hérault Patrick Vignal. Je pourrais être en colère mais je pense que sur le fond, il avait raison[1] », nuance celui qui, malgré sa qualification pour le second tour, s'est retiré au nom du front républicain. Depuis, il a vécu un mois très compliqué où il a tenté d'oublier la défaite en se droguant au sport. Quatre heures par jour à nager, pédaler et soulever de la fonte. Le reste du temps passé à rénover son immeuble, à Montpellier. « On ne reçoit pas beaucoup

1. Toutes les citations de Patrick Vignal dans ce chapitre sont tirées d'un entretien téléphonique avec l'auteur, octobre 2024.

de messages et on compte ses amis. La politique, c'est cruel. Alors, on s'occupe l'esprit », raconte Vignal.

« La difficulté, c'est qu'on a très peu de points de chute, pas de mairie. Les députés sortants se retrouvent sans rien, ils deviennent des parias. C'est la double peine. Beaucoup sont en dépression », poursuit le macroniste, faisant allusion à la loi sur le non-cumul des mandats, interdisant à un député d'être également maire d'une commune[2]. L'Insoumise Caroline Fiat, ancienne vice-présidente de l'Assemblée nationale, vit le même traumatisme. Battue au second tour par son adversaire du RN, Anthony Boulogne, l'ancienne aide-soignante subit le contrecoup de la défaite. « C'est un épisode extrêmement violent. Le président prend la parole et, d'une minute à l'autre, vous n'êtes plus députée. Vous n'avez plus le droit d'utiliser votre écharpe, vous avez cinq jours pour vider votre bureau. C'est incroyablement rapide et inhumain[3] », se remémore-t-elle. Puis arrivent soudain le silence et l'isolement. « Vous passez de sept ans où vous êtes sept jours sur sept de 7 heures du matin à 1 heure le lendemain, très occupée, à… rien. Le néant total. Le téléphone ne sonne plus. Avant, si je n'allumais pas mon application Télégram pendant une

2. La loi sur le non-cumul des mandats, adoptée en 2014, a été portée par la gauche, qui estimait que le cumul était perçu comme une source potentielle de conflits d'intérêts. Ces derniers estimaient également que cette interdiction permettrait aux députés d'être plus présents à l'Assemblée et qu'elle participerait au renouvellement et à la diversification de la classe politique.

3. Toutes les citations de Caroline Fiat dans ce chapitre sont tirées d'un entretien téléphonique avec l'auteur, octobre 2024.

heure, j'avais 200 messages, là, je n'en ai plus un seul. C'est très perturbant », détaille Caroline Fiat.

Alors, il faut essayer de s'habituer à cette nouvelle vie. Lutter contre l'impatience. Oublier ses regrets. « Il y a eu de vrais moments de déprime, et même un début de dépression, car vous passez de tout à rien », avoue l'Insoumise. Heureusement, reste la famille. « Quand j'ai été élue députée, mon dernier était à la crèche. Là, il entre en CM2. Mes enfants ont beaucoup aimé la dissolution, ils ont retrouvé leur maman. Le plus grand a même préparé un apéro pour fêter ça ! Grâce à eux, vous vous sentez moins seule… » ajoute-t-elle, comme pour souligner l'oubli, voire l'abandon dont elle estime avoir été victime de la part de certains de ses anciens amis. « Depuis que je ne suis plus députée, j'ai eu plus de nouvelles de Yaël Braun-Pivet, d'autres macronistes et même d'anciens ministres que de certains de mon camp. Et pendant ce temps, j'ai été harcelée sur les réseaux sociaux par des militants Insoumis qui se sont réjoui que je n'aie pas été réélue », détaille-t-elle.

Malgré la difficulté, cette « prise de recul » fait « du bien », admet toutefois Patrick Vignal. « J'étais devenu malade. Je mangeais, je dormais, je vivais politique. C'est comme une drogue, c'est addictif. Tu as l'impression d'exister dans la société. On rêve d'avoir un poste, on a les yeux rivés sur Twitter à se dire : "Oh, ce salaud m'a taclé !" analyse le Montpelliérain, lancé en politique par le charismatique Georges Frêche au début des années 2000. Je suis un fils de HLM, j'ai grandi dans les quartiers difficiles et j'enseignais le judo. Je suis rentré par effraction en politique », résume-t-il. Et ressorti du jour au lendemain, plus de vingt ans plus tard.

Il se contente désormais de son rôle d'observateur avisé de la vie politique, faisant souvent des apparitions sur des plateaux de télévision comme LCI. « Je me reconstruis. Je me retrouve, je retrouve mes amis. Je m'assois dans ma ville, je prends un café pendant une heure et je regarde la vie, les gens. Je me dis : "Patrick, tu n'es plus en représentation" et ça me procure des vapeurs de bonheur, décrit-il. Plus de pression, du temps pour moi, pour vivre, pour me régénérer. » Jusqu'à la prochaine élection ? « J'ai été quinze ans enseignant de judo, quinze ans prof à la fac et en politique, est-ce que je replongerai dans la marmite ? Je peux très bien faire un quatrième métier et me lancer dans la rénovation d'appartements », sourit-il. Sans vraiment y croire…

31

Antiparlementarisme

Tout au long de cette huitième législature, entamée le 18 juillet 2024, l'image renvoyée par les parlementaires dans l'opinion publique n'est pas bonne. Particulièrement à cause des sorties de route fréquentes des Insoumis au sein de l'Assemblée nationale. L'un de ces débordements marquants concerne le député LFI, Thomas Portes, qui menace, en pleine séance de questions au gouvernement, un député RN, en lui lançant un : « Ferme ta gueule, toi. On va s'occuper de toi. On va s'expliquer dehors, tu vas voir[1]. » C'est aussi son collègue Sébastien Delogu qui hurle, quelques jours plus tard, sur la députée des Yvelines Aurore Bergé, lui expliquant qu'elle et ses amis finiront « dans les poubelles de l'histoire[2] », avec une

1. Vidéos diffusées sur les réseaux sociaux de Thomas Portes s'en prenant à un député RN lors des questions au gouvernement, 30 octobre 2024.

2. Scène survenue lors des questions au gouvernement, 12 novembre 2024.

attitude agressive, voire menaçante. Des sorties de route très largement commentées sur les réseaux sociaux et reprises abondamment par les chaînes d'information en continu et dans la presse en ligne. « On a de l'antiparlementarisme au sein même du Parlement. C'est une rupture qui prend beaucoup de place[3] », regrette celui qui est alors ministre du Budget, Laurent Saint-Martin.

Ces attitudes, pourtant minoritaires, prennent presque toute la place dans la bande passante médiatique grand public. Et éclipsent malheureusement le travail sérieux produit par une majorité des députés. En commission comme dans l'Hémicycle, sur le terrain ou dans leur permanence en circonscription, les parlementaires de tous rangs sont investis sur de nombreux sujets. Ils commencent souvent très tôt et finissent très tard dans la nuit. À Paris, du mardi au jeudi soir et parfois même un peu plus, beaucoup enchaînent séances publiques, auditions et rendez-vous à un rythme souvent effréné, avant de retourner sur leur territoire et d'y multiplier les déplacements, entre inaugurations, visites d'entreprises, rencontres, permanences citoyennes, etc.

« Je prends mon mandat très à cœur. J'ai arrêté les plateaux télé car j'éprouve désormais un certain désintérêt pour l'écume des vagues, et je prends beaucoup plus de temps pour progresser dans l'élaboration des textes de loi. Je suis une autodidacte car je n'ai pas appris ça à l'école et je ne fais pas partie d'une famille

3. Entretien avec Lauren Saint-Martin, 23 avril 2025.

de juristes[4] », témoigne par exemple l'écologiste Sandra Regol, qui siège au sein de la Commission des lois. « Ce qui m'intéresse, c'est le fond. Le travail parlementaire me passionne : étudier les amendements, voir comment je peux améliorer les choses, comment une mesure peut être mise en œuvre[5] », se raconte quant à lui humblement le député LR Thibault Bazin, rapporteur général du projet de loi de financement de la Sécurité sociale (PLFSS).

Beaucoup observent donc avec méfiance et inquiétude l'antiparlementarisme qui s'installe chaque jour un peu plus dans la population. « Les dernières législatives ont vraiment été un traumatisme. Des gens qui avaient toujours voté pour moi me croisaient dans la rue et me disaient : "Vous servez à quoi, au juste ?"[6] », raconte le député LR Ian Boucard. « La plupart des Français se disent que nous sommes des clowns. Il n'y a plus aucune nuance ni mesure dans le débat politique, plus d'esprit de rationalité, plus d'analyse. Tout est fait à brûle-pourpoint et nous assistons à cela pétrifiés[7] », décrit également le président du groupe Horizons à l'Assemblée, Laurent Marcangeli.

Au point que certains s'interrogent : qu'adviendra-t-il d'eux après cette période d'instabilité politique, alors que l'antiparlementarisme semble être de plus en plus présent ? « L'avenir de la politique française ne va pas se jouer avec des profils comme le mien. Il n'y

4. Entretien avec Sandra Regol, 1er avril 2025.
5. Entretien avec Thibault Bazin, 28 janvier 2025.
6. Entretien avec Ian Boucard, 23 janvier 2025.
7. Entretien avec Laurent Marcangeli, 20 novembre 2024.

en aura probablement plus beaucoup. Désormais, le modèle politique repose sur la conflictualité, et les émetteurs plus traditionnels peinent à faire passer leurs messages[8] », analyse l'expérimenté macroniste Florent Boudié, président de la Commission des lois de l'Assemblée depuis juillet 2024. Même au sein des rangs Insoumis, on regrette parfois que le comportement de certains vienne nuire à la réputation générale du mouvement et, de manière encore plus large, de tous les députés. « Certains sont des fainéants qui ne savent faire parler d'eux que comme ça[9] », peste par exemple une importante élue du groupe LFI.

Jean-Luc Mélenchon lui-même avoue les limites de la stratégie de bordélisation généralisée menée par les Insoumis jusqu'à la dissolution. « Beaucoup de députés sont arrivés en 2022, habités par le mythe du petit groupe de dix-sept que nous avions avant. Il nous fallait être bruyants et tout le temps intransigeants. Nous rattrapions ces excès par de jolis moments, analyse-t-il. Les nouveaux ne connaissent pas ces nuances et certains sont même complètement dépassés car c'est la première fois de leur vie qu'ils sont élus. Sauf qu'à soixante-dix, ça fait dix fois l'effet que ça faisait à dix-sept. Ils ont peut-être un peu forcé le trait parfois[10]. » D'où la volonté délibérée, au début de la nouvelle législature de juillet 2024, de calmer le jeu et de ne plus perturber les séances en permanence. D'autant que,

8. Entretien avec Florent Boudié, 21 novembre 2024.

9. Échange informel avec une importante députée du groupe LFI, début 2025.

10. Entretien avec Jean-Luc Mélenchon, 10 janvier 2025.

désormais, LFI a deux vice-présidentes de l'Assemblée, Nadège Abomangoli et Clémence Guetté. « Ça change quelque chose de les avoir. La fonction leur convient très bien, elles sont comme des poissons dans l'eau[11] », se félicite Sophia Chikirou. Beaucoup constatent ce changement : « En circonscription, on me dit souvent : "C'est terrible, ce que vous devez vivre avec LFI." La vérité, c'est que même s'ils n'ont qu'un seul mot à la bouche, "Gaza", leur attitude est bien moins pire qu'avant[12] », avoue un député LR, sous couvert d'anonymat.

« Chassez le naturel, il revient au galop[13] », ricane celui du RN, Aurélien Lopez-Liguori. Lui observe, comme une large partie de l'Hémicycle, que cette stratégie de respectabilisation des Insoumis n'a tenu que quelques semaines. « Ils ont tenté d'apaiser. Mais ça a complètement sauté le jour où certains ont été soupçonnés par Yaël Braun-Pivet de tricher lors des scrutins en appuyant pour leurs camarades absents sur les boutons de vote dans l'Hémicycle. Ce jour-là, je les ai vus blessés, humiliés. Depuis, ils ont en partie repris leurs anciennes habitudes[14] », décrit l'écologiste Sandrine Rousseau, qui siège juste à côté d'eux. Jusqu'au prochain revirement stratégique ?

---

11. Entretien avec Sophia Chikirou, 29 avril 2025.
12. Entretien avec un député LR, mai 2025.
13. Entretien avec Aurélien Lopez-Liguori, 13 novembre 2024.
14. Entretien avec Sandrine Rousseau, 20 février 2025.

32

Jeunesse parlementaire

31 octobre 2024 – Hémicycle de l'Assemblée nationale

Les niches parlementaires se suivent et se ressemblent pour le RN. Depuis 2022 et leur arrivée en force au Palais-Bourbon, les députés de Marine Le Pen ne sont pas parvenus à faire adopter une seule de leurs propositions de loi dans l'Hémicycle. Ce 31 octobre, le résultat sera une fois de plus identique : les textes des élus du parti à la flamme vont tous être repoussés par les députés des autres formations politiques. Une façon de n'octroyer aucune victoire politique au RN. Alors qu'elle aurait pu créer l'événement en parvenant à faire débattre pour la toute première fois d'une proposition de loi visant à abroger la réforme des retraites dans l'Hémicycle, la formation de Marine Le Pen rate complètement son coup.

En cause, une « erreur de débutant », des mots mêmes d'un député RN, lucide. Le texte, porté par l'élu Thomas Ménagé, a en effet été largement remanié en Commission des affaires sociales : si durant son examen, les députés ont conservé les demandes de rapports préconisés par la proposition de loi – notamment ceux sur le financement des retraites et l'évaluation des précédentes réformes –, les deux principaux articles ont été rejetés par les voix des macronistes, de la droite et d'une partie de la gauche. Résultat : le texte du RN est adopté en commission, mais dans une version complètement vidée de sa substance.

S'il avait été repoussé, le texte initial serait automatiquement revenu, dans sa version initiale, dans l'Hémicycle. La proposition de loi aurait ainsi été débattue, créant alors, *via* le RN, un véritable événement politique remettant sur la table cette réforme contestée depuis 2023. Une fois qu'il est adopté, c'est sa version amendée qui arrive en séance publique, et donc une loi vide de substance qui ne propose plus l'abrogation mais simplement la rédaction de quelques rapports. Une situation qui oblige les députés RN à soumettre *via* des amendements les deux principaux articles de leur texte. Mais la présidente de l'Assemblée, Yaël Braun-Pivet, a déclaré irrecevables ces deux amendements, au motif qu'ils créent une charge sur le budget de l'État, ce que l'article 40 de la Constitution interdit aux députés. « Ils ont encore fait preuve d'une inexpérience parlementaire incroyable[1] », note, mi-gêné, mi-amusé, le patron du groupe Modem, Marc Fesneau.

1. Entretien avec Marc Fesneau, 8 janvier 2025.

Finalement, alors qu'elle aurait pu être au cœur de l'actualité politique, la niche parlementaire du RN n'est, comme en 2022 et en 2023, qu'une nouvelle journée où les députés du parti de Marine Le Pen essuient échec sur échec. Pourtant, certains des textes à l'ordre du jour avaient de quoi plaire à une partie de l'Hémicycle : rétablissement des peines planchers, expulsion des étrangers représentant une menace grave ou encore opposition à l'accord commercial du Mercosur. « Les textes sont à chaque fois repoussés pour des raisons extrêmement politiciennes. Ils ont tous tellement peur de notre puissance intrinsèque qu'ils se disent : "Si on commence à aller au bout de la normalisation, on n'aura plus aucun argument." Alors, ils tentent de faire revivre la dédiabolisation[2] », critique Marine Le Pen.

Il n'empêche, avec nombre de nouveaux députés peu rodés à la mécanique parlementaire, le RN commet, comme ce fut le cas pour les macronistes en 2017, quelques bévues stratégiques. « Pour moi, ce sont des amateurs. À l'Assemblée, ils ne proposent rien, ils n'impriment rien. Sur l'économie, ils hésitent entre la ligne Bardella et la ligne Le Pen. Sur l'international, ils ne font que les mauvais choix[3] », critique par exemple le député Renaissance Mathieu Lefèvre. Mais ils se forment et font preuve d'une assiduité défiant toute concurrence. « [Jean-Philippe] Tanguy s'est amélioré énormément, sur le fond comme sur la forme. Et ils

2. Entretien avec Marine Le Pen, 19 mai 2025.
3. Entretien avec Mathieu Lefèvre, 17 mars 2025.

ont des nouveaux qui assurent, comme Matthias Renault[4] », admet un communiste, qui regarde avec inquiétude cette évolution. Des bancs de la gauche, Alexis Corbière aussi a vu évoluer les troupes de Marine Le Pen. « Ils ont des types structurés… Tanguy, Ménagé, ce ne sont pas des gugusses. Ils ont bossé leur sujet. On ne peut plus dire qu'ils ne sont pas prêts : ils déroulent une ligne, ils ont des relais. Et nous, on répond par des choses qui ne sont pas à la hauteur pendant que les macronistes sont complètement paumés[5] », avoue-t-il sans fard.

Évidemment, les plus de 120 députés RN ne sont pas encore tous montés en compétences. Certains restent même extrêmement discrets, pour éviter de commettre inutilement des erreurs. Mais d'autres n'échappent pas aux bourdes et dérapages divers, comme lorsque Emmanuel Taché de La Pagerie, fâché d'un vote en sa défaveur en commission, lance : « Bonne partouze[6] ! » à des députées pour leur reprocher de ne vouloir rester qu'entre femmes – un dérapage que l'intéressé n'a jamais nié après que l'information a fuité. Ou Julien Odoul qui se lâche complètement sur les réseaux sociaux, insultant, à quelques jours d'intervalle, trois journalistes sur X (ex-Twitter), les traitant d'« infâme » pour l'un, de « répugnant » pour l'autre, d'« ignoble » pour le troisième. Ou encore lorsque sa collègue Béatrice Roullaud, lors

4. Échange informel avec un communiste, 2025.

5. Entretien avec Alexis Corbière, 26 mars 2025.

6. Propos révélés dans un article de Chez Pol (*Libération*), 3 octobre 2024 et confirmés à l'auteur par plusieurs participants.

d'une prise de parole hasardeuse dans l'Hémicycle, profère, dans des propos très décousus : « Vous venez de traiter notre groupe de fachos… Quand vous dites que ce n'est pas une injure, si, c'en est une. Quand vous traitez un homosexuel de pédé, il a beau être homosexuel, c'est une injure[7]. » Avant de se faire sèchement recadrer devant tous ses collègues par Jean-Philippe Tanguy, quelques minutes plus tard. Un « dérapage ridicule[8] », regrette un cadre du RN. « Il y en a, il faut vraiment qu'ils bossent… On leur dit d'éviter la salle des Quatre-Colonnes pour ne pas qu'ils lâchent une dinguerie devant les journalistes[9] », s'amuse un député du groupe.

« On n'est pas là pour se faire plaisir, leur répète régulièrement, tel un mantra, Marine Le Pen. Je leur dis souvent que la confiance que les électeurs nous ont faite est tellement précieuse qu'ils n'ont pas le droit de ne pas faire attention. Ils doivent prendre les choses avec sérieux », raconte-t-elle. Et d'assumer de faire, lorsque cela est nécessaire « la mère Fouettard ». « Je suis un chef qui cheffe. Quand mes députés sont convoqués dans mon bureau, je les vois entrer en se demandant s'ils ont fait quelque chose de mal »[10], rit-elle. Heureusement, elle peut compter sur certains de ses élus, comme Jean-Philippe Tanguy et Sébastien Chenu, pour gérer les troupes lorsqu'elle n'est pas là.

7. L'auteur a assisté à cette prise de parole de la députée Béatrice Roullaud dans l'Hémicycle le 20 février 2025.

8. Échange informel avec un député RN, 2025.

9. Échange informel avec un autre député RN, 2025.

10. Entretien avec Marine Le Pen, 19 mai 2025.

Et aider les nouveaux à s'adapter. Tous les mardis matin, ce dernier organise des petits déjeuners avec quelques-uns des nouveaux députés élus en 2024 afin de leur prodiguer ses conseils. « La politique assèche, isole. J'essaie de maintenir ces moments pour mieux connaître les nouveaux mais aussi pour les aider sur leur manière de gérer leur circonscription, leurs collaborateurs parlementaires, trouver les questions sur lesquelles ils peuvent s'investir[11] », décrit Sébastien Chenu. Un « kit du premier mandat » qui a été utile a pas mal d'entre eux. « Pour quelqu'un qui débarque et qui ne connaît rien à l'Assemblée, c'était très utile[12] », se souvient Gaëtan Dussausaye.

11. Entretien avec Sébastien Chenu, 27 mars 2025.
12. Entretien avec Gaëtan Dussausaye, avril 2025.

33

La beigne

28 novembre 2024 – Hémicycle de l'Assemblée nationale

Il est un peu plus de 22 heures ce jeudi 28 novembre. Pendant cette journée de niche parlementaire de LFI, les députés débattent pour la première fois de l'abrogation de la réforme des retraites adoptée sous la précédente législature. Les macronistes ont joué l'obstruction parlementaire tout au long de la journée, faisant petit à petit monter la tension entre les groupes. La séance est suspendue depuis quelques minutes pour une énième prise de bec entre élus quand des hurlements résonnent soudain dans l'Hémicycle. « Tu es allié avec ces gens-là ! qui nous collent des cibles dans le dos... Ma belle-famille a été menacée. Ils ont reçu des menaces, des menaces écrites ! Et ce sont des personnes de ton village, de ton village[1] ! » Debout

1. L'auteur a assisté à cette scène et a donc entendu l'intégralité des propos retranscrits dans l'échange.

dans les travées de l'enceinte parlementaire, le doigt pointé vers son collègue socialiste Mickaël Bouloux, assis devant lui, le député Modem Nicolas Turquois est rouge de colère.

L'élu reproche à son voisin de banc des insultes reçues par la famille de sa femme. Des injures envoyées après que les Insoumis, sur les réseaux sociaux, ont posté de nombreux messages invitant leurs militants à adresser des mails aux députés macronistes et LR défavorables à l'abrogation de la réforme des retraites. Cet appel, nombre d'élus du camp présidentiel l'ont déploré, dénonçant une campagne de cyberharcèlement. « Ces menaces, c'est aussi à cause de vous, socialistes ! Vous êtes alliés avec La France insoumise », continue de crier Nicolas Turquois en approchant sa main du visage de Mickaël Bouloux. Jusqu'ici placide, ce dernier s'agace et repousse le bras du bayrouiste, qui n'en finit pas de s'énerver.

Il faut l'intervention du président du groupe Modem, Marc Fesneau, pour que la situation ne dégénère pas davantage. Aidé par un autre député social-démocrate, Philippe Vigier, il parvient à calmer son collègue et à l'accompagner vers la sortie de l'Hémicycle : « Calme-toi et reviens plus tard[2] », lui conseille-t-il. C'était compter sans l'intervention des Insoumis. Thomas Portes d'abord, puis Antoine Léaument, qui, outrés par les cris de Nicolas Turquois vis-à-vis de leur collègue socialiste, descendent les travées de l'Hémicycle afin de l'interpeller. « Votre réforme tue des gens », envoie notamment

2. Propos rapportés à l'auteur par plusieurs personnes présentes.

Antoine Léaument à l'adresse du bayrouiste qui s'apprête à quitter l'Hémicycle. Et dont le sang ne fait qu'un tour. Il fait demi-tour et s'élance vers l'Insoumis. Une nouvelle fois, plusieurs députés, dont Marc Fesneau, ainsi que des huissiers, s'interposent pour calmer le jeu.

Pas de bagarre, mais Nicolas Turquois est poussé vers la sortie, tandis que plusieurs Insoumis crient après lui. Dans les salons qui jouxtent l'enceinte parlementaire, il explique les raisons de son courroux à ses collègues. « Mes beaux-parents ont reçu une lettre menaçante où on les traitait de "salopards", je ne dois rien dire ? s'énerve-t-il.

— Si : tu prends la parole dans l'Hémicycle et tu te fais plaisir, tu les défonces. Mais tu ne prends pas sur toi pour ensuite sortir de tes gonds comme ça[3] », le recadre Marc Fesneau, avant de retourner dans la salle des Quatre-Colonnes pendant que son élu se calme auprès du macroniste Sylvain Maillard et d'une conseillère parlementaire.

Dans l'enceinte, la séance reprend et tout le monde ne parle évidemment que de l'altercation. Hors micro, Antoine Léaument ironise en voyant revenir Marc Fesneau : « Ah, mon sauveur !

— N'en fais pas trop, à sa place, je t'aurais provoqué en duel *(sourire)*[4]. »

Puis, quelques secondes plus tard, la saynète reprend, devant les caméras. « Ce qui s'est passé tout à

3. *Ibid.*
4. Propos rapportés à l'auteur par plusieurs sources.

l'heure est extrêmement choquant. [...] Alors que je lui demandais de quitter l'Hémicycle, il est venu me menacer. Et heureusement, monsieur Fesneau, que vous étiez là pour le retenir [...], parce que sinon, je ne suis pas sûr du fait qu'à la fin de la soirée, je ne me serais pas pris une beigne », dramatise Antoine Léaument dans un rappel au règlement. « Le député en question s'en expliquera le temps voulu... Il n'y a pas eu d'acte de violence. [...] Ce sont des choses qui arrivent »[5], minimise de son côté Marc Fesneau, précisant qu'il « regrette » le geste de son collègue, et s'en excuse auprès des parlementaires présents.

La séance se termine dans la même tonalité. À la sortie, Mickaël Bouloux croise une Insoumise qui lui lance : « Mais qu'est-ce que tu fais là ? Pourquoi tu n'es pas salle des Quatre-Colonnes en train de faire une conférence de presse[6] ? » Le socialiste sourit poliment et poursuit sa route. Avant d'être interpellé par Louis Boyard, un peu plus loin. « Ça aurait quand même été mieux si tu t'étais pris une beigne[7] », lui sourit le député LFI.

Avant de quitter le Palais-Bourbon ce soir-là, Mickaël Bouloux fait une dernière rencontre. Il se trouve cette fois-ci face à Nicolas Turquois, qui est allé faire redescendre la tension en sirotant un verre à la buvette de l'Assemblée. « Je suis désolé, je n'aurais pas dû m'énerver comme ça », s'excuse le député Modem.

5. Toutes ces prises de parole ont eu lieu micros allumés dans l'Hémicycle.

6. Propos rapportés à l'auteur par plusieurs témoins.

7. *Ibid.*

Et le socialiste de lui serrer la main en lui tapant dans le dos : « Ne t'inquiète pas, sans rancune »[8].

Quelques semaines plus tard, Nicolas Turquois sera sanctionné par le bureau de l'Assemblée nationale. Il écopera d'un rappel à l'ordre avec inscription au procès-verbal le privant pendant un mois d'un quart de son indemnité de parlementaire. Une sanction « trop légère[9] » d'après les Insoumis qui proposaient que le bayrouiste écope d'une « censure[10] ». « Avec vous, c'est toujours la même chose, quand c'est les Insoumis, on est toujours coupables, mais quand c'est un des vôtres, il y a toujours une excuse[11] », dénoncera notamment la vice-présidente LFI de l'Assemblée, Clémence Guetté, lors de cette réunion. « La vérité, c'est que ce soir-là, les Insoumis ont fait exprès de remettre une petite pièce dans la machine pour lui faire péter un câble. Ce qui n'excuse en rien son comportement[12] », relate le député RN Émeric Salmon, qui était assis aux premières loges.

---

8. Propos rapportés à l'auteur par plusieurs sources.

9. Il existe plusieurs grades de sanctions à l'Assemblée, du simple rappel à l'ordre à la censure avec exclusion temporaire. Elles sont données en fonction de la gravité des faits reprochés au député.

10. La « censure » simple est la troisième sanction la plus importante (sur quatre). Elle emporte de droit la privation, pendant un mois, de la moitié de l'indemnité parlementaire allouée au député.

11. Propos rapportés à l'auteur de Clémence Guetté par plusieurs participants du bureau de l'Assemblée nationale le jour de la sanction, le 18 décembre 2024.

12. Entretien avec Émeric Salmon, 14 janvier 2025.

34

Fatalisme

Fin novembre 2025 – Couloirs du Palais-Bourbon

Au fil des jours et des séances s'installe au Palais-Bourbon une forme de fatalisme. En coulisse, les discours se font de plus en plus pessimistes sur l'issue de la situation politique à l'Assemblée et au gouvernement. « Tout est merdique, résume fin novembre 2024 le président du groupe Horizons Laurent Marcangeli, qui prévoit la censure qui arrivera dans quelques jours. Je trouve le temps long et hasardeux. Je suis inquiet pour le pays et pour le système. Je ne vois pas d'issue sans grand bouleversement[1] », anticipe-t-il. Avant d'analyser : « Le président n'avait pas de mandat fort, pas de programme, pas de discours. Rien. Il a dissous au pire moment. Il a dit : "Mes chers compatriotes, vous avez trois semaines pour rendre une copie un

1. Toutes les citations de Laurent Marcangeli dans ce chapitre sont tirées d'un entretien avec l'auteur, 20 novembre 2024.

peu plus propre." Le résultat est là. La situation est merdissime. »

« Il y a un mois, censurer revenait à jouer la carte du désordre. Désormais, ce serait y mettre fin, avoue, à la même période, le président de la Commission des lois, le macroniste Florent Boudié. Nul ne comprend ce que nous faisons et je ne suis pas sûr que nous le comprenions nous-mêmes. Le moment est grave, il devrait imposer à tous de travailler ensemble. Ce n'est manifestement pas la préoccupation première[2] », déplore-t-il, ciblant les mésententes manifestes entre macronistes et LR. Et d'attaquer sans les nommer Gabriel Attal et Laurent Wauquiez : « Je comprends que l'on puisse être porté par des intérêts personnels, mais au point de tout faire pour que cela se fissure… Cela me paraît extrêmement irresponsable. Si on continue comme ça, nous allons être effacés. Avons-nous encore quelque chose à dire aux Français ? » Et d'interroger, sévère : « Comment des personnes qui prétendent être des femmes ou des hommes d'État ne prennent-ils pas la responsabilité de construire la stabilité ? »

La tonalité est la même dans les rangs de la droite LR. « Comment se sortir de ce marasme ? s'interroge la députée DR Valérie Bazin-Malgras. Oui, le gouvernement Barnier va tomber. Il faudrait de la magie pour qu'il ne tombe pas. Et après ? Une nouvelle dissolution serait insensée[3] », anticipe-t-elle. Peu importe le camp,

2. Toutes les citations de Florent Boudié dans ce chapitre sont tirées d'un entretien avec l'auteur, 21 novembre 2024.

3. Entretien avec Valérie Bazin-Malgras, 19 novembre 2024.

aucun n'a de mots assez durs pour qualifier la situation politique bloquée qui s'est installée à l'Assemblée. « Je vis très bizarrement le moment. J'ai encore un peu de mal à trouver mes marques... J'ai l'impression que l'instant de déflagration que nous avons vécu pendant la dissolution n'est pas terminé, que toutes les particules ne sont pas encore retombées. Ça rend la situation très tendue, c'est assez insupportable[4] », abonde la communiste Elsa Faucillon. Face à ce flou ambiant, tous partagent une même certitude : Michel Barnier est condamné. Une censure historique interviendra indéniablement dans les jours qui viennent.

4. Entretien avec Elsa Faucillon, 14 novembre 2024.

35

Dernière chance

2 décembre 2024 – Hôtel de Matignon

Il est 9 heures ce lundi 2 décembre 2024. Comme tous les matins, Maud Bregeon, la porte-parole du gouvernement, fait son entrée dans le bureau de Michel Barnier. Le Premier ministre, la mine sombre, l'accueille avec solennité. Aujourd'hui n'est pas une journée comme les autres. Nathalie Delattre, ministre des Relations avec le Parlement, et Marie-Claire Carrère-Gée, chargée de la Coordination gouvernementale, arrivent à leur tour. Jérôme Fournel et Julien Autret, les directeurs de cabinet de Michel Barnier et de Nathalie Delattre, sont également présents. Tous s'installent autour de la grande table ovale située en face du bureau du locataire de Matignon. L'heure est grave. Le projet de loi de financement de la Sécurité sociale retravaillé en commission mixte paritaire doit être voté cet après-midi à l'Assemblée. Le gouvernement n'a pas de majorité pour faire adopter ce texte. Il faut donc mettre en place une stratégie. La veille, dans une interview, le ministre du Budget, Laurent Saint-Martin, a quasiment scellé le sort de l'exécutif. Dans son propos publié dans *Le Parisien*[1], le ministre prévenait le RN et les autres groupes parlementaires qu'aucune nouvelle concession ne serait faite par le gouvernement sur le PLFSS. « Dont acte. Par entêtement et sectarisme, la minorité gouvernementale met donc fin au cycle des négociations, au risque de provoquer sa censure », répondait, dans la foulée, sur X, le président du RN, Jordan Bardella.

Faut-il avoir recours au 49.3 sachant qu'il serait synonyme, indubitablement, d'une motion de censure susceptible de faire tomber le gouvernement ? Une autre voie paraît toujours possible : en laissant le texte se faire retoquer à l'Assemblée, il pourrait poursuivre sa navette parlementaire. Un moyen de gagner du temps, voire de tenter de faire passer les mesures du projet de loi par ordonnances en cas d'enlisement. L'option est sur la table depuis hier soir, elle ne fait toutefois pas l'unanimité. Il ne faut pas refuser l'obstacle. Il faut aller au 49.3 et faire un dernier pas en direction du RN, estime le Premier ministre.

Son téléphone sonne. À l'autre bout du fil, Emmanuel Macron, qui lui donne son aval pour une ultime concession. L'exécutif va consentir à ce qu'il n'y ait pas de déremboursement des médicaments en 2025. Marine Le Pen en avait elle-même formulé clairement la

1. Interview de Laurent Saint-Martin, « Laurent Saint-Martin, ministre du Budget : "J'alerte sur la facture de la censure" », *Le Parisien*, 30 novembre 2024.

demande, la veille, dans une interview à *La Tribune dimanche* : « Si le gouvernement nous donne [...] quitus sur la désindexation des pensions ou sur le non-remboursement des médicaments, cela ne me poserait aucun problème[2] » de ne pas censurer, déclarait-elle alors. Michel Barnier s'apprête donc à consentir à ce dernier geste. Et il va le faire en donnant officiellement le point au RN.

Reste désormais à savoir comment l'annoncer. Les ministres de l'Économie et des Comptes publics, Antoine Armand et Laurent Saint-Martin, sont à la table des discussions. Matthieu Labbé, chef du pôle parlementaire de Michel Barnier, et Antoine Lévêque, conseiller spécial du Premier ministre, sont également présents. Tous se mettent à réfléchir au meilleur moyen de communiquer sur cette dernière concession. « Tout le monde reste ici[3] », lance le Premier ministre à ceux qui envisagent à un moment de sortir, pensant la réunion terminée. « Malgré la difficulté et la gravité du moment, c'était un moment de travail collectif comme je n'en avais jamais vécu au sein de ce gouvernement[4] », se remémore Maud Bregeon. La veille au soir, cette dernière a reçu l'appel de Jérôme Fournel, le directeur de cabinet de Michel Barnier, qui lui a demandé de se rendre sur Europe 1, le lendemain,

2. Interview de Marine Le Pen, « Marine Le Pen : "Nous restons constructifs" », *La Tribune dimanche*, 30 novembre 2024.

3. Tous les échanges retranscrits dans ce chapitre ont été rapportés à l'auteur par plusieurs sources présentes.

4. Toutes les citations directes de Maud Bregeon dans ce chapitre sont issues d'un entretien avec l'auteur, 9 janvier 2025.

pour expliquer que la mesure sur le déremboursement des médicaments ne figurerait pas explicitement dans le PLFSS. Un premier pas vers cette annonce.

Quel vecteur de communication afin d'annoncer cette concession ? Certains émettent l'idée que le Premier ministre se rende en personne sur le plateau de TF1, à 13 heures, pour faire la déclaration. Une proposition rapidement écartée, notamment par le conseiller spécial Antoine Lévêque, qui estime que le chef du gouvernement ne doit pas s'afficher de la sorte. Est-ce au ministre de l'Économie, Antoine Armand, de faire cette annonce ? Impossible, estime-t-il, le RN prendrait cela comme une provocation. Au début des discussions budgétaires, Antoine Armand est celui qui avait déclaré sur France Inter sa volonté de travailler avec l'ensemble des groupes politiques « pour peu qu'ils soient dans l'arc républicain[5] », arc auquel n'appartient selon lui pas le RN. Une déclaration qui a provoqué la colère des députés marinistes. Michel Barnier s'est alors empressé d'appeler la patronne du RN pour la rassurer, avant de désavouer publiquement son ministre. « Le ministre de l'Économie s'est laissé entraîner. Ce qu'il a dit n'est pas la ligne du gouvernement. Je vous indique que notre ligne, c'est que vous serez reçue quand vous le voudrez[6] », a alors précisé le Premier ministre à Marine Le Pen au téléphone.

5. Le 24 septembre 2024, Antoine Armand, ministre de l'Économie, déclare sur France Inter que le RN n'est pas dans « l'arc républicain » et qu'il ne souhaite pas le recevoir pour discuter du budget.

6. Propos confirmés par Michel Barnier et Marine Le Pen en 2025.

Cette option est donc rapidement évacuée. Laurent Saint-Martin, le ministre des Comptes public, ne serait pas crédible non plus : c'est lui qui a annoncé, la veille, qu'aucune nouvelle concession ne serait faite. Et si la porte-parole du gouvernement, Maud Bregeon, se rendait de nouveau sur un plateau de télévision et faisait cette annonce au 13 heures ? « C'est une très bonne idée, tu es le visage de ce gouvernement », plaide Armand. Cette perspective enthousiasme la plupart des personnes présentes autour de la table. Michel Barnier, lui, écoute et ne dit rien. « C'est délicat, je ne le sens pas », lance – en substance –, une première fois, Maud Bregeon. « C'est compliqué pour moi, je ne veux pas être le visage de la concession à Marine Le Pen », explique-t-elle rétrospectivement.

Dans le même temps, la porte-parole envoie des messages à son ami Jonathan Guémas, également conseiller spécial du président de la République, pour lui raconter ce qui est en train de se jouer. Ce dernier lui déconseille de recourir à cette solution. Autour de la table, certains insistent : « Alors, Maud, c'est toi qui y vas ?

— Non », clôt-elle cette fois définitivement.

« Quelques heures après, quand j'ai vu les réactions indignées évidemment attendues de la gauche au communiqué de presse qu'on a finalement publié, je me suis dit : "Purée, heureusement que tu as su dire non et que tu n'y es pas allée !" plaisante aujourd'hui l'ancienne porte-parole du gouvernement avant de reprendre : Sur un sujet aussi sensible, politique et nettement marquant dans la durée, personne ne pouvait me forcer à faire ça. »

Finalement, la petite dizaine de personnes autour de la table plaident pour l'option la plus collective : un simple communiqué, paraphé par Matignon, annonçant l'ultime concession. Chacun participe à l'écriture, pendant qu'Antoine Lévêque note le tout sur son ordinateur.

Il reste une dernière vérification à entreprendre. Michel Barnier appelle chacun des présidents de groupe du socle commun pour faire valider l'idée. « Je vais faire un communiqué pour accorder une concession au RN sur le déremboursement des médicaments. Est-ce que ça te dérange[7] ? les interroge-t-il un à un.

— Pas du tout, de toute façon tu n'as pas le choix[8] », lui répond Gabriel Attal.

Bientôt, Marine Le Pen est prévenue. Puis, quelques minutes plus tard, le communiqué est publié. « Pour faire suite aux propos de la porte-parole du gouvernement, ce texte, qui prévoit une trajectoire financière pour la Sécurité sociale, ne contient pas en lui-même de disposition spécifique sur le déremboursement des médicaments », précise notamment la déclaration. Avant de reprendre : « De nombreuses demandes ont été exprimées sur ce sujet. Mme Marine Le Pen, au nom du RN, l'a rappelé au Premier ministre ce matin encore lors d'un échange téléphonique. Le gouvernement s'engage à ce qu'il n'y ait pas de déremboursement des médicaments en 2025 en application du PLFSS. » Les dés sont désormais jetés, ou presque.

---

7. Propos rapportés à l'auteur par plusieurs des présidents de groupe du socle commun.

8. Propos confirmés à l'auteur par Gabriel Attal lors de son entretien téléphonique, 29 mai 2025.

36

La guillotine

2 décembre 2024 – Entre l'Assemblée nationale et Matignon

La journée n'est pas encore terminée. Au petit matin, Michel Barnier avait déjà appelé Marine Le Pen une première fois. La température n'était pas forcément bonne. Ferme, la présidente du RN avait rappelé les lignes rouges de son groupe, critiquant au passage l'interview du ministre des Comptes publics, la veille, dans *Le Parisien*, qui avait annoncé un peu prématurément que le gouvernement ne ferait aucune autre concession sur le budget de la Sécurité sociale. Lorsque Michel Barnier rappelle Marine Le Pen pour lui annoncer que l'exécutif consent à une nouvelle concession et qu'un communiqué partira dans les prochaines minutes, il lui concède le point sur le déremboursement des médicaments. « Je vais vous donner satisfaction. Et je comprends votre besoin de reconnaissance, donc je vais dire que c'est à la suite de notre dialogue que nous faisons cette concession. » Celle-ci intervient déjà après une série de petits gestes adressés au groupe de Marine Le Pen, comme le recul sur les taxes concernant l'électricité, l'annonce de l'introduction de la proportionnelle pour élire les députés ou encore la baisse de l'Aide médicale d'État (AME) pour les sans-papiers.

« Merci, Monsieur le Premier ministre. Je déjeune avec Jordan Bardella et je reviens vers vous un peu plus tard[1] », lui répond Marine Le Pen, sans rien lui promettre. Michel Barnier affiche pourtant un air serein à Matignon. Il estime avoir satisfait la demande de la double finaliste de l'élection présidentielle. Elle a désormais eu gain de cause sur l'une des deux exigences qu'elle a formulées la veille, dans son interview à *La Tribune dimanche*. Et le « ou » n'a aucune raison de se transformer en « et », estime Michel Barnier.

En début d'après-midi, il est rejoint par les chefs de groupe du socle commun. Se retrouvent notamment Gabriel Attal, Laurent Wauquiez, Laurent Marcangeli, Marc Fesneau, ainsi que les autres patrons de groupe du Sénat. Placide, Michel Barnier introduit la réunion en prévenant d'emblée les personnes présentes : il utilisera un peu plus tard dans la journée le 49.3 pour faire adopter son texte. Il a vérifié auprès des services techniques de Matignon : si certains envisagent de laisser repousser le texte afin qu'il ne soit pas voté dans les délais, pour finalement le faire adopter par ordonnances, l'option lui paraît bancale. « Ça ne tient pas,

1. Propos confirmés à l'auteur par Michel Barnier et Marine Le Pen.

leur dit-il avant d'ajouter : Et puis, il faut être sérieux. On gère l'État[2]. »

Le Premier ministre fait preuve de sang-froid. Il ne semble pas très inquiet quant à la décision de Marine Le Pen. « Ce qui me frappe, c'est que je lis dans son attitude et dans ses phrases qu'il pense que Marine Le Pen ne le censurera pas. Alors que, personnellement, ça fait une semaine que j'ai compris que c'était inéluctable[3] », raconte l'un des présidents de groupe présents à ses côtés. Un autre abonde : « Il y avait un côté bravache dans son comportement. Il était joyeux, guilleret. Il avait l'air de considérer qu'avec son communiqué de presse, le sujet était clos[4]. » Mais Michel Barnier va vite déchanter. Son téléphone se met à sonner. Il regarde les présidents de groupe, leur montre l'écran sur lequel un nom s'affiche. « C'est elle », lâche-t-il avant de s'éclipser d'un pas très pressé. « Il y avait un côté : "Attendez deux minutes, ma boss m'appelle"[5] », relate, moqueur, un député présent.

À l'autre bout du fil, la présidente du groupe RN n'est pas seule. Elle est à son bureau, au Palais-Bourbon, bien entourée, notamment de Jordan Bardella, Jean-Philippe Tanguy, Bruno Bilde et Kévin Pfeffer. « J'ai une bonne et une mauvaise nouvelle, introduit Marine Le Pen.

— Je vous écoute, répond Michel Barnier.

2. Propos rapportés par plusieurs participants et confirmés à l'auteur par Michel Barnier.

3. Entretien avec une des personnes présentes, 2025.

4. Entretien avec un autre des participants, 2025.

5. *Ibid.*

— La bonne, c'est qu'on ne demande plus les allègements de charges pour les grandes entreprises.

— Mais vous ne les avez jamais demandés !

— La mauvaise, c'est qu'en revanche, si vous ne renoncez pas à la désindexation des retraites, nous vous censurerons[6]. »

Michel Barnier a compris. « Marine Le Pen renverse la table, et je fais partie de sa démonstration. Nous ne sommes pas dans une journée neutre, elle sait ce qu'elle fait[7] », retrace-t-il. Il est stupéfait. Et décide de ne pas céder, ce qu'il lui dit immédiatement. « Le matin, c'est "ou", à 14 heures, ça devient "et" : c'est de la surenchère », lui rétorque-t-il. À prendre ou à laisser. « Je ne vous donnerai pas satisfaction sur ce point, Madame Le Pen.

— Alors, nous vous censurerons »[8].

Quelques minutes plus tard, Michel Barnier réapparaît, blême, auprès de ses collègues du socle commun. Sous le choc de la conversation qu'il vient d'avoir, il s'enfonce dans son siège, complètement livide. « Je ne pensais pas qu'elle oserait[9] », souffle-t-il, leur faisant comprendre que, cette fois-ci, la messe est dite. Dans deux jours, son gouvernement tombera.

---

6. Propos confirmés à l'auteur par Michel Barnier et Marine Le Pen.

7. Entretien avec Michel Barnier, 9 avril 2025.

8. Propos rapportés à l'auteur par Marine Le Pen et Michel Barnier en 2025.

9. Propos rapportés à l'auteur par plusieurs participants.

37

Robespierre

Cela fait déjà plusieurs semaines que Jean-Luc Mélenchon l'a théorisé. Le gouvernement de Michel Barnier va chavirer avec son budget. C'est irrémédiable, il n'y a aucune issue, assure le chef des Insoumis à tous ceux qui lui soumettent une autre hypothèse. Il a même anticipé la date : pour lui, le Premier ministre sera renversé « entre le 15 et le 21 décembre[1] », a-t-il pronostiqué sur France 3, mi-novembre. Pas loin. Ce sera un peu plus tôt, car le couperet va tomber ce mercredi 4 décembre. Et le gouvernement, être renversé, comme le rêvait l'ancien élu des Bouches-du-Rhône : sur une motion de censure des Insoumis. Cela ne fait plus l'ombre d'un doute. Alors qu'il marche vers l'Assemblée nationale, ce matin, Jean-Luc Mélenchon se délecte déjà du moment. Il baigne dans cette « jouissance intellectuelle[2] », comme

1. Interview de Jean-Luc Mélenchon, France 3, 17 novembre 2024.
2. Toutes les citations directes de Jean-Luc Mélenchon dans ce chapitre sont tirées d'un entretien avec l'auteur, 10 janvier 2025.

il le répète souvent en privé, d'avoir réussi à calculer avant tout le monde le coup qui ferait chuter le chef du gouvernement. Une première étape pour que la France soit « ingouvernable » et conduise, veut-il croire, à une démission d'Emmanuel Macron, suivie d'une présidentielle anticipée.

Alors, aujourd'hui, l'Insoumis en chef, qui n'est pas député, a quand même « une envie folle de voir ça ». « Ce n'est pas la première fois que je viens dans les tribunes visiteurs. La politique est quelque chose de physique. Je veux voir quelle tête ils font le jour de leur débandade politique, quelle sera l'attitude de Barnier quand il apprendra le résultat », confie-t-il. Avant de s'amuser, un grand sourire aux lèvres : « Je suis venu me délecter de cette gourmandise, de cet événement historique dans la Vᵉ République. » La veille, il a repris ses calculs : tous les députés de gauche, à une ou deux exceptions près, devraient voter la censure. Le RN aussi, cela ne fait plus aucun doute à ses yeux. Aucun risque de faire le déplacement pour rien et de perdre la face : le gouvernement Barnier vit ses dernières heures. Et c'est son grand ami politique, l'un de ses plus anciens camarades, le président de la Commission des finances, Éric Coquerel, qui sera chargé de l'annonce du discours de censure. Raison de plus pour être présent. « J'ai envie de l'entendre. C'est mon vieux complice, il ne m'a jamais lâché, trahi ni tiré dans le dos, même quand on n'était pas d'accord. Que ce soit lui qui prononce ce discours, c'est tout un symbole pour moi », sourit Jean-Luc Mélenchon.

Lorsqu'il pénètre dans l'enceinte du Palais-Bourbon, c'est un véritable comité d'accueil qui l'attend. Plusieurs de ses amis sont venus le saluer à l'entrée du bâtiment : celle qui lui a succédé à la présidence du groupe, Mathilde Panot, la vice-présidente LFI de l'Assemblée, Nadège Abomangoli, les députés Farida Amrani, Pierre-Yves Cadalen, Anaïs Belouassa-Cherifi et, bien sûr, Éric Coquerel. L'émotion est déjà palpable lorsque les deux hommes se saluent. « Tu es prêt ? lui demande Jean-Luc Mélenchon.

— Ouais, presque[3] », sourit son camarade.

L'arrivée « officielle » du leader Insoumis a lieu quelques minutes plus tard. Il est accompagné de ses fidèles lieutenants, dans la petite cour du Palais-Bourbon. Une longue marche savamment mise en scène jusqu'à la salle des Quatre-Colonnes filmée par les dizaines de journalistes présents sur place. De quoi se placer au centre de cette journée historique et voir son visage s'afficher sur les chaînes de télévision nationales et internationales pendant plusieurs heures. « Je n'avais pas mesuré que ça aurait cet impact… mais je n'en étais pas mécontent », se remémore-t-il. Avec plusieurs de ses députés, Jean-Luc Mélenchon monte déjeuner à la buvette de l'Assemblée nationale. Un endroit qu'il connaît bien pour l'avoir souvent fréquenté pendant son mandat de député, jusqu'en 2022. Il y croise nombre de ses anciens voisins de banc, qui le regardent d'un air curieux. Il y aperçoit aussi Marine

3. L'auteur a assisté à cette scène au Palais-Bourbon, le 4 décembre 2024.

Le Pen, l'une de ses éternelles adversaires. Elle qui lui permettra, un peu plus tard dans la journée, de vivre l'une des plus grandes victoires de sa carrière politique.

Arrive enfin le moment qu'il attend depuis des jours. Avant même que les députés n'aient fini de s'installer dans l'Hémicycle, Jean-Luc Mélenchon prend place dans le fameux « cimetière », la tribune réservée aux anciens parlementaires qui souhaitent être présents aux débats. Cravate rouge autour du cou, large sourire aux lèvres, l'Insoumis assiste, comme s'il était à un spectacle, à la prise de parole d'Éric Coquerel. Dans l'enceinte, une grande partie des députés se retournent pour apercevoir les réactions du leader Insoumis. *Idem* dans les tribunes presse situées juste au-dessus. Il est indiscutablement l'une des attractions du jour. Chacun y va de son petit commentaire. « Je l'ai trouvé à côté de la plaque, ou plus exactement pas à sa place. Quelle idée de venir assister à un débat à l'Assemblée nationale sans en être membre ? » critique, après coup, l'ancien président de la République, François Hollande. « À la tribune, il aurait fait un discours bien plus enlevé que celui d'Éric Coquerel »[4], juge-t-il cependant.

Jean-Luc Mélenchon ne reste même pas jusqu'au bout. Le principal est fait : sa présence a marqué les esprits. Il écoute l'intervention de son camarade Éric Coquerel, puis celle de Marine Le Pen, avant de s'échapper de l'Hémicycle lorsque le président du groupe socialiste, Boris Vallaud, prend la parole à son

4. Entretien avec François Hollande, 9 janvier 2025.

tour. Il suivra la fin des débats, ainsi que l'annonce de la censure, depuis le bureau de son ex-collègue Mathilde Panot. Le temps pour lui de commencer à réfléchir à la suite. « Je suis déjà dans autre chose. Quelle est la prochaine étape ? Quelles sont les futures échéances ? » se souvient-il.

Il est un peu plus de 20 h 30 lorsqu'il rejoint ses députés dans une salle du sous-sol de l'Assemblée. Il les retrouve tous « comme pétrifiés par l'histoire, par la chose incroyable qu'ils ont faite : faire tomber un gouvernement ». Certaines de leurs expressions sont encore figées dans son esprit : la députée du Puy-de-Dôme, Marianne Maximi, a les yeux qui brillent de joie, l'ancien macroniste Aurélien Taché et René Pilato sont « vibrants d'émotion ». « C'est à ce moment-là que je me rends compte qu'on vient de faire quelque chose de hors du commun, pour une gauche radicale : faire tomber un gouvernement de droite sans un mètre de barricade ni un coup de fusil », raconte rétrospectivement Jean-Luc Mélenchon. « Il y a un immense sentiment de grande gravité. On se regarde et on se dit : "Ouf, qu'est-ce qu'on vient de faire là ?" Pour moi, intellectuellement, c'est un sentiment de plénitude », se rappelle-t-il. Avant de paraphraser Lénine : « Il n'y a pas de plus grand bonheur pour un intellectuel que de comprendre ce qui se passe pour y trouver sa place. »

38

Ascenseur pour l'échafaud

4 décembre 2024 – Assemblée nationale

Au Palais-Bourbon, l'effervescence qui règne dans la salle des Quatre-Colonnes donne généralement le ton sur l'importance et la gravité du moment politique en cours. Ce 4 décembre 2024 au petit matin, l'Assemblée nationale s'apprête à vivre la chute d'un gouvernement. La première motion de censure gagnante depuis 1962, qui fera tomber l'exécutif le plus éphémère de la Vᵉ République, avec moins de trois mois d'existence. La séance s'annonce historique. Dans les jardins du Palais-Bourbon, salle des Pas-Perdus, aux Quatre-Colonnes, des dizaines de journalistes venus de tous les continents commentent déjà, à 10 heures du matin, l'événement qui surviendra un peu plus tard ce mercredi-là : la fin inéluctable du gouvernement Barnier. Des médias américains, marocains, italiens, allemands, espagnols sont nombreux à avoir fait le déplacement pour raconter ce moment de crise politique française en direct.

Dans les couloirs de l'Assemblée nationale, l'ambiance est grave. « On sait bien que cette journée va nous faire basculer dans l'inconnu. On s'y est préparés[1] », raconte la présidente du groupe écologiste, Cyrielle Chatelain. C'est elle qui, au nom de son groupe, prendra la parole cet après-midi pour expliquer les raisons du vote favorable des écologistes à la motion de censure. Dans son bureau situé au deuxième étage du Palais-Bourbon, debout, son ordinateur sur le pupitre, elle essaie de peaufiner son discours. « Ce jour-là, je n'y arrive pas. Qu'est-ce que je vais pouvoir dire de juste ? On vit un moment historique, qu'est-ce qui le marque ? C'est paralysant, se souvient-elle. Je choisis de prendre une citation, comme si mes mots n'étaient pas suffisants. Je m'entraîne à lire mon discours debout, mais je ne suis pas entièrement satisfaite », raconte-t-elle encore.

Un peu plus loin, le président Insoumis de la Commission des finances, Éric Coquerel, se prépare également dans son bureau. C'est lui qui aura la lourde charge de prononcer le discours officiel présentant la motion de censure qui renversera le gouvernement de Michel Barnier. Probablement l'un des moments les plus importants de sa carrière politique. « J'avais envie d'avoir un discours qui marque, donc je l'ai préparé plusieurs jours à l'avance et écrit intégralement. Je savais exactement ce que je voulais dire. Je savais que je m'apprêtais à faire tomber un gouvernement,

1. Toutes les citations de Cyrielle Chatelain dans ce chapitre sont tirées d'un entretien avec l'auteur, 15 janvier 2025.

ce qui n'était pas arrivé depuis soixante-deux ans. Il n'y a aucun autre pays au monde où la gauche radicale fait tomber un gouvernement de droite[2] », retrace le mélenchoniste. Devant ses collaborateurs, Éric Coquerel répète donc à de multiples reprises en lisant à voix haute son discours à venir. Non sans une petite boule de stress au ventre. « Dans ce genre de situation, la grande angoisse, c'est de dépasser le temps, alors on se chronomètre », dit-il avec un sourire.

Les autres députés aussi se préparent à vivre l'événement. « L'instabilité n'est jamais bonne. Cette journée est donc un échec, mais ce n'est pas le nôtre. On nous avait vendu Barnier comme l'homme du compromis mais il ne nous a jamais appelés. Il a préféré se mettre dans la main du RN[3] », regrette la socialiste Ayda Hadizadeh, qui projette déjà la suite. « On ne veut pas censurer à tour de bras, on n'est pas pour le chaos, c'est clair et net. On est prêts à négocier et on ne veut pas du bordel. On s'est laissés enfermer dans le truc de Mélenchon, "le programme rien que le programme". On aurait dû reconnaître que personne n'avait gagné », analyse encore l'élue PS. Les macronistes aussi sont dans l'anticipation. « Le président va rapidement devoir nommer un nouveau Premier ministre pour s'enlever une pression. Il ne doit y avoir au[4]cun moment

2. Toutes les citations d'Éric Coquerel dans ce chapitre sont tirées d'un entretien avec l'auteur, 3 mars 2025.

3. Entretien avec Ayda Hadizadeh, 4 décembre 2024, quelques minutes avant la censure.

4. Entretien avec Sylvain Maillard, 4 décembre 2024, quelques minutes avant la censure.

d'incertitude, même s'il n'y a pas de solution idéale », escompte l'ancien président du groupe Renaissance, Sylvain Maillard, à la mi-journée, alors que la pression monte de plus en plus aux alentours du Palais-Bourbon.

La journée avance et l'heure de la motion de censure sonne, en milieu d'après-midi. L'Hémicycle est plein comme jamais. Les tribunes visiteurs aussi, tout comme celles réservées à la presse, qui ne sont même pas assez équipées pour accueillir tous les journalistes présents. Les fonctionnaires de l'Assemblée sont obligés d'aller chercher des chaises pour que tout le monde puisse s'asseoir, mais ce n'est même pas suffisant : certains seront obligés d'assister à la séance debout, agglutinés derrière le reste de leurs collègues. Du jamais-vu dans l'histoire récente.

Dans l'Hémicycle, l'ambiance est électrique mais l'atmosphère est lourde. Tous les ministres, Michel Barnier en tête, s'installent à leur tour sur le banc. « Vous avez l'impression d'arriver dans une arène et d'être, au mieux, un gladiateur, au pire, un taureau. Vous savez que vous allez repartir avec une épée dans le dos, vous savez que vous allez mourir », se rappelle Guillaume Kasbarian, le ministre de la Fonction publique. Avant de plaisanter : « *Ave* César ! Ceux qui vont mourir te saluent »[5]. Sa collègue Maud Bregeon, porte-parole du gouvernement Barnier, vit, étonnamment, l'instant de façon « assez formelle ». « Je m'attendais à ce que ce soit chargé émotionnellement au

5. Entretien avec Guillaume Kasbarian, 28 novembre 2024.

moment où la sentence tombe. Mais finalement, on sait déjà depuis trois jours avec certitude que c'est fini, on sait comment ça va se terminer, relate-t-elle. On a répondu aux questions au gouvernement en étant conscients qu'il s'agissait des dernières, avec une forme de plaisir et de sincérité car on savait que dans trois heures, on montait sur l'échafaud[6]. »

À la tribune, c'est donc Éric Coquerel qui lance les hostilités en dénonçant l'« illégitimité absolue » de Michel Barnier et de son gouvernement « devant le suffrage universel ». « Votre navire prend l'eau, la colère monte et le chaos est déjà là »[7], le fustige-t-il. Marine Le Pen, quelques minutes plus tard, confirme que ses députés voteront la censure, « conséquence des manœuvres électorales des législatives mais également du chantage de votre propre minorité qui vous a interdit de trouver des voies de passage avec les oppositions[8] », explique-t-elle devant un Michel Barnier placide. « Cette motion de censure, c'est d'abord votre échec. C'est avec le seul RN que vous avez engagé les discussions. Il est manifestement devenu plus convenable de parler avec l'extrême droite qu'avec la gauche. [...] La méthode Barnier n'aura été en définitive qu'un bruit qui court[9] », le blâme quant à lui le président du groupe socialiste Boris Vallaud.

6. Entretien avec Maud Bregeon, 9 janvier 2025.

7. Toutes ces citations sont tirées du discours d'Éric Coquerel dans l'Hémicycle, 4 décembre 2024.

8. Toutes ces citations sont tirées du discours de Marine Le Pen dans l'Hémicycle, 4 décembre 2024.

9. Toutes ces citations sont tirées du discours de Boris Vallaud dans l'Hémicycle, 4 décembre 2024.

Les prises de parole s'enchaînent, sans grande surprise. Si ce n'est que, pour la première fois depuis des semaines, tous les groupes du socle commun semblent faire front ensemble. Les macronistes applaudissent vigoureusement Laurent Wauquiez lorsque celui-ci tempête contre « une coalition des contraires » et une « jonction entre LFI et le RN »[10] avant de faire applaudir plusieurs ministres, dont celui des Comptes publics, le macroniste Laurent Saint-Martin. Même chose lorsque Gabriel Attal cite Alexis de Tocqueville pour critiquer lui aussi l'alliance entre LFI et le RN : « La communauté des haines fait presque toujours le fond des amitiés. » Avant de piquer, sous l'ovation des députés LR et des siens : « Pour vous faire du bien, vous faites mal au pays et mal aux Français »[11].

C'est enfin au tour de Michel Barnier de monter à la tribune. Quelques Insoumis, dont Sébastien Delogu, se moquent de lui un peu puérilement, lui adressant un au revoir d'un geste de la main, comme pour lui rappeler que son heure politique est venue. Mais le chef du gouvernement n'y prête pas attention. Dès son arrivée sur l'estrade, il reçoit une *standing-ovation* des députés philippistes, macronistes, bayrouistes et LR, qui dure près d'une minute et couvre les cris de certains élus de gauche. « C'est bien la première fois que vous vous levez pour

---

10. Ces extraits sont tirés du discours de Laurent Wauquiez dans l'Hémicycle, 4 décembre 2024.

11. Ces extraits sont tirés du discours de Gabriel Attal dans l'Hémicycle, 4 décembre 2024.

lui[12] ! » ironise le communiste Jean-Paul Lecoq, avant que le Premier ministre prenne enfin la parole pour remercier ceux qui l'ont ainsi accueilli.

Dans son discours, très personnel, Michel Barnier dramatise le moment. Il insiste sur les conséquences politiques, économiques et financières d'un gouvernement renversé et d'un pays sans budget avant Noël. « Cette motion de censure rendra tout plus grave et plus difficile », lance-t-il notamment. S'expliquant sur son budget critiqué par beaucoup : « Ce n'est pas par plaisir que je n'ai présenté quasiment que des mesures difficiles dans ce budget. J'aurais préféré distribuer de l'argent, même si nous ne l'avons pas. » Et de rassurer : « Je n'ai pas peur. J'ai rarement eu peur dans mon engagement politique »[13].

Une fois n'est pas coutume, le discours n'est émaillé d'aucun incident. Les députés écoutent tous dans un calme olympien. « Je ne suis pas loin d'avoir les larmes aux yeux[14] », raconte le député LR Antoine Vermorel-Marques. « Il a une certaine dignité et j'ai de la peine pour lui. Je le regarde et je me demande pourquoi il est venu se mettre là-dedans, avec la carrière qu'il a eue, les postes qu'il a eus[15] », narre l'Insoumise Sophia Chikirou. Les parlementaires du RN écoutent encore plus attentivement que les autres. Si leur patronne a

12. Propos entendus par l'auteur, présent en tribune presse de l'Hémicycle de l'Assemblée ce jour-là.

13. Toutes ces citations sont tirées du discours de Michel Barnier, Assemblée nationale, 4 décembre 2024.

14. Entretien téléphonique avec Antoine Vermorel-Marques, 21 mai 2025.

15. Entretien avec Sophia Chikirou, 29 mars 2025.

annoncé juste avant dans son discours qu'elle censurerait, une rumeur court, depuis quelques minutes, sur une possible ultime concession de Michel Barnier sur la dernière ligne rouge des troupes RN : la désindexation des retraites. « Des conseillers de Matignon avaient sous-entendu auprès de Jordan Bardella, Marine Le Pen et Éric Ciotti qu'il pourrait lâcher pendant son discours. Alors, jusqu'au dernier moment, nous sommes tous très attentifs au moindre de ses mots. On regarde, on écoute avec attention, on a une vraie interrogation[16] », se souvient Jean-Philippe Tanguy. Une rumeur alimentée à la faveur d'une suspension de séance demandée par la ministre des Relations avec le Parlement, Nathalie Delattre, quelques minutes plus tôt. Seulement, la dernière concession ne viendra jamais. Michel Barnier finit en rendant hommage, avec une émotion palpable, à sa femme, ses trois enfants et ses petits-enfants. Avant de conclure, un voile sur la voix et les larmes aux yeux : « C'est un honneur d'avoir servi avec dignité la France et les Français[17]. »

Nouvelle salve d'applaudissements des députés du socle commun, tous debout pour saluer une dernière fois cet éphémère Premier ministre. « C'était très émouvant, il y avait une émotion très forte. Beaucoup d'entre nous ont été impressionnés par sa classe, se souvient le député LR Corentin Le Fur. On avait déjà compris la veille que c'était plié. Donc on vient pour lui dire

---

16. Entretien de l'auteur avec Jean-Philippe Tanguy, 9 décembre 2024.

17. Discours de Michel Barnier à l'Assemblée nationale, le jour de la censure.

au revoir car il n'y a plus aucun suspense. L'ambiance est extrêmement pesante, lourde. J'ai du mal à trouver les mots, on ne sait pas trop quoi dire, on sent que le couperet va tomber dans quelques minutes[18]. »

Le Premier ministre retourne à sa place. Il embrasse sa ministre chargée de la Coordination gouvernementale, Marie-Claire Carrère-Gée, et se retourne, main sur le cœur, pour remercier les députés. « C'était un discours important pour moi, se remémore-t-il. Je savais que c'était fichu et c'est assez frustrant. Je ne suis pas fataliste, jamais dans la nostalgie. Mais j'étais frustré d'être presque arrivé au bout. » Une sentence qu'aujourd'hui encore, il ne digère pas tout à fait. « Ce qui s'est passé était irrationnel... Je tombe, je suis empêché de passer ce budget et de commencer deux ans de boulot sur le fond pour changer le pays »[19], peste Michel Barnier.

Quelques minutes plus tard, le verdict arrive. Il est annoncé d'une voix grave et d'un regard sombre par la présidente Yaël Braun-Pivet, et il est sans appel : l'Assemblée nationale adopte la motion de censure déposée par LFI par 331 voix pour. Le gouvernement est renversé. Dans l'Hémicycle, un silence presque assourdissant résonne à l'annonce du résultat. « On ne voulait pas rompre la solennité de l'événement. On savoure cet instant historique et on regarde ceux qui voulaient chahuter en leur disant : "Non, profil bas[20]" », raconte

18. Entretien avec Corentin Le Fur, 4 mars 2025.
19. Entretien avec Michel Barnier, 9 avril 2025.
20. Entretien avec Sophia Chikirou, 29 avril 2025.

Sophia Chikirou (LFI). Un « silence coupable », estime le ministre des Comptes publics d'alors, Laurent Saint-Martin. « Le contraste est effarant entre les attitudes habituelles des oppositions, hurlant de joie pour des victoires sur le moindre amendement, et cette fois-ci, ne faisant aucun bruit sur le vote le plus structurant de l'avenir du pays »[21], juge-t-il.

Un silence « à la hauteur de la gravité du moment », loue Yaël Braun-Pivet. « Je vois une Assemblée qui censure avec dignité, sans éclat. C'est respectueux de l'homme et de la démocratie », narre-t-elle. Cette dernière, qui avait échangé avec le Premier ministre par téléphone avant la séance, lui a déconseillé de reprendre la parole après la censure, afin de le préserver jusqu'au bout des possibles éclats de certains. « Ce n'est pas une bonne idée, on ne sait pas quelle va être l'ambiance »[22], l'avait-elle prévenu.

Finalement, dans un calme presque invraisemblable et sans aucun sourire, les parlementaires commencent à sortir de l'Hémicycle. Plusieurs des députés et ministres présents viennent saluer Michel Barnier, qui fait donc ses adieux au Palais-Bourbon. Dans les salons attenants, l'ambiance est glaciale. Les députés du socle commun sont mortifiés. Tête basse, l'ancien président du groupe Renaissance et député de Paris Sylvain Maillard s'apprête à rentrer chez lui. Il croise le chemin de Marine Le Pen, qui s'arrête et lui lâche, un petit sourire en coin : « Bah Sylvain, fais pas cette tête ! Je te

21. Entretien téléphonique de Laurent Saint-Martin, 23 avril 2025.
22. Entretien avec Yaël Braun-Pivet, 5 mai 2025.

donne une chance supplémentaire de devenir ministre[23] ! » Le trait d'humour ne rate pas sa cible : le député éclate de rire.

Dans l'Hémicycle, Michel Barnier salue un à un tous ceux qui viennent lui présenter leurs au revoir. Il aperçoit son ami Aurélien Pradié, ancien LR et député non inscrit, qui passe. Il l'attrape par le bras. Ce dernier l'avait mis en garde, après la composition de son gouvernement, le prévenant : « Je crains malheureusement que ça ne tienne pas. Tu vas te faire baiser par trois personnes : Le Pen, Wauquiez et Retailleau. » Le Premier ministre, qui se souvient de ces mots, glisse à l'oreille du jeune député du Lot : « Hélas, tu avais raison, au moins sur les deux premiers »[24].

---

23. Propos rapportés et confirmés à l'auteur par plusieurs sources.
24. Propos confirmés à l'auteur par Michel Barnier et Aurélien Pradié.

TROISIÈME PARTIE

LA NON-CENSURE

39

Théâtre d'ombres

Il est 22 h 30 ce 4 décembre 2024. Michel Barnier a été renversé il y a quelques heures. Beaucoup de députés ont quitté le Palais-Bourbon. Pour certains, la soirée ne fait que commencer. Attablés à la buvette de l'Assemblée nationale, Marine Le Pen, Éric Ciotti, Jean-Philippe Tanguy et quelques autres parlementaires issus des rangs nationalistes prennent un verre. L'ambiance est joyeuse. La présidente du groupe RN est d'humeur badine. Elle rigole même franchement aux blagues de l'un des serveurs. « Ce sont des histoires de bonne femme[1] ! » s'amuse-t-elle, s'esclaffant joyeusement avec plusieurs personnes présentes.

Quelques tables plus loin, la scène est quasiment la même. Seuls les acteurs sont différents : quelques élus LFI sont également venus « fêter » la censure de Michel Barnier, comme la vice-présidente Insoumise de l'Assemblée, Nadège Abomangoli, les députés Ugo

1. Propos rapportés à l'auteur par plusieurs témoins.

Bernalicis, Aurélien Taché ou encore Sarah Legrain. « Ce n'est pas tous les jours qu'on fait tomber un gouvernement, il fallait bien marquer le coup[2] », s'amuse l'un d'eux. De passage dans le coin, un macroniste rebrousse chemin immédiatement. « Les états-majors de LFI et du RN qui fêtent la censure en même temps, au même endroit, mais séparés par deux tables. J'ai trouvé ça d'un cynisme », raconte-t-il le lendemain, encore « sous le choc »[3].

La buvette de l'Assemblée, interdite aux journalistes, aux invités et à la plupart des assistants parlementaires, regorge de ce genre de petites histoires. Source de nombreux fantasmes, le lieu est très fréquenté par les députés. Il est situé juste à côté de l'Hémicycle, ce qui permet aux parlementaires d'aller manger entre deux séances, voire parfois de s'éclipser en plein débat pour aller boire un verre. « Ce qui se passe à la buvette reste à la buvette, il y a un *gentlemen's agreement*[4] », s'amusent d'ailleurs souvent les parlementaires, un petit sourire en coin, afin de continuer à alimenter la légende autour de cette pièce considérée comme l'une des plus secrètes de la République.

Mais beaucoup se plaisent à raconter les potins qui y circulent ou les altercations qui peuvent y survenir, lorsque la tension est à son comble – et l'ivresse présente. « Quand tu aimes la politique et que tu passes

2. Entretien avec un député LFI quelques jours après la censure.

3. Échange informel avec un député macroniste le lendemain de la censure.

4. Phrase répétée fréquemment par les députés lors de leurs échanges avec les journalistes politiques.

un peu de temps là-bas, c'est le spectacle », raconte un collaborateur parlementaire de groupe. Comme pendant cette soirée, lors de la législature précédente, où des députés de gauche se sont mis à chanter *L'Internationale* pour provoquer des élus du RN, peu avant la fermeture. Et où ces derniers leur ont répondu en entonnant une *Marseillaise*. Les agents de l'Assemblée nationale avaient été sommés de rester dans le coin jusqu'à la fermeture de la buvette, au cas où cette querelle musicale aurait dégénéré en bagarre générale. Ce qui ne fut heureusement pas le cas[5].

Certaines histoires d'un soir ont commencé là-bas et certains couples s'y sont formés. « La buvette de l'Assemblée n'est rien d'autre que le PMU des élus de la République. Soixante-dix pour cent des choses qu'on y entend sont très banales[6] », s'amuse un collaborateur de ministre. Un PMU qui a toutefois de l'allure et qui ressemble plutôt à un café parisien un peu chic. Une banquette en cuir pourpre et des murs décorés des « Quatre Saisons » en céramique de Sèvres. Y sont représentées depuis 1900 des femmes nues sur quatre panneaux en grès polychrome dessinés par Constant Roux et Alfred Boucher. De l'autre côté, deux autres panneaux représentant cette fois des enfants nus. « C'est quand même une ambiance bizarre que d'être entourés par des grandes fresques avec des enfants et des femmes nus… Ça en dit long sur l'entre-soi masculin qu'a été ce lieu pendant si longtemps », déplore

5. Scène racontée à l'auteur par plusieurs personnes présentes.
6. Entretien avec un collaborateur de ministre, mai 2025.

Clémentine Autain, qui aimerait que le décorum évolue en même temps que les mentalités.

Ce qui ne l'empêche pas, comme une immense partie des élus, de s'y rendre régulièrement. « C'est là qu'on se retrouve souvent pour faire de la politique »[7], résume-t-elle dans un sourire. « C'est l'un des seuls endroits où on discute avec des gens qui ne sont pas de notre groupe, pas entre deux portes, notamment sur les textes et les positions de chacun[8] », loue quant à elle la vice-présidente LFI de l'Assemblée, Nadège Abomangoli. Là aussi que les Insoumis organisent leurs coups du rideau, comme pendant l'examen du budget Barnier. Une technique parlementaire qui consiste pour les députés d'opposition à se présenter massivement dans l'Hémicycle afin de remporter un vote. Là encore que les élus de l'aile gauche macroniste Ludovic Mendès et Florent Boudié tentent de faire ami-ami avec les socialistes Iñaki Echaniz et Arthur Delaporte, au vu et au su de tous. « Tout le monde nous regarde dans ce genre de situation[9] », en rigole Ludovic Mendès.

Là, enfin, que les parlementaires de la majorité entendent, au fil des semaines, leurs collègues du RN évoquer de plus en plus ouvertement la censure. « On entendait des choses dans des discussions. On sentait que les signaux étaient de moins en moins bons[10] », se

7. Entretien avec Clémentine Autain, 4 mars 2025.

8. Toutes les citations de Nadège Abomangoli dans ce chapitre sont tirées d'un entretien avec l'auteur, 6 mars 2025.

9. Entretien avec Ludovic Mendes, 16 janvier 2025.

10. Entretien avec Vincent Jeanbrun, 18 février 2025.

souvient le LR Vincent Jeanbrun. Ou inversement, qu'ils devinent, un peu plus tard, le vent de non-censure qui souffle au début de l'ère François Bayrou. « Je ne me vois pas censurer… J'ai plus de sensibilités communes avec toi qu'avec des députés LFI ou RN[11] », confiait par exemple un socialiste au LR Antoine Vermorel, en février.

Le lieu, qui dispose d'une terrasse extérieure avec vue sur les sublimes colonnades du Palais-Bourbon, a l'avantage d'être discret. Et, aussi, de pratiquer des tarifs très favorables par rapport aux autres bistrots du quartier. Chaque jour, différents plats sont proposés, dont un menu végétarien, que les députés sont de plus en plus nombreux à choisir. Pas de plat vegan en revanche, au grand dam de certains, comme Aymeric Caron (LFI), qui ne manque jamais une occasion de s'en plaindre. Certains soirs, l'affluence y est massive. Et les places sont très chères. Les députés RN, positionnés dans l'Hémicycle juste à côté de la sortie menant à la buvette, ont ainsi une position stratégique. « C'est la bataille car ils ont un avantage lié au fait que l'accès est plus direct pour eux. Ils occupent donc souvent plein de tables. Du coup, on s'organise en envoyant un ou deux députés pour réserver des places », confie Nadège Abomangoli (LFI).

C'est ici également que ministres et élus voient évoluer les rapports de force politiques d'une législature à une autre. « Les RN sont très nombreux et se comportent comme si l'Assemblée leur appartenait.

11. Entretien téléphonique d'Antoine Vermorel, 21 mai 2025.

Ils sont très, très présents à la buvette[12] », raconte l'écologiste Sandra Regol. Le macroniste Sylvain Maillard, lui, se souvient d'une scène qui l'a énormément marqué, plus de huit mois après le début de la législature. Il est tard et la buvette est pleine à craquer ce soir-là. « Je regarde autour de moi, et j'ai eu un moment où je me suis demandé où j'étais, raconte-t-il. C'est à ce moment-là que je me suis vraiment rendu compte qu'une grande partie des copains avaient perdu en 2024. » Et de croiser enfin un visage familier, celui de l'ex-macroniste désormais non inscrit Belkhir Belhaddad. « Putain, je suis content de te voir, je ne connais personne. » « Moi non plus… »[13].

Le soir, les verres se vident dans une ambiance souvent bon enfant. Entre deux séances de l'examen de la proposition de loi visant à lutter contre le narcotrafic, Gérald Darmanin plaisante avec les députés RN, qui estiment que le ministre de la Justice a de la chance de les avoir, pour voir passer ses articles. « Heureusement qu'on est là pour les faire adopter ! Ça mériterait que vous payiez votre tournée », s'amuse l'un d'eux. Le ministre les prend au mot. Quelques minutes plus tard, il paie une tournée générale en allant régler l'addition des près de quarante parlementaires présents au bar ce soir-là, tous bords confondus. Montant de la note : plus de 340 euros[14]. Une pratique très fréquente il y a encore quelques années, mais qui s'est un peu

12. Entretien avec Sandra Regol, 1er avril 2025.

13. Entretien avec Sylvain Maillard, 14 mai 2025.

14. Scène rapportée par plusieurs députés et confirmée à l'auteur par le cabinet du ministre en 2025.

perdue depuis 2017. « Avant, à la suspension de 20 heures pendant l'examen d'un texte, les ministres invitaient souvent les députés à dîner à la buvette. Ils disaient : "Ce soir, c'est le cabinet qui paye !" Maintenant, ça n'existe presque plus[15]... » raconte un fonctionnaire de l'institution.

Le lieu reste tout de même le meilleur endroit du Palais-Bourbon pour « prendre le pouls ». Premier ministre, Michel Barnier y est passé à quelques reprises, comme François Bayrou, quelques mois plus tard. Leurs ministres s'y rendent aussi régulièrement. « Le jour du dépôt de la motion de censure qui allait renverser le gouvernement, j'ai croisé Laurent Saint-Martin à la buvette. Tout le monde sait que c'est cuit mais il est tout de même là. Je lui demande : "Qu'est-ce que tu fais ici ?" Je crois qu'il avait simplement envie de maintenir une activité normale dans un contexte anormal[16] », se souvient le Renaissance Mathieu Lefèvre. Son collègue Paul Vannier, lui, note : « Les discussions à la buvette annoncent souvent la suite. Lors de la législature précédente, pendant des semaines, on a vu des discussions serrées entre Éric Ciotti et Marine Le Pen. Leur alliance était donc dans la continuité. Désormais, ce sont les socialistes que l'on voit, très souvent, copiner avec les macronistes[17]... »

15. Entretien avec un fonctionnaire du Palais-Bourbon, 2025.
16. Entretien avec Mathieu Lefèvre, 17 mars 2025.
17. Entretien avec Paul Vannier, 4 mars 2025.

40

Autopsie

L'échec de Michel Barnier semblait écrit d'avance. Au sein d'un Palais-Bourbon sans majorité, faire adopter un budget est presque mission impossible. D'autant plus dans un contexte où une nouvelle dissolution de l'Assemblée n'est pas possible avant de nombreux mois, le président de la République devant attendre une année au minimum pour pouvoir de nouveau utiliser cette arme institutionnelle. Entre 2022 et 2024, il fallait du courage pour voter une motion de censure. Raison pour laquelle les LR, qui auraient alors pu faire la balance pour renverser une majorité relative en difficulté, n'ont jamais franchi le pas. La menace était claire pour eux comme pour toutes les oppositions : en cas de censure, Emmanuel Macron déciderait de dissoudre l'Assemblée nationale dans la foulée. Désormais, les choses se sont presque inversées. Pour les oppositions, le courage aurait cette fois-ci été de ne pas voter cette motion de censure. La dissolution ayant déjà eu lieu et aucune n'étant légalement possible avant un an, les oppositions peuvent donc appuyer sur le bouton de la censure sans aucun risque pour leur mandat.

Par ailleurs, Michel Barnier n'a pas été aidé. D'abord, par ses amis. Comme ce dimanche 11 novembre où Laurent Wauquiez, président du groupe DR, met le feu aux poudres avec une annonce intempestive en direct au 20 heures de TF1. Le voilà qui se félicite d'avoir extorqué une concession au gouvernement – contrairement à ce qui était prévu, les retraites seront revalorisées dès le 1er janvier. Assis sur son canapé, chez lui, le ministre de l'Économie, Antoine Armand, tombe des nues. Il n'était pas au courant du cadeau fait par Michel Barnier au président des députés LR. Sur la conversation WhatsApp des députés Renaissance, c'est l'explosion. « C'est une blague ? peste un élu macroniste.

— On va se faire censurer, c'est certain[1] », conclut-il.

« Laurent Wauquiez ne m'avait pas dit qu'il communiquerait de cette manière-là, retrace rétrospectivement Michel Barnier. Il essaie de tirer profit d'une décision que j'avais arbitré. Il revendique le résultat comme si c'était une victoire contre le gouvernement, et Attal fait pareil quelques jours plus tard sur les allègements de charges. Il y a eu une sorte de surenchère entre eux qui met le RN dans une position de moins-disant, poursuit-il avant d'ajouter : En faisant cela, Gabriel Attal et Laurent Wauquiez me mettent dans

1. Réaction d'un député Renaissance sur la boucle WhatsApp des macronistes en découvrant les annonces de Laurent Wauquiez au 20 heures de TF1, 11 novembre 2024.

l'inconfort. Ils étaient dans le court terme[2]. » Et effectivement, Jordan Bardella ne tarde pas à faire savoir à l'entourage du Premier ministre son agacement de voir Laurent Wauquiez et Gabriel Attal faire monter les enchères pendant que le RN n'est pas du tout « traité ». « Attention à vos deux perroquets[3] », prévient-il notamment.

Laurent Wauquiez conteste vigoureusement les accusations de l'ancien chef de gouvernement. Selon lui, Michel Barnier était entièrement averti de la manière dont il allait communiquer au JT de TF1 : « Un mensonge colossal. Il me donne son accord et on prévient même sa chargée de communication », se défend-il. Un témoignage que confirment plusieurs proches de l'ancien Premier ministre. Laurent Wauquiez aurait d'ailleurs également averti Gabriel Attal, sachant « les tensions » que cela allait créer dans le socle commun. « Nous avons été irréprochables dans notre soutien à Michel Barnier. On l'a respecté de bout en bout, il n'y a eu aucune attaque alors qu'il annonce des hausses d'impôts, l'inverse de ce qu'est la droite », argue-t-il. Avant d'ironiser : « Je me retrouve à soutenir un gouvernement avec des macronistes et qui augmente les impôts. Il a fallu en avaler, des baobabs ! »[4].

Très critique sur le passage de Michel Barnier à Matignon, Laurent Wauquiez le revoit quelques jours

2. Toutes les citations de Michel Barnier dans ce chapitre sont tirées d'un entretien avec l'auteur, 9 avril 2025.

3. Propos rapportés et confirmés à l'auteur par plusieurs sources.

4. Entretien avec Laurent Wauquiez, 27 mai 2025.

après la censure et lui reproche notamment : « Tu t'es comporté comme si tu étais Premier ministre de la Ve République, sous-entendu, avec une large majorité et l'Assemblée acquise.

— J'étais Premier ministre de la Ve République, pas de la IVes », lui rétorque Barnier[5]. Aujourd'hui encore, le LR lui reproche la gestion de son mandat : « Il humilie Attal dès le premier jour dans la cour de Matignon, puis après son discours de politique générale dans l'Hémicycle. Il n'avait pas intégré les contraintes d'un socle fragile. La vérité, c'est que c'était l'aboutissement de sa vie. Sauf qu'il se retrouvait avec un roi à moitié nu à gérer les équilibres d'une Assemblée éruptive. Il a fui l'Assemblée et s'est réfugié au Sénat. L'inverse de ce qu'il aurait fallu faire[6]. »

Gabriel Attal, lui non plus, n'estime pas avoir affaibli le Premier ministre. « On avait été très clairs sur le fait qu'on voterait le budget et qu'on ne voterait pas la censure. Il était légitime que nous pesions sur certains sujets, d'autant plus dans un système de coalition », juge-t-il. Avant de regretter toutefois la « perception » que les Français ont pu avoir de cette période. « Avoir une forme de polyphonie dans ce qui était considéré comme une majorité pouvait surprendre. Et le fait que je sois le prédécesseur de Barnier, après la passation que l'on avait vécue… J'ai pu donner l'image de quelqu'un de revanchard, alors que ce n'était pas du

5. Propos rapportés et confirmés à l'auteur par Michel Barnier et Laurent Wauquiez.

6. Cette citation de Laurent Wauquiez, comme toutes celles qui suivent, sont tirées d'un entretien, 27 mai 2025.

tout le cas. À chaque fois que je voyais Michel, je lui disais : "Je n'ai ni envie ni intérêt à ce que tu te plantes" »[7].

Michel Barnier a aussi « payé sa rigidité », estiment certains. « Il n'a impressionné personne… »[8], ironise un Renaissance. « Il a laissé les deux textes budgétaires aux mains des technocrates. Et lui et son cabinet sont restés sourds à toute remarque que l'on pouvait leur faire remonter », critique un député du socle commun très impliqué dans le projet de loi de financement de la sécurité sociale. Ce même élu assure ne pas avoir vu Michel Barnier une seule fois, y compris le jour d'une réunion importante alors que le texte venait d'être retoqué à l'Assemblée. Il considère que ce dernier s'est « totalement désintéressé » du sujet.

« C'est son directeur de cabinet, Jérôme Fournel, qui gérait tout. Il n'y avait aucune méthode de discussion… Pour le grand négociateur qu'il est, j'estime qu'il s'est vraiment pris les pieds dans le tapis »[9], critique ce même élu, très remonté. Laurent Wauquiez abonde : « Bercy lui a broyé le cerveau. Il fait une erreur fatale en prenant comme directeur de cabinet un ancien de chez Bruno Le Maire. » Avant de poursuivre, très critique : « Il intègre immédiatement tout le logiciel de l'administration. Il se fait prendre dans la machine de la technocratie qui le met sous contrôle. On ne peut presque plus discuter avec lui sans voir, à

7. Entretien téléphonique avec Gabriel Attal, 29 mai 2025.
8. Entretien avec un député Renaissance, décembre 2024.
9. Entretien avec un député du socle commun très impliqué dans le PLFSS, décembre 2024.

côté, l'ombre de son directeur de cabinet. » Un autre député Renaissance abonde, regrettant les « œillères » d'un Premier ministre qui s'était trop rapidement projeté, sans prendre suffisamment les risques en considération : « Michel Barnier pensait qu'il ne serait pas censuré. Il a vraiment été le seul à ne pas voir le truc venir et je ne saisis pas pourquoi »[10].

Marine Le Pen pense exactement la même chose. « Dès le début, Michel Barnier ne nous prend pas au sérieux. Il ne comprend pas les nouveaux équilibres. Je pense que, dès le début, il croit que nous cherchons une excuse pour ne pas le censurer[11] », se souvient la présidente du groupe RN. Qui tente d'entrer dans la psychologie de l'ex-chef du gouvernement : « Il croit qu'on est des parias et qu'on a donc une mentalité de paria. Il imagine qu'il va nous donner un quignon de pain et que ça nous suffira. Il est convaincu, et ils sont tous convaincus, de savoir mieux que nous ce que veulent nos électeurs. Avec une vision tellement caricaturale… »

Une version que conteste complètement l'intéressé. « Dès le début, le RN me fait savoir par des canaux, au plus haut niveau de leur organisation, qu'ils me laisseront tranquille jusqu'au mois de juin », retrace-t-il, faisant référence à une rencontre entre Jordan Bardella et Arnaud Danjean, où le président du parti à la flamme assure au conseiller spécial du Premier

10. Entretien avec un député Renaissance, janvier 2025.

11. Toutes les citations de Marine Le Pen dans ce chapitre sont tirées d'un entretien avec l'auteur, 19 mai 2025.

ministre qu'il peut pour l'instant dormir sur ses deux oreilles. « Leur attitude a complètement changé le jour du réquisitoire contre Marine Le Pen à son procès. Ils avaient décidé de me censurer, le budget n'était qu'un prétexte », considère donc Michel Barnier.

Au RN, beaucoup assurent que la présidente du groupe RN ne voulait pas censurer. « Jean-Philippe Tanguy et moi étions pro-censure. On poussait en ce sens, parfois sans être très fins, sans savoir ce qu'elle déciderait », se souvient Sébastien Chenu. Qui reprend : « Elle est imperméable à tout ça. Elle reste très au-dessus mais elle enregistre ce qu'on lui dit »[12]. Mais au fil des jours et de l'examen des textes budgétaires, Marine Le Pen se laisse convaincre, non par ses troupes, mais en réaction au « je-m'en-foutisme » des macronistes et des LR, assurent plusieurs de ses proches. « Cette désinvolture, ils vont la payer très cher »[13], confie-t-elle, un jour d'examen du texte, en plein Hémicycle, à quelques députés proches d'elle. « Ce jour-là, j'ai compris qu'elle censurerait[14] », se souvient l'une des personnes présentes. C'est désormais chose faite. Et les tractations pour le futur Premier ministre vont donc pouvoir commencer.

12. Entretien avec Sébastien Chenu, 27 mars 2025.
13. Propos rapportés à l'auteur et confirmés par plusieurs sources.
14. Entretien avec un député RN, fin 2024.

41

Si proche du but

C'est une « presque nomination » comme il en existe si souvent dans la vie politique française. Au centre de l'intrigue, Roland Lescure, vice-président de l'Assemblée nationale et pourtant relativement méconnu du grand public. Élu député des Français de l'étranger (Amérique du Nord) sous la bannière de LREM en 2017, cet ancien strauss-kahnien, économiste et homme d'affaires, a rapidement gravi les échelons de la galaxie macroniste. D'abord président de la Commission des affaires économiques au cours de son premier mandat, il intègre ensuite le gouvernement d'Élisabeth Borne, où il occupe le poste de ministre chargé de l'Industrie et de l'Énergie. Jusqu'à ce que son nom ne commence à circuler pour Matignon…

Tout commence le mercredi 3 janvier 2024, quelques mois avant la dissolution de l'Assemblée nationale. Les fêtes de fin d'année viennent de s'achever et le président de la République cherche un nouveau Premier ministre pour succéder à Élisabeth Borne. Il entend ainsi lancer une nouvelle dynamique en vue des élections européennes. Roland Lescure, alors ministre de l'Industrie, rentre tout juste de vacances lorsqu'il reçoit un message de François Bayrou, qui lui propose de passer le voir au Haut-Commissariat au plan. Il s'y rend dans la matinée et en ressort avec une impression étrange : celle d'avoir passé un entretien d'embauche qui ne dit pas son nom. Quelques heures plus tard, son intuition se confirme. Son ami Alexis Kohler, secrétaire général de l'Élysée, l'appelle et lui lance à brûle-pourpoint : « Tu vois le président de la République demain, et l'objet, c'est Matignon. » Roland Lescure est abasourdi. « Je tombe de ma chaise »[1], se remémore-t-il.

Le lendemain, il se rend donc à l'Élysée. Afin de ne pas attirer l'attention des journalistes postés devant l'entrée principale, il doit passer par une porte à l'arrière du bâtiment. Il patiente dans un salon dont les rideaux sont tirés, puis emprunte un escalier dérobé pour entrer, enfin, dans le bureau d'Emmanuel Macron. La discussion avec le chef de l'État se déroule bien : toutefois, si la situation politique est évoquée, à aucun moment Matignon n'est abordé explicitement. Roland Lescure ne le sait pas encore, mais Gabriel Attal, qui sera nommé Premier ministre quelques jours plus tard, vient tout juste de sortir du même bureau par une autre porte. Il l'apprendra après coup

1. Toutes les citations de Roland Lescure ainsi que toutes les scènes le concernant dans ce chapitre sont tirées d'un entretien avec l'auteur, 20 février 2025.

et ne sera donc pas surpris lorsque le nom du jeune ministre de l'Éducation nationale sera annoncé pour prendre la tête du futur gouvernement. Lui y conservera son poste de ministre de l'Industrie.

Mais l'histoire ne s'arrête pas là. Vient ensuite la dissolution, les élections législatives anticipées, la situation politique complexe à l'Assemblée, puis, la nomination d'un Premier ministre de droite, Michel Barnier. Réélu député, Roland Lescure fait son retour à l'Assemblée nationale, où il parvient à obtenir un poste de vice-président de l'institution. Il observe la mise en place du gouvernement Barnier et ses très nombreux ministres issus des rangs de la droite, sans aucun représentant de la gauche excepté Didier Migaud, ancien du PS nommé à la Justice. « À ce moment-là, je me dis qu'il faut travailler avec tout le monde, que la suite, c'est forcément ça, à savoir une forme de gouvernement d'union nationale », raconte-t-il.

Il se met donc au travail de son côté. « Ils sont tous obnubilés par l'actualité ou leur volonté d'obtenir un poste. Moi, je n'ai rien à gagner et rien à perdre, je ne veux pas être au gouvernement et je parle à tout le monde », se remémore-t-il. Par le biais d'une amie, il rencontre Jacinda Ardern, l'ancienne Première ministre de Nouvelle-Zélande, qui fut de 2017 à 2023 la patronne d'un gouvernement de coalition allant du centre droit aux écologistes, en passant par le centre gauche. « Il faut que tu m'apprennes le *coalition building* », lui réclame-t-il en lui racontant la situation politique de la France. « Il faut d'abord s'entendre sur le budget pour ne pas être censuré, mettre en avant les lignes rouges de chacun afin que personne ne perde son électorat. Puis, il faut s'entendre sur le casting jusqu'au dernier secrétaire d'État », lui explique notamment l'ancienne dirigeante néo-zélandaise. Le rendez-vous dure une heure et demie et Roland Lescure promet à Jacinda Harden de la tenir au courant de ses avancées dans cette tentative de coalition à la française.

Pendant que le gouvernement Barnier fait ses premiers pas, le vice-président de l'Assemblée commence donc à prendre des rendez-vous. Il voit des personnalités de droite : le président LR de la région Hauts-de-France, Xavier Bertrand, et le député LR Philippe Juvin. D'autres du bloc central, comme le haut-commissaire au Plan François Bayrou. Mais surtout, des politiques de gauche. À commencer par Lucie Castets, qui fut, pendant quelques semaines, la femme désignée par le NFP pour être la Première ministre de la gauche. Il rencontre des communistes, comme l'ancien candidat à l'élection présidentielle Fabien Roussel, ou le patron du groupe à l'Assemblée, André Chassaigne. Des écologistes, comme Yannick Jadot, la chef de file des Verts, Marine Tondelier, ou encore le vice-président de l'Assemblée, Jérémie Iordanoff. Mais aussi, et surtout, des socialistes : le premier secrétaire Olivier Faure, les présidents des groupes à l'Assemblée et au Sénat Boris Vallaud et Patrick Kanner, l'ancien président de la République François Hollande. Il voit aussi Éric Lombard, patron de la Caisse des dépôts. C'est d'ailleurs lui qui lui a conseillé de prendre rendez-vous avec Olivier Faure. « Tu devrais lui parler, il n'est pas du tout la caricature qu'on fait de lui. À la base, c'est un vrai rocardien », lui souffle-t-il.

Lors d'un déplacement présidentiel au Canada, fin septembre, Roland Lescure évoque une première fois sa démarche avec le président de la République. Il lui raconte ses rendez-vous, son idée de coalition, sa volonté de discuter avec tout le monde pour tenter de créer des ponts. Dans l'avion mais aussi sur place, ils discutent de la situation politique française. « Je ne suis à aucun moment dans la logique d'être nommé pour Matignon. Je plaide pour Bernard Cazeneuve », se souvient-il. Mais tout cela reste très théorique. Le Premier ministre, Michel Barnier, est encore en poste et tente alors, avec la bienveillance du RN, de faire adopter un budget.

Quelques semaines plus tard, les choses se précipitent. Le gouvernement de Michel Barnier est brusquement censuré. Le chef de l'État est obligé de trouver une solution. Roland Lescure en est persuadé : la gauche doit absolument faire partie de la prochaine coalition gouvernementale. Il poursuit donc ses échanges téléphoniques, notamment avec Olivier Faure. « Si tu veux qu'on avance, il y a un certain nombre de choses à dire. Il faudrait que tu fasses un pas », lui conseille même Roland Lescure le 6 décembre, avant que le premier secrétaire du PS ne déclare, quelques minutes plus tard sur la matinale de France Info, être prêt à discuter avec les macronistes et LR sur la base de « concessions réciproques ». La portée de cette déclaration est immense pour le parti à la rose, jusqu'ici très fermé à toute coalition avec les macronistes. L'interview fait grand bruit. Roland Lescure envoie un petit message à Emmanuel Macron : « Fais-toi débriefer l'interview d'Olivier Faure, il vient de faire un pas très important. Et dans l'idéal, ne laisse pas de côté les écologistes et les communistes, car eux aussi semblent prêts à bouger. »

Quelques jours plus tard, Roland Lescure se rend à l'Élysée : il doit assister à la remise de la Légion d'honneur de l'entrepreneur québécois Serge Godin. Depuis plusieurs jours, son nom circule pour succéder à Michel Barnier. Mais lui n'en tient pas compte. « Cela n'existe pas », répète-t-il d'ailleurs à ceux qui lui posent la question. Ce n'est pas la première fois, et sans doute pas la dernière, qu'il est cité pour Matignon. Il sait la marche presque inatteignable. Mais il imagine quand même que cette cérémonie au palais de l'Élysée pourrait être l'occasion d'un entretien avec le chef de l'État.

De très nombreux dirigeants d'entreprise sont présents. Le vice-président de l'Assemblée nationale discute avec les uns et les autres quand, soudain, son téléphone sonne. À l'autre bout du fil, le secrétaire particulier d'Emmanuel Macron. « Le président aimerait vous voir à l'issue de la décoration. » Quelques minutes plus tard, Roland Lescure pénètre donc dans son bureau. L'entretien dure une bonne heure durant laquelle les deux hommes échangent sur la situation politique. « En janvier dernier, quand j'étais sorti du même endroit, je m'étais dit : "Cela n'arrivera pas." Cette fois-ci, je me dis : "Ah, là, c'est du sérieux." »

Le lendemain, les choses s'accélèrent. Le nom de Roland Lescure circule de plus en plus. Il est testé par l'Élysée dans les milieux économiques : auprès des chambres du commerce, du Medef, etc. Et la machine s'emballe. Le RN se lance dans une opération sabotage très coordonnée. Sur la plateforme X, les députés de Marine Le Pen publient tour à tour des posts pour dénigrer le vice-président de l'Assemblée, « fervent supporter de l'immigration » et « ouvertement anti-RN ». Une consigne directement donnée par leur patronne, qui n'apprécie pas du tout ce macroniste. L'aile droite du camp présidentiel s'active également pour s'opposer, dans les colonnes du *Figaro*[2] et sous couvert d'anonymat, à sa nomination. « Il y a une forme de tension physique, électrique, dans l'air », raconte Lescure, qui ferme alors complètement les écoutilles et ne répond plus aux élus ou journalistes qui le questionnent sur une éventuelle nomination.

« Je ne suis pas un énorme stressé mais là, j'ai quand même une grosse pression », se rappelle-t-il. Le président de la République écourte son voyage en Pologne, le nom du nouveau Premier ministre sera annoncé demain. Plus que jamais, Roland Lescure semble pouvoir y prétendre. « Ma femme me dit : "Waouh, c'est quoi ce délire, là, tu vas être nommé Premier ministre ?" » Toute la nuit, celui qui était encore ministre de l'Industrie il y a quelques mois

2. « Nouveau Premier ministre : reçu mercredi à l'Élysée, Roland Lescure fracture le camp Macron et provoque la colère de LR », *Le Figaro*, 13 décembre 2024.

cogite : en peu d'heures, ce qui lui semblait inenvisageable est devenu une possibilité très sérieuse. Le trac est omniprésent et l'empêche presque de fermer l'œil.

Le lendemain matin, le verdict est long à tomber. Roland Lescure suit tout cela d'un œil attentif, à distance, par voie de presse. Son nom apparaît à plusieurs reprises, comme celui du ministre de la Défense, Sébastien Lecornu. Mais c'est finalement François Bayrou qui s'attire les faveurs d'Emmanuel Macron. Alexis Kohler appelle le vice-président de l'Assemblée pour l'avertir de cette nomination quelques minutes avant qu'elle soit officielle. « Je ne saurai jamais si ça devait être moi. Dans tous les cas, je n'ai aucune aigreur, sourit Roland Lescure. Il m'est parfois arrivé d'être déçu quand je n'étais pas nommé ministre, mais là, je passe très vite à autre chose. Je me dis juste : "Waouh, j'ai failli être nommé Premier ministre." »

42

Grandes choses

Donald Trump, Elon Musk, Volodymyr Zelensky, Giorgia Meloni, le prince William… Tous ces dirigeants internationaux, et de très nombreux autres encore, viennent de s'asseoir dans la somptueuse cathédrale Notre-Dame de Paris. L'ambiance est joyeuse. Ce 7 décembre 2024, ils sont venus assister à un événement exceptionnel : la cérémonie de réouverture de l'édifice, en grande partie détruit par les flammes d'un gigantesque incendie en avril 2019. Cinq ans plus tard, l'incroyable église renaît donc de ses cendres. Une réussite pour le président de la République, Emmanuel Macron, qui avait fait la promesse de la reconstruire rapidement.

Michel Barnier, dont le gouvernement a été renversé il y a deux jours, est présent, ainsi que de très nombreuses personnalités politiques du pays. Son successeur est-il lui aussi dans la cathédrale ? Si, aux premiers rangs des dirigeants internationaux, on ne se soucie guère de celui qui deviendra le futur chef du gouvernement, parmi les personnalités politiques françaises, on ne parle presque que de ça. Plusieurs noms ont été évoqués ces derniers jours, parmi lesquels celui de François Bayrou, qui revient avec insistance. Le centriste assiste évidemment à l'événement aujourd'hui, assis à côté de l'ancien président de l'Assemblée nationale, Richard Ferrand.

Dans la salle, en attendant le début de la cérémonie, tout le monde se regarde, se salue, s'apostrophe. Le député macroniste de Paris, Sylvain Maillard, assis juste derrière François Bayrou, entame une discussion avec lui. La situation politique est évidemment au menu. « C'est dingue que ça n'avance pas alors que le président voulait aller vite. Ça traîne vachement… Tu as des nouvelles ? interroge le parlementaire.

— Pas pour l'instant malheureusement, répond le haut-commissaire au Plan.

— Honnêtement, tu as le profil qui correspond… » relance Sylvain Maillard. François Bayrou hoche la tête, marque un temps d'arrêt dans la discussion et lui lâche, avec une confiance déconcertante : « Qui d'autre que moi ? » Avant de regarder ailleurs, mettant ainsi fin à l'échange. Comme une évidence. Scotché, l'élu parisien reste bouche bée[1].

Pourtant, le nom du maire de Pau ne semble pas être celui qui a les faveurs du président de la République. Comme toujours, Emmanuel Macron fait durer le suspense. Il consulte, réfléchit et prend son temps. Son discret ministre des Armées, Sébastien Lecornu, semble

1. Scène rapportée à l'auteur par plusieurs témoins.

a priori le mieux placé. Et le nom de son ancien ministre de l'Industrie, Roland Lescure, a refait une apparition fracassante ces derniers jours. Pas de quoi troubler François Bayrou, qui croit en son étoile. Dans son bureau, au Plan, il reçoit ses plus proches pour leur demander des conseils. Et s'agacer de l'indécision du chef de l'État, qui semble, une nouvelle fois, rechigner à le nommer. Mais pas question, cette fois-ci, de rater le coche. François Bayrou affiche une détermination à toute épreuve.

Ce 12 décembre, veille de sa nomination, il s'entretient en tête à tête avec Richard Ramos, l'un de ses médiatiques députés. À peine son interlocuteur assis devant lui, François Bayrou lui lance, sans préliminaire : « Richard, tu es d'accord avec moi que je suis le seul qui peut être nommé ? Je suis la bonne personne, au bon moment. » La tension se lit sur son visage. Dans chacun de ses mots et de ses gestes. L'incertitude aussi. Et la détermination. Son interlocuteur va dans son sens. Parce qu'il n'a pas forcément le choix, et parce qu'il y croit sincèrement lui aussi. Oui, François Bayrou est à ses yeux la bonne personne. « Il faut quelqu'un qui puisse rassurer les Français par son expérience, mais aussi qui soit à équidistance entre la gauche et la droite et qui puisse parler avec Marine Le Pen. Tu as appelé à voter Hollande contre Sarkozy et tu as donné ton parrainage à Marine Le Pen pour la présidentielle. C'est forcément toi ! »

François Bayrou le relance, lucide : « De toute façon, les choses sont très claires. On est trois : c'est soit moi, soit Lecornu, soit… euh, comment il s'appelle déjà ?

— Lescure ?

— Ah oui, Roland Lescure, voilà »[2].

À 73 ans, les enjeux sont immenses pour François Bayrou. Il est en plus celui, qui, en 2017, aura largement participé par son soutien à faire élire Emmanuel Macron. Et qui ne l'aura jamais quitté depuis. Pourtant depuis quelques jours, le président est mutique. Il ne donne aucun indice quant à sa décision. Et ne tient pas informé François Bayrou de ses hésitations. Le Béarnais en est désormais persuadé, le chef de l'État lui a encore préféré quelqu'un d'autre. Emmanuel Macron va choisir Sébastien Lecornu, pense-t-il. Aux alentours de minuit, François Bayrou, de très mauvaise humeur, appelle l'un de ses plus proches, le patron du groupe Modem à l'Assemblée, Marc Fesneau. « Alors, tu as des nouvelles ? l'interroge ce dernier.

— Non. Ce sera sûrement demain. Je pense que je ne vais pas être nommé. (Avant d'ajouter, menaçant :) Il fait des choix. Nous aussi, on en fera[3]. »

La nuit a été mauvaise. Et la journée commence mal : François Bayrou est convoqué à l'Élysée. Une nouvelle fois, il s'apprête à passer à côté de Matignon. Il a déjà préparé son argumentaire pour tenter de convaincre le président de la République qu'il commet une erreur. Comme prévu, le couperet tombe. Dans le huis clos de son bureau, Emmanuel Macron lui fait

2. Échange relaté par Richard Ramos lors d'un entretien, 30 avril 2025.

3. Propos rapportés à l'auteur par plusieurs sources.

comprendre qu'il ne sera pas nommé. Sans prononcer de nom, il lui suggère que le poste reviendra à son ministre des Armées, Sébastien Lecornu. S'ensuit un échange qu'aucune autre personne que les deux témoins ne peut fidèlement raconter. « Je suis venu avec vous pour faire de grandes choses ensemble, pas des petites choses. Si vous souhaitez faire des petites choses, je vous quitte, lui lance notamment le Béarnais avant d'affirmer, un peu plus tard : Si vous ne me nommez pas, vous allez droit dans le mur[4] ». « N'importe qui d'autre serait rentré dans le rapport de force avec le président. Bayrou ne fait pas tout à fait ça. Il prend en compte le président et c'est ça qui fait la différence[5] », loue son ami du Modem Richard Ramos.

Pour l'instant, ces mots ne semblent toutefois pas infléchir le chef de l'État. François Bayrou finit par quitter l'Élysée, fâché et plus certain que jamais qu'Emmanuel Macron ne le choisira pas. Il passe plusieurs coups de téléphone pour en avertir quelques proches et se mure dans le silence. Pendant ce temps, le nom de Sébastien Lecornu fuite déjà dans les médias. Mais rien ne semble tout à fait définitif. Emmanuel Macron doit décorer Thomas Barr, le président du Comité international olympique (CIO). Prendra-t-il sa décision avant la cérémonie ? Une heure à peine après qu'ils se sont quittés, le téléphone de François Bayrou, qui n'arrête pas de sonner, affiche cette fois-ci le nom du chef de l'État. Il répond. « Je vais

4. *Ibid.*
5. Entretien avec Richard Ramos, 30 avril 2025.

vous nommer Premier ministre, lui annonce-t-il. Je vais vous nommer, et il n'a jamais été question de quelqu'un d'autre. Je voulais juste voir comment vous réagissiez au fait que vous ne soyez pas nommé[6] ! » ajoute-t-il. Quelques minutes plus tard, un communiqué officiel de l'Élysée est envoyé : « Le président de la République a nommé M. François Bayrou Premier ministre, et l'a chargé de former un gouvernement. »

6. Propos rapportés à l'auteur par plusieurs sources.

43

Couacs

Mi-décembre 2024 – Entre Pau et Paris

« Si ça se trouve, il ne va même pas passer Noël[1]. » À peine nommé, déjà dans la tourmente. En quelques jours, François Bayrou aura réussi l'exploit de faire presque l'unanimité contre lui. D'abord, en se rendant à Pau, la ville dont il est maire, quelques jours après sa nomination, pour assister à un conseil municipal. Ce, en utilisant un avion Falcon 7X présidentiel, au moment même où le cyclone Chido vient de dévaster l'archipel de Mayotte. « Quelle grotesque erreur, s'étouffe un cadre macroniste avant d'ajouter : Faire ça au lendemain de sa nomination, aux frais du contribuable, et alors que les gens meurent à Mayotte. C'est d'une indécence et d'un amateurisme confondants[2]. »

1. Échange informel avec un député Renaissance, décembre 2024.
2. Entretien avec un cadre macroniste, décembre 2024.

Mais cela ne fait que commencer. À Pau, François Bayrou affiche sa volonté de revenir sur l'interdiction du cumul des mandats pour les parlementaires. « Une erreur[3] », plaide-t-il, alors que lui-même avait défendu cette interdiction pendant des années. Lors d'un point presse organisé à la va-vite, le nouveau chef du gouvernement s'emmêle d'ailleurs les pinceaux sur le sujet, ne se rappelant plus très bien s'il avait, ou non, défendu le non-cumul des mandats. « J'ai éteint ma télévision tellement j'étais gêné », avoue, presque honteux, un député Renaissance. Un autre collègue abonde, ironique : « Quelle sera votre première grande décision politique si vous êtes nommé Premier ministre ? » interroge-t-il, avant de répondre lui-même, très sarcastique, en imitant le débit de parole et la voix du Béarnais : « Je reviendrai, euh, sur l'interdiction du cumul, euh, des mandats »[4].

Sur Mayotte, la polémique ne faiblit pas. Le Premier ministre la ravive d'ailleurs lui-même, lors de sa première séance de questions au gouvernement, où il se retrouve seul face aux députés. Il est interpellé par le député écologiste Steevy Gustave sur sa présence dans les Pyrénées-Atlantiques plutôt que sur le sol du territoire d'outre-mer. « Pendant que Mayotte pleure ses morts et cherche ses disparus, que tant de citoyens se mobilisent, il nous est incompréhensible que vous ayez privilégié un conseil municipal, Monsieur le

3. Déclaration de François Bayrou devant la presse, 17 décembre 2024.

4. Entretien avec un député Renaissance, 20 décembre 2024.

Premier ministre, plutôt que de vous rendre sur place. Ce choix vous engage. Que doit penser le peuple mahorais d'un gouvernement qui regarde ailleurs pendant qu'il souffre ? » interroge le parlementaire. Et François Bayrou de répondre, de manière très décousue, puis de lâcher : « Il n'est pas d'usage que le Premier ministre et le président quittent en même temps le territoire national »[5].

Une réponse qui provoque un tollé dans l'Hémicycle. « Mayotte est en France[6] », lui crient plusieurs députés, sur les bancs de la gauche, pendant que, dans les rangs des troupes présidentielles, on pianote presque honteusement sur son téléphone portable. « Je n'ai même pas entendu cette phrase, s'amuse une élue Horizons. J'essayais de me concentrer mais je n'arrivais même pas à l'écouter quinze secondes sans décrocher[7]. » « C'était drôle à voir. Les macronistes pensaient qu'il tenait au moins un peu la route. La sidération, quand il a expliqué que Mayotte n'était pas sur le territoire national… Ils étaient désespérés, ça se voyait sur leur visage[8] », confie, moqueuse, la présidente du groupe LFI, Mathilde Panot, quelques minutes après. Les fêtes de fin d'année et la nomination de son gouvernement aideront François Bayrou à sortir de cette mauvaise passe.

5. Questions au gouvernement du 17 décembre 2024.
6. Propos entendus par l'auteur, présent en tribune presse dans l'Hémicycle ce jour-là.
7. Entretien avec une députée Horizons, fin 2024.
8. Entretien avec Mathilde Panot, 19 décembre 2024.

44

Poids lourds

Chaque changement de gouvernement fait son lot de déçus. Et chaque période de latence entre la nomination d'un Premier ministre et celle de son futur gouvernement voit en coulisse les élus des camps concernés s'activer dans d'intenses tractations. Il y a ceux qui veulent absolument en être, ceux que le Premier ministre veut absolument, et, finalement, le casting des « heureux élus », toujours largement commenté dans la presse. La formation du gouvernement Bayrou ne fait pas exception. Parmi les ministres renversés en même temps que Michel Barnier par le vote de la motion de censure, peu sont certains d'être sauvés. Mais beaucoup font tout de même campagne pour faire partie de la nouvelle aventure. Nul ne sait quelles sont les intentions exactes du nouveau Premier ministre, mais chacun lui fait, plus ou moins subtilement, ses offres de service.

François Bayrou doit composer avec les quatre entités faisant désormais partie du socle commun : les macronistes de Renaissance, les philippistes d'Horizons, la droite LR et les démocrates-chrétiens du Modem. Il doit également tenter de donner des gages à la gauche en débauchant quelques personnalités marquées sociales-démocrates. L'équation est complexe. « Ne vous attendez pas à grand-chose. Parce que c'est François Bayrou et qu'il est de notre camp, ce sera forcément moins bien pour nous. C'est nous qu'il devra sacrifier[1] », prévient d'ailleurs tout de suite le président du groupe Modem Marc Fesneau à l'intention de ses députés qui se voyaient déjà devenir ministres.

Malgré tout, dans chaque camp, on espère de toutes ses forces être choisi. Ceux qui hier disaient du mal de François Bayrou se font soudain beaucoup plus discrets. Voire se mettent à en faire l'éloge dans les médias, ou même en « off » auprès des journalistes. Comme cet ancien ministre du gouvernement Barnier, souvent très critique, voire parfois haineux vis-à-vis de François Bayrou, qui, du jour au lendemain, en dit le plus grand bien dans la presse. Et si officiellement, tous prétendent qu'ils ne « demandent rien » ou « ne souhaitent pas forcément faire partie du gouvernement », la vérité est qu'une grande partie n'espèrent qu'une chose : en être, peu importe le maroquin. Les conseillers parlementaires des élus ciblés s'activent à longueur de journée pour tenter de glaner la moindre information qui permettrait de savoir si leur patron est en bonne position. « On n'en peut plus de l'Assemblée, il faut qu'il soit nommé

1. Entretien avec Marc Fesneau, 29 janvier 2025.

quelque part, on a besoin d'un peu d'action[2] », espère à voix haute un attaché parlementaire.

Il y a quelques mois, au moment de se séparer des anciens ministres de Gabriel Attal, Michel Barnier les avait appelés un par un pour les prévenir, soit qu'il avait quelque chose à leur proposer, soit qu'il ne pourrait malheureusement pas les conserver. « Il avait fait preuve d'une rare élégance[3] », se remémore un cadre macroniste. Ce que n'a pas fait François Bayrou. Le ministre de la Fonction publique sortant, Guillaume Kasbarian[4], en a notamment fait les frais. Il est 16 h 30 ce lundi 23 décembre. Dans le sous-sol de Beauvau, plusieurs ministres démissionnaires sont réunis pour évoquer la situation sanitaire catastrophique de Mayotte après le passage du cyclone Chido. L'annonce du futur gouvernement est imminente. Le Premier ministre lui-même est présent, accompagné de plusieurs des anciens ministres de Michel Barnier, dont Guillaume Kasbarian, qui assurent l'intérim, en attendant le nouvel exécutif.

En pleine réunion, tous les téléphones reçoivent soudain la même alerte, envoyée par les sites d'actualité : « Le gouvernement de François Bayrou sera annoncé aujourd'hui à 18 h 30. » Dans deux petites heures. Guillaume Kasbarian esquisse un sourire. Il ne s'attend pas à être dans la liste. Mais tout de même, le

---

2. Échange informel entre un attaché parlementaire, fin décembre 2025.

3. Entretien avec un député macroniste, début 2025.

4. Tous les échanges qui concernent Guillaume Kasbarian dans ce chapitre sont tirées d'un entretien, 9 avril 2025.

chef du gouvernement aurait pu prendre la peine de l'appeler pour le lui signifier. Après la nomination du nouveau Premier ministre, il lui a fait une note sur ce qu'il avait fait au sein du ministère de la Fonction publique, les chantiers en cours, à venir. Il avait agi de même lors de la nomination de Michel Barnier, quelques mois plus tôt, alors qu'il était chargé du Logement. « Bien pris, merci », lui avait alors répondu le nouvel hôte de Matignon, avant de lui proposer la Fonction publique, quelques jours plus tard. François Bayrou, lui, n'a pas même répondu. « J'ai eu beau chercher un canal de contact avec lui : impossible », raconte Guillaume Kasbarian.

Gabriel Attal et Alain Madelin, dont il est proche, ont tous les deux poussé auprès du Premier ministre pour qu'il le conserve. Mais Guillaume Kasbarian ne se fait pas d'illusion. « François Bayrou trouve que je suis trop libéral, réformateur et abrasif vis-à-vis des syndicats. Il craint que ma personnalité soit trop clivante avec la gauche, qu'il veut aller chercher pour ne pas se faire censurer sur le budget. Stratégiquement, c'est cohérent », admet-il. Seulement, à deux heures de l'annonce du nouveau gouvernement et alors que le Premier ministre est assis juste en face de lui, Guillaume Kasbarian trouve cocasse que personne n'ait pris la peine de le prévenir qu'il ne serait pas nommé. « Je me dis que si ça se trouve, on va apprendre le remaniement pendant ce Conseil de sécurité et que les huissiers vont venir chercher ceux qui n'ont pas été renommés et leur demander de partir », s'amuse-t-il.

Quand tout à coup, son téléphone sonne : Alexis Kohler, secrétaire général de l'Élysée, l'appelle. Il se lève, sort de la salle, et répond. « On a essayé de te garder mais Bayrou ne veut vraiment pas », lui explique-t-il en substance. Pas de surprise. Guillaume Kasbarian remercie Alexis Kohler, puis retourne s'asseoir en sachant que, lorsqu'il sortira de cette réunion, il ne sera plus ministre. Ce n'est qu'une bonne heure et demie plus tard qu'il recevra finalement un coup de fil du cabinet de François Bayrou.

« Vous avez vu le Premier ministre ?

— Oui, à la réunion sur Mayotte.

— Ah... Il ne vous a pas parlé ?

— Ne vous inquiétez pas, l'Élysée a fait le travail à votre place. Comptez en tout cas sur mon activisme lorsque je serai de retour à l'Assemblée. »

Guillaume Kasbarian n'est pas le seul à faire les frais de ce nouveau gouvernement. Tous les proches de Gabriel Attal sont remerciés. Ce dernier s'était pourtant battu afin que certains puissent de nouveau faire partie de l'aventure, en échangeant à plusieurs reprises avec François Bayrou et en poussant plusieurs noms, parmi lesquels ceux d'Anne Genetet ou d'Antoine Armand. « Ça avance bien. Armand, tu peux lui dire que c'est OK, il sera au gouvernement[5] », lui certifie le Premier ministre quelques jours avant l'annonce de la liste. Puis, plus de son ni d'image jusqu'à ce 23 décembre, où Gabriel Attal suit de loin les allées et venues du nouveau Premier ministre entre l'Élysée et

5. Propos rapportés à l'auteur par plusieurs sources.

Matignon. À 18 heures, une petite demi-heure seulement avant l'annonce officielle, le nom de François Bayrou s'affiche finalement sur son téléphone. D'une voix blanche, celui-ci lui annonce : « Je suis désolé, je sais que je m'étais engagé sur plusieurs noms, mais malheureusement, je ne vais pas pouvoir les prendre dans mon gouvernement.

— Comment ça, mais pour quelle raison ?

— Le président de la République m'a demandé expressément qu'aucun de tes proches n'y figure.

— Mais c'est complètement anormal !

— Je sais, mais il est obsessionnel contre toi[6]. »

À 18 h 30, le gouvernement Bayrou est annoncé, comme prévu. Avec le retour de deux anciens Premiers ministres, Élisabeth Borne à l'Éducation nationale et Manuel Valls aux Outre-mer, Gérald Darmanin à la Justice, Bruno Retailleau à Beauvau, Éric Lombard à l'Économie. Un gouvernement de poids lourds. Qui va devoir habilement manœuvrer pour tenir plus longtemps que le précédent.

---

6. *Ibid.*

45

Voie de passage

13 janvier, début de soirée – Hôtel de Matignon

Il fait déjà nuit, ce 13 janvier, aux abords de l'hôtel de Matignon. Les trois socialistes Olivier Faure, Patrick Kanner et Boris Vallaud s'amusent, tel des adolescents, de la ruse qu'ils doivent opérer pour parvenir à ne pas se faire repérer par les journalistes qui rôdent à proximité de la résidence du Premier ministre. Les consignes ont été claires : cette fois-ci, ils doivent pénétrer dans l'enceinte par une entrée encore plus secrète que d'habitude, en passant par un bâtiment administratif de Matignon, puis par un chemin dérobé les menant au jardin. Le rendez-vous est ultraconfidentiel[1], il va se dérouler dans le petit pavillon de musique, une bâtisse que les Premiers ministres affectionnent depuis toujours pour la discrétion qu'elle offre, leur permettant

1. Toutes les scènes racontées dans ce chapitre ont été rapportées à l'auteur par plusieurs sources présentes ce jour-là.

de rencontrer certains de leurs interlocuteurs à l'abri des regards.

Au bout de quelques minutes, les trois hommes parviennent enfin, sans s'être fait repérer, au lieu indiqué. Quelques minutes plus tard, François Bayrou les rejoint, accompagné par son ministre de l'Économie, Éric Lombard, et sa ministre des Comptes publics, Amélie de Montchalin. Pour les trois patrons du PS, l'objectif est clair : obtenir des trois ministres une suspension de la réforme des retraites en échange d'un accord de non-censure. Ces dernières semaines, et plus encore ces derniers jours, l'exécutif a semblé faire preuve d'ouverture. Désormais, à la veille du discours de politique générale de François Bayrou, il s'agit pour les socialistes d'obtenir des garanties.

Pendant une heure, les six personnalités échangent à bâtons rompus. François Bayrou le leur répète à plusieurs reprises : il ne suspendra pas la réforme des retraites adoptée en 2023 alors qu'Élisabeth Borne occupait le poste de Première ministre. Mais il peut leur promettre une concertation sociale, sorte de conclave où les syndicats et le patronat se retrouveraient pour rediscuter de cette réforme et tenter de trouver un autre accord. Ce n'est pas assez, estiment les membres du PS. Ils veulent plus et tentent de convaincre le Premier ministre. « On se heurte à un mur, il ne veut pas suspendre la réforme des retraites. C'est un non clair et net[2] », se remémore Patrick Kanner.

2. Toutes les citations de Patrick Kanner dans ce chapitre sont tirées d'un entretien avec l'auteur, avril 2025.

Les socialistes estiment que François Bayrou les « balade » et tente de les endormir avec ce conclave qui ne mènera probablement à rien.

Au bout d'une heure, François Bayrou doit interrompre la réunion. Il est attendu pour dîner avec le président de la République, à l'Élysée. Éric Lombard et Amélie de Montchalin lui emboîtent le pas. La négociation a échoué. Pour l'instant. Les trois socialistes restent là, dans cette petite salle aux fauteuils circulaires bleus. Il fait froid. Tous se rapprochent donc du feu de cheminée qui crépite à quelques mètres d'eux. Ils en sont conscients : ils sont pour l'instant dans une impasse. Après être allés aussi loin dans les négociations et dans le dialogue avec le gouvernement, ils ne peuvent faire machine arrière. Il leur faut obtenir une véritable victoire sur la réforme des retraites pour pouvoir justifier la non-censure.

Collectivement, ils se mettent à réfléchir. Depuis quelques mois, les trois socialistes, qui n'ont pas forcément les mêmes sensibilités ni les mêmes caractères, se rendent ensemble à ce genre de rendez-vous. Leurs rapports sont donc plutôt fluides. « On ne peut accepter un conclave qui dure des mois et qui n'aboutit pas, on cherche donc une solution alternative. Et on arrive finalement à l'idée d'une concertation sociale très courte, d'un seul mois. C'est comme une suspension car ça va aller très vite et ça empêche le dossier de se fermer », se souvient Patrick Kanner. L'idée est collective. Reste désormais à se répartir le travail pour parvenir à faire réussir cette négociation.

Chacun aura une mission. Boris Vallaud et Olivier Faure vont passer des coups de téléphone auprès des syndicats pour expliquer l'idée et leur demander ce qu'ils en pensent. Patrick Kanner, lui, doit appeler François Hollande pour lui soumettre l'idée et recueillir son avis d'ancien président. À 21 heures, le trio sort du petit pavillon de musique : ils ont quelques heures pour tester et proposer un nouveau consensus. Patrick Kanner joint immédiatement François Hollande et lui explique la démarche. « Un mois, c'est beaucoup trop court, trop violent. Il vaut mieux proposer trois mois[3] », conseille l'ancien chef de l'État, qui propose d'appeler lui-même François Bayrou pour lui soumettre l'idée.

Ce qu'il fait quelques minutes plus tard. Le Premier ministre est partant. Les syndicats aussi. Il est entre minuit et 1 heure du matin et les trois socialistes tiennent leur accord avec le chef du gouvernement. « Trois mois, ça veut dire que ça se termine en mai. Ensuite, on a juin et juillet pour modifier le texte avant une mise en œuvre pour début septembre », anticipe Patrick Kanner. Désormais, charge au Premier ministre de l'annoncer, dans quelques heures, aux parlementaires et aux Français lors de son discours de politique générale.

---

3. Propos confirmés à l'auteur par plusieurs sources.

46

Les bons comptes font les bons amis

14 janvier – Hémicycle de l'Assemblée nationale

Les socialistes sont confortablement installés sur leur siège, dans l'hémicycle de l'Assemblée nationale. Ils attendent, en discutant, l'arrivée du Premier ministre. L'atmosphère est plutôt bonne. Depuis plusieurs jours déjà, les négociations avec le gouvernement de François Bayrou se sont intensifiées en vue des deux textes budgétaires. Les ministres de l'Économie, Éric Lombard, et des Comptes publics, Amélie de Montchalin, ont reçu les différentes forces politiques de gauche. Objectif ? Tenter de leur offrir quelques concessions pour négocier un accord de non-censure et ainsi éviter la chute du gouvernement. À quelques minutes du discours de politique de François Bayrou, Olivier Faure, Boris Vallaud, Jérôme Guedj et Philippe Brun, quatre des négociateurs socialistes, sont plutôt optimistes. En coulisse, ils ont obtenu certaines garanties. Ils attendent notamment un recul du Premier ministre sur la question de la réforme des retraites, totem macroniste depuis son adoption contestée en 2023. Une majeure partie du groupe socialiste, très remonté lors de la nomination de François Bayrou juste avant Noël, a désormais changé de tonalité et semble prête à ne pas voter de censure, « *a priori* ». Ce, alors que les Insoumis ont d'ores et déjà annoncé qu'ils déposeraient, immédiatement après le discours du nouveau chef du gouvernement, une première motion de censure spontanée.

Le matin même, en réunion de groupe, Boris Vallaud comme Olivier Faure, au courant de l'avancée des négociations, ont plaidé pour la non-censure[1]. Si et seulement si François Bayrou annonce officiellement ce que ces derniers pensent avoir obtenu. François Hollande fait également une intervention très remarquée. « Il faut que nous ayons des victoires. Nous devons montrer que le PS sert à quelque chose et qu'il est utile[2] », a-t-il notamment lancé. Un argument qui en a convaincu plus d'un. « Honnêtement, je voulais censurer et son argument m'a fait basculer. Je suis désormais convaincu qu'il ne faut pas voter cette censure[3] », admet un député.

Dans l'Hémicycle, le Premier ministre prend la parole. Immédiatement, c'est la « douche froide[4] »

1. Propos rapportés à l'auteur par plusieurs sources.
2. Propos rapportés à l'auteur par plusieurs sources et confirmés par François Hollande en 2025.
3. Échange informel avec un député socialiste, mi-janvier 2025.
4. Échange de SMS avec un député PS pendant la déclaration de politique générale de François Bayrou, 14 janvier 2025.

pour les socialistes. Alors qu'ils s'attendaient à une suspension provisoire de la réforme des retraites, François Bayrou se contente de dire qu'il souhaite « remettre ce sujet en chantier avec les partenaires sociaux, pour un temps bref et dans des conditions transparentes[5] ». Afin de disposer de « chiffres indiscutables », il annonce la création d'une « mission flash » de « quelques semaines » à la Cour des comptes, puis, de réunions des partenaires sociaux, en conclave, pour tenter de réviser la réforme. « Si la délégation trouve un accord d'équilibre et de meilleure justice, nous l'adopterons. Le Parlement en sera saisi lors du prochain projet de loi de financement [de la Sécurité sociale] », à l'automne « ou avant, et si nécessaire, par une loi », promet-il. Dans le cas contraire : c'est « la réforme actuelle qui continuerait à s'appliquer ».

Sur les bancs des élus à la rose, les visages se décomposent au fil de la déclaration. Boris Vallaud et Olivier Faure se regardent, comme médusés, et échangent quelques mots. « Qu'est-ce que c'est que ce bordel ? Il nous prend pour des cons[6] ? » interroge l'un d'entre eux, en regardant son chef de groupe, Boris Vallaud. Jérôme Guedj pianote sur son téléphone portable. « On est en train de perdre le groupe qu'on avait réussi à faire atterrir sur une position commune. La seule solution maintenant est que Boris pose une question précise et que le Premier ministre soit plus clair[7] »,

5. Tous les propos qui suivent ont été tenus par François Bayrou au moment de sa déclaration de politique générale.

6. Propos rapportés à l'auteur par plusieurs sources.

7. SMS rapporté par un témoin direct, 14 janvier 2025.

écrit-il. Le message est destiné au ministre de l'Économie, Éric Lombard. François Hollande aussi s'impatiente. Il fait parvenir, par un huissier, une petite lettre au même ministre de l'Économie. Sur la boucle WhatsApp des députés PS, c'est la stupéfaction. « On se rend compte qu'entre les négociations, nos discussions de ce matin avec l'exécutif et le discours, il y a un sacré décalage. Le groupe est complètement déboussolé, tout le monde est en train de se retourner, raconte la députée socialiste Ayda Hadizadeh. C'est un discours classiquement de droite, mais surtout, il ferme la négociation sur la réforme des retraites et ce n'est pas ce qui était prévu[8] », peste-t-elle encore.

Les socialistes quittent l'Hémicycle dès la fin de la prise de parole du Premier ministre. Ils doivent collectivement réfléchir : quelles questions poser à François Bayrou pour lui permettre de rectifier le tir ? Le discours déjà préparé par Boris Vallaud doit être en partie réécrit. En sortant de l'enceinte parlementaire, ils croisent un élu communiste plutôt partisan de la non-censure, Emmanuel Maurel. Dans le même état qu'eux, le député leur lâche, dépité : « Je suis très emmerdé, je n'ai aucun argument pour ne pas voter la censure[9]. » Les socialistes, eux, tombent d'accord : ne pas montrer les crocs mais essayer d'obtenir des garanties supplémentaires. Quelques minutes plus tard, Boris Vallaud pose de nombreuses questions au Premier ministre à la fin de sa prise de parole. Que

8. Entretien téléphonique d'Ayda Hadizadeh, 17 janvier 2025.
9. Propos rapportés à l'auteur par plusieurs sources.

souhaite faire le chef du gouvernement concernant la suppression des 4 000 postes dans l'Éducation nationale, sur la réforme des retraites, sur la contribution des hauts patrimoines ou sur la taxe sur les transactions financières ? « À vous écouter, je dois vous dire que le compte n'y est pas. Où sont vos compromis[10] ? » s'enquiert-il.

Une bonne demi-heure plus tard, François Bayrou reprend à son tour la parole pour répondre à chaque orateur, dont Boris Vallaud. Une prise de parole poussive, approximative et même presque incompréhensible qui ne donne aucune précision aux socialistes sur les différents points évoqués par le président du groupe PS. Qui restera donc, comme tous ses députés, sur sa faim…

10. Propos tenus par Boris Vallaud à la tribune de l'Hémicycle le jour de la déclaration de politique générale de François Bayrou.

47

Les mauvais comptes

15 janvier – Assemblée nationale

Les socialistes ne sont toujours pas satisfaits. Et ils comptent bien le faire savoir au Premier ministre. Ce mercredi 15 janvier 2025, l'Hémicycle est quasiment vide pour cette séance de questions au gouvernement. Mais les députés du parti à la rose, eux, sont venus en nombre. Ils savent le moment important. Olivier Faure, leur premier secrétaire, va demander des clarifications à François Bayrou, car, au sein de son groupe, tous estiment que les concessions annoncées la veille ne sont pas suffisantes. « Nous sommes dans l'opposition, mais nous avons fait un choix : celui de rechercher un compromis. Nous avons beaucoup discuté avec vos ministres et vous-même[1] », introduit Olivier Faure, debout, dans l'hémicycle de l'Assemblée. Il poursuit :

1. Toutes les citations d'Olivier Faure qui suivent sont tirées de sa question au gouvernement, 15 janvier 2025.

« La clé de voûte de cette discussion, c'est la réforme des retraites. [...] La conférence sociale ne peut pas se clore par un accord ou le retour à la réforme de 2023. Pour nous, socialistes, le *statu quo* n'est pas possible. » Avant d'avertir : « C'est pourquoi, même dans le cas où syndicats et patronat ne trouveraient pas d'accord, il reviendra à la démocratie parlementaire de s'exprimer. Le Parlement doit avoir dans ce cas le dernier mot. » Et de conclure : « À ce stade, Monsieur le Premier ministre, le compte n'y est pas et vous savez que cette question conditionnera notre réponse demain après la censure qui a été déposée. »

Les élus socialistes applaudissent à l'unisson. Et se tournent vers le Premier ministre, dont la réponse est très attendue. Le conseiller spécial de François Bayrou lui tend une petite fiche comportant des éléments de réponse très précis, préparés à l'avance, fait rarissime, en concertation avec les socialistes. Mais ce dernier refuse de la saisir et se lève pour prendre la parole, sans aucune note. Il commence par saluer « l'effort réciproque » des socialistes comme du gouvernement « de voir s'il était possible de progresser ». Puis en vient rapidement à la conférence sociale qui concerne la réforme des retraites. « Il existe trois possibilités : soit un accord se dégage naturellement. Il fera alors l'objet d'un texte, introduit-il. S'il n'y a aucune sorte d'accord, c'est la réforme précédente qui continuera à fonctionner. Il est probable qu'il se produise une situation dans laquelle des marges de progression auront été identifiées sans qu'il y ait un accord général. Si c'est le cas, nous proposerons un texte qui reprendra ces adaptations et ces progrès et nous les proposerons à l'Assemblée[2]. » Sur les bancs socialistes, l'ancien président de la République François Hollande et l'ancien ministre de la Santé macroniste Aurélien Rousseau opinent tous les deux. Un peu plus loin, les Insoumis se moquent des socialistes en applaudissant faussement. « Incroyable négociation[3] », raille notamment Mathilde Panot.

Olivier Faure n'est pas convaincu. François Hollande, un rang derrière lui mais complètement sur sa gauche, se tourne dans sa direction et lui lance, direct : « On a ce qu'on demandait, il faut prendre le point. » Le premier secrétaire lui répond, du tac au tac : « Non, ce n'est pas suffisant, je suis désolé, ce n'est pas ça qu'on demandait.

— Mais qu'est-ce que tu veux de plus ? le relance l'ancien président.

— Il n'en a pas dit assez »[4], estime Olivier Faure. Les deux hommes, dont les relations ne sont pas franchement amicales, entament une courte discussion avec Boris Vallaud, le président du groupe PS. « Ça bouge un peu[5] », admet celui-ci, situé juste derrière Olivier Faure. Mais toujours pas de quoi acter officiellement la non-censure, *a priori*. François Hollande, lui, est convaincu. Il lance à un autre député qui doute :

2. Réponse de François Bayrou à la question d'Olivier Faure dans l'Hémicycle, 15 janvier 2025.

3. Propos entendus par l'auteur, qui était en tribune presse ce jour-là.

4. Propos rapportés à l'auteur par plusieurs témoins.

5. Échange de SMS de Boris Vallaud, 15 janvier 2025.

« Mais qu'est-ce que vous voulez ? Qu'il y ait encore des élections dans trois mois ?

— Ce n'est pas un argument, ça, François, il ne faut pas que les gens croient qu'on veut juste sauver notre siège[6] », lui répond le parlementaire.

Les socialistes quittent la séance de questions au gouvernement dans le doute. Ils n'ont pas envie de censurer François Bayrou pour tout un tas de raisons. Mais ils sont très embêtés car, pour l'instant, ce dernier n'a pas donné officiellement les garanties que son ministre de l'Économie, Éric Lombard, leur avait pourtant promises. Certains d'entre eux croisent Élisabeth Borne, la ministre de l'Éducation nationale, à la sortie. Aurélien Rousseau, qui a été son directeur de cabinet à Matignon et qui a gardé des liens d'amitié avec elle malgré sa propre reconversion chez les socialistes, lui demande : « Tu vas confirmer la non-suppression des 4 000 postes dans l'Éducation nationale quand même ?

— Oui, je vais le faire[7] », le rassure-t-elle. Le PS est au moins tranquillisé sur ça.

Les députés socialistes se donnent rendez-vous quelques minutes plus tard pour rediscuter collectivement du sujet. Dans le huis clos de la réunion de groupe, chacun prend la parole pour expliquer sa position sur la censure et ses arguments. Boris Vallaud et Olivier Faure sont les premiers à s'exprimer. Ils sont atterrés. « Nous avons tout essayé pour être constructifs mais nous ne

---

6. Propos rapportés à l'auteur par plusieurs sources.

7. Propos rapportés à l'auteur par plusieurs élus présents lors de cette discussion.

sommes pas respectés. Il n'y a jamais rien de clair avec ce gouvernement, on ne peut pas leur faire confiance. Nous vous proposons, à date, de voter pour la censure[8] », plaident-ils communément. Le tour de parole est long, très long. Les avis sont très partagés.

Plusieurs députés favorables à la non-censure tiennent un discours très tranché. « On sent à ce moment-là qu'ils se sont organisés en coulisse, en parallèle des négociateurs officiels[9] », relate le député pro-censure Pierrick Courbon. Dans leur coin, certains élus pointent les pour et les contre, pour voir l'évolution du rapport de force, car Boris Vallaud et Olivier Faure ont décidé de ne pas faire de vote à main levée, afin de ne pas « faire exploser le groupe[10] », *dixit* un cadre. « À la fin, on se rend quand même tous compte que deux tiers d'entre nous sont pour la non-censure et seulement un tiers pour la censure[11] », relate un député. Ils se séparent sans prendre aucune décision, alors que le vote de la censure déposée par les Insoumis a lieu le lendemain.

---

8. Propos rapportés à l'auteur par plusieurs députés présents à cette réunion de groupe.
9. Entretien avec Pierrick Courbon, 21 janvier 2025.
10. Échange informel avec un cadre socialiste, 20 janvier 2025.
11. Entretien avec un député socialiste, 15 janvier 2025.

48

Non-censure

16 janvier – Palais-Bourbon

Il est midi à la buvette de l'Assemblée nationale. Les socialistes n'ont toujours pas officiellement acté leur position sur la motion de censure Insoumise, qu'ils vont devoir – ou non – voter cet après-midi. Jérôme Guedj, qui déjeune avec quelques collègues de son groupe, leur montre sur son téléphone le document qu'il a en sa possession : un courrier, adressé par le Premier ministre aux deux présidents de groupe socialistes de l'Assemblée et du Sénat ainsi qu'à Olivier Faure, dans lequel il liste les différents points sur lesquels le gouvernement consent à leur faire des concessions. Sur la réforme des retraites, il accède à la demande du PS : la concertation entre les syndicats et le patronat ne durera « pas plus de trois mois afin que le Parlement puisse être saisi le plus tôt possible d'un accord ».

Si ces derniers ne parviennent pas à un accord, précise la lettre : « Nous présenterons néanmoins les avancées issues des travaux des partenaires sociaux, sous réserve d'un accord politique et d'un équilibre financier global maintenu » sous forme d'un « nouveau projet de loi. » Elle vient confirmer toutes les autres concessions faites par le gouvernement aux socialistes. S'il elle n'était pas encore publique, Jérôme Guedj l'a obtenue par le biais d'un conseiller spécial du Premier ministre. Ce courrier a été coécrit par les négociateurs socialistes et par François Bayrou afin qu'il n'y ait aucune ambiguïté. Avant qu'il soit rendu public, les socialistes doivent en valider les formulations.

Un bureau national du PS est lancé pour discuter, en visioconférence, une dernière fois, de la non-censure. Et enfin s'accorder sur une position collective, à quelques heures du vote de la motion. Olivier Faure prend la parole et récapitule. Il n'évoque pas encore la fameuse lettre qui est en sa possession comme en celle des différents négociateurs. La tension est forte entre partisans de la censure et ceux, de plus en plus nombreux, qui plaident pour ne pas tenter de renverser le gouvernement Bayrou. Puis il lit, en direct, le courrier que s'apprête à publier le chef du gouvernement. La missive fait mouche : quelques minutes plus tard, le bureau politique tranche de manière nette et décide, par 59 voix contre 4, de ne pas voter la censure.

Encore faut-il que tous les élus du groupe PS de l'Assemblée acquiescent et suivent la décision du bureau national. Peu après, ils se réunissent autour de Boris Vallaud. Ce dernier leur annonce qu'après les dernières avancées, il défend désormais la non-censure.

« Maintenant, l'objectif, c'est qu'on ne se divise pas. Tout le monde doit voter dans le même sens[1] », réclame-t-il. Même chose pour le premier secrétaire, Olivier Faure. Mais certains ne sont pas très allants. « Je suis désolée, mais je ne pourrai pas vous suivre. Je dois voter cette censure. Je ne peux pas justifier de ne pas la voter. Je n'ai aucun argument à opposer à mes militants qui me demandent de la voter[2] », intervient Fatiha Keloua-Hachi, élue dans la Seine-Saint-Denis.

Pierrick Courbon, autre député socialiste pro-censure, s'exprime également, annonçant qu'il ne suivra pas la consigne de vote : « Dans les fédérations, la base militante est pour la censure. Nous prenons le risque de nous isoler de l'ensemble de nos partenaires de gauche[3]. » Même tonalité chez d'autres parlementaires, comme l'élu des Pyrénées-Atlantiques Iñaki Echaniz. « Je voterai la censure et j'en suis désolé. Vous pouvez me retirer mes responsabilités au sein du bureau de l'Assemblée si vous le souhaitez, je comprendrais[4] », prévient-il. « J'ai plaidé pour la censure depuis trois jours mais je suivrai l'avis du groupe[5] », concède en revanche le porte-parole Arthur Delaporte. Même si beaucoup vont dans leur sens, Boris Vallaud et Olivier Faure ne parviendront pas à convaincre tout le monde.

« Ce n'est pas parfait, mais ce n'est pas si mal. On a obtenu des victoires. Si on ne les revendique pas, qui

1. Propos rapportés à l'auteur par plusieurs participants.
2. *Ibid.*
3. Entretien avec Pierrick Courbon, 21 janvier 2025.
4. Propos rapportés à l'auteur par plusieurs participants.
5. *Ibid.*

va le faire à notre place ? » résume la députée socialiste Ayda Hadizadeh, qui hésitait, ces derniers jours, entre les deux options. Avant de se projeter : « Il y a certes la crainte d'être isolés au sein de la gauche, mais aussi que l'esprit de la non-censure gagne tout le PS et qu'on se retrouve à être la béquille de la macronie. Mais personnellement, comme beaucoup d'autres, je n'ai aucun problème à censurer Bayrou. » Et d'ajouter : « Si la crainte de certains, c'est que cette non-censure soit la victoire de la gauche molle de raison, de la stabilité pour la stabilité, la majeure partie des députés du groupe ne sont pas sur cette ligne-là »[6].

6. Entretien téléphonique avec Ayda Hadizadeh, 17 janvier 2025.

49

La bonne excuse

16 janvier – Hémicycle de l'Assemblée nationale

Dans le salon Delacroix, un écran retransmet le discours de l'Insoumis Manuel Bompard. Les débats sur la motion de censure déposée par le groupe LFI, les écologistes et les communistes ont commencé. Les socialistes, qui viennent juste de sortir de leur réunion de groupe, sont en retard. Leur entrée collective dans l'enceinte parlementaire pendant l'allocution du coordinateur national de LFI va probablement être très remarquée. François Hollande affiche un large sourire. « C'est très bien, je vais entrer dans l'Hémicycle et ils vont me huer. Ça sera un bon moment, j'ai hâte de vivre ça[1] ! » confie-t-il à l'un des députés socialistes alors qu'il pénètre dans le périmètre sacré. Plusieurs de ses collègues ont déjà commencé à rejoindre leur place, en évitant soigneusement l'escalier passant

1. Propos rapportés à l'auteur par plusieurs témoins.

à côté des députés Insoumis, de crainte de se faire alpaguer.

C'est au tour de François Hollande d'entrer dans l'Hémicycle, et contrairement à ses collègues, il emprunte volontairement l'escalier jouxtant les bancs de LFI, regardant un à un les députés mélenchonistes et saluant même ceux dont il croise le regard, comme la présidente de la Commission des affaires économiques, Aurélie Trouvé. Aucun sifflement, aucune interpellation[2]. « Je suis presque déçu[3] », glisse-t-il à l'un de ses voisins au moment de s'asseoir à sa place. Pendant ce temps, Manuel Bompard poursuit son discours tout en ne manquant pas d'égratigner les socialistes dont il fustige l'« irresponsabilité », les accusant de servir de « béquille »[4] à la politique macroniste.

Quelques minutes plus tard, François Bayrou monte à son tour à la tribune pour se défendre. Le Premier ministre sait qu'il est sauvé. Les socialistes, dans leur grande majorité, ne voteront pas la censure. Olivier Faure est d'ailleurs positionné juste en bas à droite de la tribune de l'Assemblée, à côté du rideau rouge qui marque l'entrée dans l'Hémicycle. Il attend son tour non sans appréhension pendant que François Bayrou poursuit sa défense. Une courte discussion s'engage entre lui et son ami Pierrick Courbon, qui arrive à ce moment-là dans la salle : « Tu es en train de

---

2. Scène observée par l'auteur, présent dans la tribune presse de l'Hémicycle ce jour-là.

3. Propos rapportés à l'auteur par plusieurs sources.

4. Discours officiel de censure prononcé par Manuel Bompard à l'Assemblée nationale, 16 janvier 2025.

faire une connerie, Olivier. Tu n'es pas obligé de t'infliger ce que tu vas t'infliger alors que tu n'es pas d'accord avec ça. » Le premier secrétaire ne répond pas. « C'est une connerie, Olivier, pour nos combats et pour ton congrès, le relance Pierrick Courbon.

— Peut-être… Je ne sais pas »[5], lâche Olivier Faure, avant de monter à la tribune.

La prise de parole du premier secrétaire du PS enchante une grande partie des socialistes et même de ses habituels détracteurs. Olivier Faure liste les avancées obtenues par son parti. Il n'a « pas la négociation honteuse[6] », lance-t-il, avant de se féliciter : « Notre vocation n'est pas toujours de nous limiter à prendre date en attendant la prochaine élection, elle est d'arracher jour après jour toutes les victoires possibles. » Et, quelques secondes plus tard, après une interpellation de Mathilde Panot pendant son discours, de mettre une gifle aux Insoumis : « Si vous êtes gênés, prenez la parole après moi. […] Faites-le si vous pensez que ce que je dis n'a pas d'intérêt pour les Français qui sont heureux de voir une gauche qui propose, une gauche qui avance, une gauche qui fait céder le gouvernement, alors dites-le », tempête-t-il, sous les applaudissements des siens. « On était fiers de lui, fiers de nous. Il avait mangé du lion[7] », sourit un député d'ordinaire pas franchement fan du premier secrétaire.

5. Échanges rapportés à l'auteur par plusieurs sources.
6. Toutes les citations d'Olivier Faure qui suivent sont tirées de son discours à l'Assemblée nationale, 16 janvier 2025.
7. Échange informel avec un député PS, 18 janvier 2025.

Quelques-uns restent toutefois plus discrets. Et n'applaudissent guère ni ne se lèvent, comme les autres, à la fin de la prise de parole d'Olivier Faure. Parmi eux, ceux comme Iñaki Echaniz ou Fatiha Keloua-Hachi, qui s'apprêtent, quelques minutes plus tard, à voter la censure en dépit des consignes. « C'est un moment difficile, retrace Boris Vallaud. On se dit que le groupe va être divisé, que le parti aussi. On se demande si ça va péter. À ce moment-là, personnellement, je ne fais aucun calcul personnel, je me pose juste la question de savoir si ce que l'on va faire est juste[8]. »

8. Entretien avec Boris Vallaud, 20 janvier 2025.

50

Tiraillements

16 janvier – Salon Delacroix

Comme pour chaque motion de censure, plusieurs urnes électroniques ont été installées dans les salons attenants à l'Hémicycle. Les députés qui décident de la voter y entrent, chacun leur tour. Ce jeudi, l'ambiance est volcanique. Il y a d'abord les Insoumis, qui en veulent aux socialistes pour leur décision et le leur font savoir. « Une nouvelle fois, vous nous trahissez. On ne pourra plus jamais vous faire confiance, vous rompez une alliance qui vous a fait élire[1] ! » lance, furieuse, la présidente du groupe, Mathilde Panot, à Boris Vallaud. Ce dernier, sur la défensive, tente d'argumenter : « On ne change pas d'alliance mais on essaye de rendre la vie plus facile aux Français[2]. » « Il y a, encore plus ce jour-là, une véritable puissance et présence de LFI qui

1. Propos rapportés à l'auteur par plusieurs témoins.
2. *Ibid.*

exerce une pression presque physique sur les socialistes[3] », raconte le député PS Aurélien Rousseau.

La tension est également très forte entre socialistes. Tout proche de l'urne, Boris Vallaud tente de dissuader les députés qui s'approchent pour voter la censure. « Ce que tu fais va nous affaiblir collectivement. Nous avons déterminé une position de groupe[4] », lance-t-il à l'un d'entre eux. « C'est compliqué car, humainement, on s'aime bien, tous. Mais on a des chefs qui essaient de nous dissuader alors que vingt-quatre heures avant, ils plaidaient pour qu'on la vote[5] », regrette Pierrick Courbon.

Iñaki Echaniz, qui avait pourtant annoncé un peu plus tôt se plier à la discipline collective, craque littéralement. Effondré, il va voir ses collègues pro-censure et leur annonce : « Je ne peux pas ne pas la voter. Je vais écouter mes tripes. » Boris Vallaud, présent non loin de là, tente de l'en détourner : « Tu ne peux pas me faire ça… » Les larmes aux yeux, Echaniz ne l'écoute pas et s'avance, meurtri et soutenu par son collègue Pierrick Courbon, jusqu'à l'urne[6]. « L'ambiance était extrêmement lourde, tout le monde était emmerdé[7] », se remémore un autre élu.

Finalement, seuls 8 députés socialistes sur 66 votent la motion de censure : Paul Christophle, Pierrick Courbon,

3. Entretien avec Aurélien Rousseau, 21 janvier 2025.
4. Propos rapportés à l'auteur par plusieurs sources.
5. Toutes les citations de Pierrick Courbon dans ce chapitre sont tirées d'un entretien avec l'auteur, 21 janvier 2025.
6. Propos et scène rapportés à l'auteur par plusieurs témoins.
7. Échange informel avec un député PS, janvier 2025.

Alain David, Peio Dufau, Iñaki Echaniz, Fatiha Keloua-Hachi, Philippe Naillet et Claudia Rouaux. Certains d'entre eux se rendent ensuite à la buvette pour faire redescendre la pression. Ils croisent quelques Insoumis qui les félicitent : « Vous avez eu raison de ne pas suivre vos chefs, c'est très courageux ce que vous avez fait[8]. » « Ils nous ont dit ça sans flagornerie, l'heure était grave[9] », se souvient l'une des personnes présentes.

« Il n'y a aucune euphorie chez aucun d'entre nous. On a l'impression que s'est joué quelque chose d'important mais on ne sait pas exactement quoi. Et puis, il y a aussi une volonté de dédramatiser », témoigne quant à lui Pierrick Courbon. Avant de s'expliquer : « Je ne suis pas un partisan du chaos institutionnel et j'entends le besoin de stabilité et l'importance pour la France d'avoir un budget. Mais j'estime que l'on s'est fait balader et qu'on cherchait juste des raisons de ne pas voter cette censure. Au risque de se détacher de tous nos partenaires de gauche. »

Quelques semaines plus tard, le 5 février, alors que François Bayrou dégaine l'article 49.3 de la Constitution pour faire adopter son budget, seuls six socialistes votent cette fois-ci la censure. Les projets de loi de finance et de financement de la Sécurité sociale sont tous les deux adoptés. Enfin. Et François Bayrou peut souffler. Du moins, pour quelque temps.

Le 26 juin 2025, à l'issue du fameux « conclave » sur les retraites, les partenaires sociaux n'ont pas réussi à

8. Propos rapportés à l'auteur par plusieurs témoins.
9. Échange informel avec un socialiste, janvier 2025.

trouver d'accord et les propositions formulées par le Premier ministre ne convainquent pas les socialistes. Ces derniers dénoncent « une trahison majeure de la parole initialement donnée », notamment sur le fait que le Parlement aurait « le dernier mot »[10] quant à la réforme des retraites. Et annoncent le dépôt d'une motion de censure. Examinée le 3 juin 2025, cette dernière ne sera pas votée par le RN et échouera à renverser le gouvernement.

10. Déclaration du groupe PS à l'Assemblée, le 26 juin 2025.

51

Machiavel

19 janvier 2025

Son visage fier est affiché en grand dans tous les kiosques à journaux de France. Ce dimanche 19 janvier, François Hollande fait la une du journal *La Tribune dimanche*. Le titre, issu de l'entretien avec l'ancien président de la République, est éloquent : « Les socialistes ont la clé jusqu'en 2027. » L'hebdomadaire évoque le rôle très important qu'aurait joué l'ex-chef de l'État dans la non-censure actée trois jours plus tôt par le parti à la rose. Le premier secrétaire, Olivier Faure, est furieux : que François Hollande ait été l'un des premiers partisans de la non-censure est une chose, qu'il ramasse seul les lauriers de cette bonne séquence des socialistes en est une autre. Nombre d'élus socialistes, très méfiants depuis son retour sur le devant de la scène politique, sont ulcérés et le lui font savoir, sur la boucle WhatsApp des députés et même publiquement, sur les réseaux sociaux.

Pourtant, le rôle joué par l'ancien président de la République dans cette non-censure des socialistes est primordial. Et, quoi qu'en disent les ténors du PS, sa reprise en main sur la ligne stratégique du parti à la rose est indubitable. Tout commence le 15 juin 2024 : à la surprise générale, François Hollande annonce sa candidature aux élections législatives anticipées sous les couleurs du NFP. « Si j'ai pris cette décision, c'est parce que j'ai estimé que la situation était grave, plus qu'elle ne l'a jamais été. Le danger représenté par l'extrême droite est aujourd'hui avéré. Comment rester indifférent[1] ? » explique notamment l'ex-occupant de l'Élysée. Tout le monde est pris de court. Les instances nationales du PS n'avaient pas été mises au courant de ce choix, pas plus que les autres partenaires de la gauche, Insoumis en tête, hébétés par cette annonce de dernière minute.

Nous sommes la veille de la date de fin de dépôts de candidatures. Difficile de contrer le coup en si peu de temps, pour Olivier Faure mais aussi pour les mélenchonistes, qui avaient, de toute façon, laissé lors des accords cette circonscription à leurs alliés du PS. « C'est un véritable coup politique que nous n'avons pas vu venir[2] », se souvient l'Insoumise Sophia Chikirou, qui connaît bien l'ancien chef de l'État. « Je me dis tout de suite : "OK, nous ne sommes plus du tout dans l'esprit Nupes. Nous sommes sur le retour

1. Déclaration publique de François Hollande, 15 juin 2024.
2. Toutes les citations de Sophia Chikirou dans ce chapitre sont tirées de deux entretiens avec l'auteur, 4 février et 29 avril 2025.

du vieux Parti socialiste qui va nous nuire sans arrêt" », poursuit-elle. Cette dernière décide toutefois de réagir. Si François Hollande revient à l'Assemblée, alors Jean-Luc Mélenchon doit y retourner également. Elle essaie donc, pendant près de 24 heures, de convaincre ce dernier d'annoncer à son tour sa candidature. « Fais-toi élire député. Tu sais très bien que ce n'est pas pareil d'avoir un Mélenchon dans l'Hémicycle », lui souffle-t-elle notamment. D'autres députés, comme l'élue de Paris Sarah Legrain, le poussent également.

En vain, Jean-Luc Mélenchon refuse de retourner dans le chaudron. « J'aime bien le rôle que j'ai maintenant. En tant que président de groupe, j'avais beaucoup de corvées. De temps à autre je me dis : "Tiens, j'aurais bien fait tel discours." Mais j'ai une telle jouissance intellectuelle d'être à l'extérieur et de calculer les coups avec Mathilde et Manu, et les voir se mettre en place[3] », explique-t-il aujourd'hui. François Hollande, lui, se risque à l'élection. Il parvient à récupérer la circonscription dont il a longtemps été le député et qui appartenait depuis quelques années maintenant à la droite LR. Un événement, mais pas une première : en 1984, Valéry Giscard d'Estaing avait lui aussi, après avoir occupé la fonction suprême, effectué un retour remarqué à l'Assemblée nationale.

« Je dois montrer l'exemple d'un réengagement, je ne pouvais pas être dans une position d'ancien président commentant une situation aussi périlleuse sans être capable d'infléchir. Je devais être dans le lieu où

3. Entretien avec Jean-Luc Mélenchon, 10 janvier 2025.

allait se faire la décision, être dedans plutôt que dehors[4] », retrace François Hollande. Il connaît toutefois les inconvénients. « Je reviens dans un lieu qui n'est pas le mieux considéré par les Français, d'autant que beaucoup de personnalités politiques n'y sont plus présentes », admet-il. Avant de citer des exemples de présidentiables qui, selon lui, auraient mieux fait de suivre son exemple : « Édouard Philippe a préféré rester maire, Jean-Luc Mélenchon la joue chef de clan à l'extérieur. Quant à François Bayrou, à ce moment-là, il est à Pau. »

Son retour se fait finalement assez naturellement. Le 9 juillet, le groupe socialiste, qui affiche une augmentation de 110 % de son nombre de députés, fait une arrivée quasi triomphante au Palais-Bourbon. Au milieu de tous ces jeunes parlementaires, François Hollande fait figure de rock star et provoque la cohue des journalistes présents sur place, n'hésitant pas à faire un sprint de 200 mètres, caméras en main, pour obtenir la première image des nouveaux premiers pas de l'ancien président à l'Assemblée nationale. Dans la cour d'honneur, l'ex-chef de l'État se fait chambrer par certains de ses anciens collègues, comme Jérôme Guedj : la pluie s'abat subitement sur Paris. Une référence aux nombreuses sorties pluvieuses de François Hollande lorsqu'il occupait la fonction suprême. Ça ne s'invente pas.

Après douze années d'absence, de nombreux souvenirs lui reviennent. Il retrouve de vieilles connaissances,

4. Toutes les citations de François Hollande dans ce chapitre sont tirées d'un entretien avec l'auteur, 9 janvier 2025.

des huissiers de l'Assemblée, mais aussi quelques députés encore élus, comme Laurent Wauquiez ou l'écologiste Delphine Batho, qui avait été en son temps limogée après avoir critiqué le budget du ministère qu'elle occupait sous la présidence de François Hollande. « L'enceinte est la même, les procédures sont les mêmes, mais les personnes sont nouvelles et représentent d'une certaine façon la vie politique telle qu'elle est aujourd'hui », raconte-t-il.

Les semaines passent et François Hollande se fait rapidement une place au sein du groupe de députés, alors même que certains étaient méfiants à son encontre. « Il fait du bien. Il a de l'expérience et une clarté d'esprit. C'est quelqu'un qu'on écoute[5] », vante, dès les premières semaines, le député du Nord Julien Gokel. « C'est un député actif, assidu, très constructif et qui se met au service du collectif. Il est sympathique, affable, de bon conseil. C'est un bon camarade[6] », loue également Pierrick Courbon, pourtant très critique sur la présidence Hollande. « C'est quelqu'un de très loyal et de pertinent. Ses analyses sont extrêmement justes et il reste humble[7] », félicite l'élue du Rhône Sandrine Runel. Sa voisine de banc dans l'Hémicycle, Ayda Hadizadeh, n'en dit également que du bien : « Il est difficile de ne pas s'entendre avec lui. Il a une capacité de se mettre à la hauteur de n'importe qui. Quand vous lui parlez, vous avez le sentiment d'être la

5. Entretien avec Julien Gokel, 18 septembre 2024.
6. Entretien avec Pierrick Courbon, 11 septembre 2024.
7. Entretien avec Sandrine Runel, 11 septembre 2024.

personne la plus intelligente de la pièce », loue-t-elle. Avant de conclure, pas dupe : « C'est de l'empathie au service de la tactique »[8].

Lors des réunions de groupe, l'ancien chef de l'État prend régulièrement la parole sans pour autant la monopoliser. Si les relations ne sont pas forcément très amicales avec Olivier Faure, tous deux parviennent à cohabiter en bonne intelligence. « Je sens bien que je l'encombre et que je l'inquiète. Mais cela se fait dans la retenue », analyse l'ancien président, qui devient rapidement l'un de ceux que l'exécutif consulte quand il a besoin de prendre la température du groupe. Ainsi, très rapidement après sa nomination, Michel Barnier le contacte en même temps que Boris Vallaud et Olivier Faure pour savoir s'il est possible de travailler avec les socialistes en vue du budget. François Hollande répond alors au Premier ministre par une lettre que ce dernier a conservée depuis. « Cher Michel, Félicitations pour ta nomination à la tête du gouvernement. Si je t'apprécie en tant que personne, les conditions de ta nomination à Matignon avec l'assentiment du Rassemblement national font que je me situe dans l'opposition[9] », lui écrit-il en substance.

« J'ai toujours eu de bons rapports avec Barnier mais il était pénalisé dès le départ », s'explique-t-il aujourd'hui. Pour François Bayrou, « c'est différent »,

8. Entretien avec Ayda Hadizadeh, 4 septembre 2024.

9. Une lettre et des propos confirmés à l'auteur par François Hollande comme par Michel Barnier.

avoue l'ancien président de la République. « Il s'est nommé lui-même et d'une certaine façon, ça change tout. En plus, il envoie le signal que ce n'est pas avec le RN qu'il veut discuter prioritairement mais avec les socialistes. » Rapidement après sa nomination, François Bayrou appelle François Hollande pour le sonder. Quelles sont les intentions des socialistes ? Est-il possible d'éviter la censure ? « Tu dois aller dans la direction du dialogue, trouver des ouvertures pour obtenir la non-censure que je crois possible », lui répond l'ex-chef de l'État. Son avis est partagé par de plus en plus de députés du groupe : « Sauf à vouloir provoquer une dissolution ou la démission du président, la censure n'a pas beaucoup d'intérêt… »

Au cours des négociations, il joue un rôle très important, en échangeant directement par téléphone avec le Premier ministre, mais aussi avec celui de l'Économie, Éric Lombard. « Hollande et Bayrou parlent la même langue. Ce sont des personnalités politiques madrées, qui ont l'art du temps. Cela s'est vu pendant le budget[10] », loue le député Modem Richard Ramos. « C'est Hollande qui débloque la situation avec Bayrou sur les retraites[11] », jure de son côté son ami Patrick Kanner. Et qui convainc d'ailleurs une grande partie des députés du groupe socialiste d'opter pour la non-censure. « François Hollande n'a mené aucune offensive organisée. Il n'a pas de porte-flingue dans le groupe. Mais sa parole est une forme

10. Entretien avec Richard Ramos, 30 avril 2025.
11. Entretien avec Patrick Kanner, avril 2025.

d'autorisation à ceux qui ne s'expriment jamais[12] », décrit l'ancien ministre de la Santé et désormais député Place Publique Aurélien Rousseau, qui siège avec les socialistes.

Sophia Chikirou, qui le connaît bien, avait senti venir cette « prise de contrôle » sur le groupe socialiste. « Je me souviens d'une scène, au tout début de législature, en commissions des affaires étrangères. Déjà, il aspirait les jeunes députés PS soi-disant pro-NFP, qui rigolaient à ses petites blagues pendant qu'Olivier Faure était assis, tout seul, un peu plus loin », relate celle qui ne rate pas une occasion de sortir une vacherie à l'ancien président de la République. Comme ce jour où elle le laisse passer dans les travées de l'Assemblée nationale et lui lâche : « On ne va pas vous demander d'être galant, à vous ! »

Dans l'Hémicycle, l'ex-chef de l'État est régulièrement attaqué, critiqué voire moqué par les autres groupes. Mais il répond toujours avec un sourire. « Il se fait chahuter et malmener, mais il est là, stoïque, imperturbable. Rien ne semble l'atteindre[13] », observe la vice-présidente Horizons de l'Assemblée, Naïma Moutchou. Lorsqu'il est présent, il observe, écoute attentivement chaque prise de parole. Dès qu'il ne connaît pas un député, il tape son nom sur Google pour voir qui il est et de quelle circonscription il vient. « Je me méfie du bonhomme. C'est une bête politique à l'ancienne. Il rêve qu'il y ait du vide à gauche pour que tout le

12. Entretien avec Aurélien Rousseau, 21 janvier 2025.
13. Entretien avec Naïma Moutchou, 23 janvier 2025.

monde se dise : “Quoi de mieux qu’un ancien président ?” en 2027[14] », alerte l’ex-Insoumis Alexis Corbière, avec qui il s’entend par ailleurs plutôt bien. Son ami et ancien ministre des Sports, Patrick Kanner, lui, veut y croire : « Les Français ont de la sympathie pour lui et il sait mener une campagne[15]… »

Mais François Hollande ne s’est-il pas trompé en revenant au Palais-Bourbon ? Ne va-t-il pas s’y abîmer, comme une majeure partie de ceux qui se sont mis dans ce bourbier ? Lors d’un déjeuner partagé en milieu d’année 2025 avec l’ancien Premier ministre Gabriel Attal, ce dernier l’interroge : « Est-ce que vous n’êtes pas déçu d’être revenu dans cette Assemblée ? Comme vous, je pensais que tout allait se jouer ici, avec votre retour, celui de Laurent Wauquiez, la présence de Marine Le Pen, Gérald Darmanin, etc. Mais en fait, ce n’est pas là que tout se passe. » Énigmatique, François Hollande lui répond : « Je suis d’accord, c’est assez terrible »[16].

14. Entretien avec Alexis Corbière, 26 mars 2025.
15. Entretien avec Patrick Kanner, avril 2025.
16. Entretien avec Gabriel Attal, 26 mai 2025.

52

Le énième divorce

31 janvier 2025 – Palais-Bourbon

Divorce ou énième séparation provisoire ? Ces dernières années, les socialistes ont tenté à plusieurs reprises de se détacher de leurs alliés Insoumis. Ce fut ainsi le cas au lendemain de la meurtrière attaque terroriste du 7 octobre perpétrée par le Hamas en Israël et causant la mort de plus de 1 200 personnes. Les Insoumis avaient tardé à qualifier le massacre de « terroriste » et certaines personnalités du parti avaient multiplié les déclarations polémiques, dont Danielle Obono, qui avait qualifié le Hamas de « mouvement de résistance »[1]. Une attitude qui avait amené les socialistes à acter la rupture avec les mélenchonistes, mettant fin à leur union d'alors, la Nupes. Moins d'un an plus tard, ils se rabibochaient en vingt-quatre heures pour créer le NFP et se lançaient dans une

1. Interview de Danièle Obono sur Sud Radio, 17 octobre 2023.

campagne commune pour les élections législatives de juin 2024.

Dès leur retour au Palais-Bourbon, beaucoup de socialistes n'ont qu'une idée en tête : trouver une bonne excuse pour se séparer de leur encombrant et trop radical allié LFI. « Il faudra saisir l'opportunité quand elle se présentera. Si seulement le prochain Premier ministre voulait bien négocier avec nous… Il nous donnerait une formidable occasion de fracturer le NFP[2] », espérait un député PS juste après la chute du gouvernement Barnier, début décembre. Une autre parlementaire, à la même période, évoquait en ces termes peu sympathiques ces alliés de raison : « La liste est longue des députés LFI que je n'ai pas envie de connaître. Leur radicalité ne nous fait rien gagner. La vérité, c'est que nous sommes beaucoup à nous sentir abîmés d'être associés à eux[3]. » Quelques semaines plus tard, à l'occasion des négociations pour le budget, François Bayrou leur donne l'occasion de se défaire de cette union. Et, soulagés, les élus du parti à la rose la saisissent au vol.

Seule crainte des socialistes à ce moment-là : se couper totalement du reste de la gauche. Car l'objectif est déjà clair dans leur tête : rester proches des écologistes et des communistes pour garder la possibilité de se réunir à nouveau lors de prochaines échéances politiques. De préférence, sans LFI. En pleine séquence de négociations avec le gouvernement, Jean-Luc

2. Entretien avec un député PS, 10 octobre 2024.
3. Entretien avec un député PS, 12 décembre 2024.

Mélenchon avait d'ailleurs une nouvelle fois haussé le ton face aux socialistes, lâchant devant plusieurs journalistes : « Tous ceux qui ne suivent pas nos votes auront un candidat contre eux lors des prochaines législatives[4]. » Une sortie qui a fortement agacé au PS et a même irrité la numéro 1 des Verts, Marine Tondelier, qui s'est émue de l'utilisation d'un « vocabulaire soit viriliste, soit humiliant » du leader Insoumis vis-à-vis du PS pour les empêcher de prendre leur décision « sereinement »[5].

Persuadé que ses menaces feraient céder les socialistes, Jean-Luc Mélenchon se félicitait, en privé, de cette stratégie offensive. « Les socialistes savent qu'on est cruels. Vous avez signé avec nous, vous avez dit Castets, maintenant c'est *ad vitam aeternam* ! » s'amusait-il. Et analysait : « Ils viennent de rater une marche historique en ne faisant pas d'alliance avec Bayrou. C'était leur heure, ils auraient dû entrer au gouvernement. Et maintenant, ils viennent nous embêter avec leur non-censure... Ils nous prennent pour des cons et on va se fâcher. Et comme d'habitude, ils reviendront à la maison »[6].

Mais pour une fois, les socialistes vont jusqu'au bout de leur initiative. Et ne censurent pas le gouvernement Bayrou. La rupture est prononcée. « Olivier Faure a trouvé une occasion parfaite de prouver qu'il n'était pas LFIste. Il le fait uniquement pour gagner

4. Échange informel avec plusieurs journalistes qui a rapidement fuité dans différents médias.

5. Interview de Marine Tondelier, France Info, 16 janvier 2025.

6. Propos confirmés à l'auteur par plusieurs sources.

son congrès… On leur a donné nos circonscriptions et, à la première occasion, ils quittent le navire[7] », enrage l'Insoumise Anaïs Belouassa-Cherifi. Sur les réseaux sociaux, la violence qui s'abat contre les socialistes est extrêmement forte. Les Insoumis évoquent une « trahison », de la « traîtrise ». Et leurs militants sont encore plus durs contre les socialistes qui n'ont pas voté la censure. Entre les députés des deux camps, l'ambiance devient délétère.

En coulisse, plusieurs disputes éclatent d'ailleurs. Comme ce jour de janvier 2025, dans le salon Delacroix, où la socialiste Dieynaba Diop s'en prend à l'Insoumise Sophia Chikirou, lui hurlant dessus : « Ce n'est plus possible, vous nous traitez de traîtres à longueur de journée, vous nous faites des coups sur les réseaux sociaux, c'est insupportable. » Autour d'elles, tout le monde regarde d'un air gêné. La députée LFI tente de tempérer : « Tu te calmes, tu arrêtes de crier et tu me parles autrement.

— Oui, mais je suis en colère, continue de crier la socialiste, hors d'elle.

— Eh bien, je ne te parlerai plus[8] », lui répond alors Sophia Chikirou, avant de quitter la salle.

Au fil des jours et des prises de position, les discussions s'enveniment de plus en plus entre les anciens alliés. Alors que Boris Vallaud et les autres socialistes membres de la commission mixte paritaire sur le budget entérinent, au côté des macronistes et de la droite,

7. Entretien avec Anaïs Belouassa-Cherifi, 10 décembre 2024.
8. Propos rapportés à l'auteur par plusieurs témoins.

une baisse des crédits dédiés à l'Aide médicale d'État (AME), destinée aux étrangers en situation irrégulière, de 111 millions d'euros par rapport au PLFSS de Michel Barnier, les Insoumis crient au scandale. « Comment peux-tu faire voter une baisse de l'AME alors qu'ils n'ont même pas besoin de vos voix ? Ça me dépasse, sincèrement », écrit par SMS Éric Coquerel, le président Insoumis de la Commission des finances, à Boris Vallaud alors qu'ils sont dans la même salle. Réponse très sèche de l'intéressé : « Toi, tu as pris le risque d'avoir 200 millions en moins. Je n'accepterai aucun procès sur les questions d'immigration[9]. »

Les interactions n'existent maintenant qu'à de rares occasions entre les députés des deux camps. « Les LFI ne nous parlent plus. Ce sont des idéologues. Lorsqu'on les croise dans les couloirs, ils ne nous regardent même pas. Pour eux, nous sommes impurs, nous sommes des traîtres[10] », raconte une socialiste. Le coordinateur national de LFI Manuel Bompard l'admet, il adresse désormais « très peu » la parole aux députés socialistes, et encore moins à leurs chefs, Boris Vallaud et Olivier Faure. « Ils ont une forme de duplicité. Ce sont des personnes qui sont capables de vous dire quelque chose avec beaucoup de conviction et l'inverse avec la même conviction six mois plus tard. Je me méfie d'eux et j'aspire donc à des relations de confiance avec d'autres[11]. »

---

9. Échange de SMS entre Éric Coquerel et Boris Vallaud obtenus par l'auteur.

10. Entretien avec un socialiste, février 2025.

11. Entretien avec Manuel Bompard, 26 mars 2025.

Ce nouveau divorce durera-t-il ? En discussion avec l'un de ses collègues élu en 2024, un socialiste mélancolique déverrouille son portable et lui révèle l'existence d'une ancienne boucle de conversation WhatsApp appelée « Convivialité Nupes ». Et fait défiler les échanges. On y aperçoit des communications pour le moins sympathiques et rigolardes. Mais aussi des photos : l'Insoumis Ugo Bernalicis, tout sourire, en train de jouer aux cartes avec le socialiste Iñaki Echaniz à la buvette de l'Assemblée, ou encore le député LFI Sébastien Delogu en compagnie de l'élu PS Philippe Brun, souriants comme deux bons copains de promotion. « Tu vois, avant, l'union de la gauche, c'était ça ! confie le socialiste à son nouveau camarade en faisant défiler les messages.

— C'est dommage que ça ait disparu[12]. »

---

12. Échange et une boucle WhatsApp confirmés par les deux députés concernés.

QUATRIÈME PARTIE

SURTOUT, NE RIEN FAIRE

53

Bien intégrés

Sous l'œil de quelques députés interloqués, l'Insoumise Sophia Chikirou fait une bise, tout sourire, au député RN Sébastien Chenu. La scène se déroule à la buvette de l'Assemblée nationale. « Comment vas-tu, Sophia ? l'interroge-t-il, amical.

— Très bien et toi[1] ? » Nous sommes loin de l'image bien plus froide qu'avait renvoyée la députée LFI lors du vote pour la présidence de l'Assemblée nationale, quelques mois plus tôt, et où elle avait, comme tous les autres députés mélenchonistes, refusé de serrer la main aux élus RN et ciottiste Flavien Termet et Hanane Mansouri, les deux benjamins de l'Assemblée, chargés, comme l'exige la tradition, d'accueillir les parlementaires devant l'urne lors du vote. Une mise en scène savamment orchestrée par les troupes Insoumises et à laquelle s'était pliée Sophia

1. Scène rapportée par plusieurs témoins et confirmée à l'auteur par Sophia Chikirou et Sébastien Chenu en 2025.

Chikirou, adressant tout de même un « bonjour » aux deux élus, contrairement à beaucoup de ses collègues.

En coulisse, la tonalité n'est pas la même. La députée LFI entretient des relations cordiales avec Sébastien Chenu. « On se connaît depuis longtemps et j'ai de l'estime pour elle. C'est une fille intelligente, même si on est en désaccord fondamental sur tout », dit d'ailleurs d'elle l'élu du parti à la flamme, qui s'amuse de voir les autres députés LFI les « regarder comme des couillons ». « Ils la scrutent d'un air de dire : "Mais pourquoi tu fais la bise à cet horrible facho ?" lorsqu'elle me salue »[2]. Si leurs échanges restent assez limités – ils n'ont jamais déjeuné ensemble et n'ont même pas échangé leurs numéros respectifs –, l'ancien vice-président RN de l'Assemblée a plaisir à échanger avec cette députée du noyau dur Insoumis. Sophia Chikirou assume d'ailleurs entièrement cette cordialité. « Je n'irai pas déjeuner avec eux mais il m'arrive d'échanger avec Sébastien Chenu ou Jean-Philippe Tanguy. Je les associe, peut-être à tort, à la droite souverainiste de Philippe Séguin, même s'ils s'en sont éloignés, s'explique-t-elle avant d'apprécier : Il y a une espèce de code que j'apprécie à l'Assemblée, c'est qu'il y a les attaques politiques mais que l'on peut traiter les gens avec respect, même quand on n'est pas d'accord avec eux[3]. »

Un pas qu'une grande partie des élus de gauche et que beaucoup de macronistes se refusaient à franchir

2. Entretien avec Sébastien Chenu, 27 mars 2025.
3. Entretien avec Sophia Chikirou, 29 avril 2025.

entre 2022 et 2024. Ou alors, en prenant moult précautions pour ne pas être accusés de « pactiser avec l'ennemi d'extrême droite[4] », racontait alors un élu Renaissance. Désormais, il n'y a qu'à observer quelques séances dans l'Hémicycle pour voir que Sophia Chikirou n'est pas un cas isolé. Alors que toutes les formations politiques excepté LR avaient de nouveau mis en place le « front républicain » entre les deux tours des élections législatives anticipées de juillet dernier, alors que tous les groupes politiques avaient fait en sorte que le RN n'obtienne aucun poste à responsabilité au sein du bureau du Palais-Bourbon, nombre de députés de tous les camps ont désormais fait sauter le fameux « cordon sanitaire ». Un « cordon sanitaire » formalisé en 1986 par le président du groupe Rassemblement pour la République (RPR) à l'Assemblée, Pierre Messmer, qui, voyant débarquer des députés du Front national dans l'Hémicycle, avait prévenu ses collègues : « Entre eux et nous, il faut qu'il y ait un cordon sanitaire, et pas un cordon ombilical[5] », leur interdisant ainsi d'entretenir tout contact avec les parlementaires de Jean-Marie Le Pen.

Mais les temps changent. Et grâce, *dixit* un macroniste, au « savoir-faire humain[6] » de plusieurs députés RN comme Sébastien Chenu, Jean-Philippe Tanguy ou Thomas Ménagé, le RN de Marine Le Pen s'est forgé de nombreuses sympathies au Palais-Bourbon.

---

4. Échange informel avec un député macroniste, 2023.
5. In Dominique Albertini et David Doucet, *Histoire du Front national*, Tallandier, 2014.
6. Échange informel avec un député macroniste, 2025.

Un administrateur de l'Assemblée, sous couvert d'anonymat, avoue sans fard : « Avec les députés RN, il n'y a jamais aucune mauvaise surprise. Ils sont polis, courtois et sympathiques. Il n'y a pas d'emmerdeur[7]. » À la salle de sport du Palais-Bourbon, beaucoup d'élus ont par exemple sympathisé avec Jean-Philippe Tanguy, un habitué du tapis de course. « L'ambiance est bonne, ce n'est pas désagréable de voir qu'il y a des endroits où les gens se croisent et se parlent[8] », sourit Philippe Juvin (LR), qui apprécie les discussions avec l'élu du RN aussi bien qu'avec les autres familiers de la salle, de son collègue de parti Fabien Di Filippo au socialiste Guillaume Garot, par exemple.

Dans le camp présidentiel, beaucoup entretiennent d'ailleurs de bonnes relations avec eux. « Jean-Philippe Tanguy me fait marrer, on s'écrit souvent, on s'envoie des conneries[9] », raconte un ancien ministre macroniste. Le député Modem Richard Ramos apprécie également bien ses discussions avec l'élu de la Somme, « un type intelligent ». « Ça les fait tous chier dans mon groupe, mais il y a un temps pour tout. Le RN, je le combats politiquement, mais l'Assemblée nationale est un lieu où nous devons être en capacité de faire des compromis, défend-il. On ne doit pas se poser la question de savoir si les députés avec qui on peut travailler sont de droite ou de gauche. Il faut aller des deux côtés : les poubelles, les

7. Entretien avec un administrateur de l'Assemblée, mai 2025.
8. Entretien avec Philippe Juvin, 26 mai 2025.
9. Entretien avec un ancien ministre macroniste, 2025.

éboueurs les ramassent sur les trottoirs de gauche comme de droite[10] ! » s'amuse-t-il encore. Même le président LFI de la Commission des finances, Éric Coquerel, n'arrive pas à dire du mal de Jean-Philippe Tanguy. « Il est intelligent, brillant même. Il a une bonne culture, et pour quelqu'un du RN, il est somme toute respectable, avoue-t-il avant de se reprendre : Mais il est au RN et je pense qu'il n'est qu'une personnalité singulière dans ce parti d'extrême droite[11]. »

Les députés RN s'amusent de ces sympathies. « Oh, surprise, on ne mange pas les enfants ! rit par exemple Edwige Diaz, avant de poursuivre : Pendant quarante ans, on leur a raconté qu'on était d'horribles bestioles au nez crochu et là, ils se rendent compte qu'on ne mord personne[12]. » « Nos échanges sont courtois en coulisse. Certains sont même devenus de bons copains. Il y a un mois, j'ai dîné avec une députée Renaissance et elle m'a dit en plaisantant : "On ne sait pas qui de vous ou de nous appuiera sur le bouton de la censure en premier"[13] », confie le député Thomas Ménagé quelques jours avant la censure de Michel Barnier. L'élu mariniste déjeune de temps en temps avec des députés du camp présidentiel et a même des échanges de SMS fréquents avec certains. « Humainement, il y a des gens que j'aime bien. J'étais content pour certains quand j'ai vu qu'ils étaient

10. Entretien avec Richard Ramos, 30 avril 2025.
11. Entretien avec Éric Coquerel, 3 mars 2025.
12. Entretien avec Edwige Diaz, 7 mai 2025.
13. Entretien avec Thomas Ménagé, décembre 2025.

nommés au gouvernement et ça m'a fait de la peine quand je les ai censurés. De manière amicale, j'ai été triste pour eux, tout en étant très clair politiquement », confesse-t-il également.

Sébastien Chenu s'amuse, lui, d'un échange de SMS avec une ministre du camp présidentiel lorsque la rumeur d'une nomination de son collègue Roland Lescure à Matignon émerge dans les médias. Il lui envoie un article de presse relayant l'information, et reçoit pour réponse : « Laisse-moi aller vomir, je reviens », accompagné d'un petit smiley de dégoût. L'ancien vice-président de l'Assemblée est de ceux qui parviennent, par sa bonhomie et par son aisance relationnelle, à casser les digues. « Je sais quelle est la part de cinéma chez ces gens-là. Une fois, pendant une suspension de séance, je vais voir l'Insoumis Hadrien Clouet. Je monte dans les tribunes et je lui dis : "Je n'avais jamais vu que tu avais des yeux comme ça, ils sont magnifiques !" Il était un peu gêné, il se demandait si c'était du lard ou du cochon[14] », raconte-t-il, un grand sourire aux lèvres.

Certaines réticences subsistent toutefois. Particulièrement dans les rangs de la gauche. Un jour, alors qu'ils sortaient tous les deux de commission, l'élu RN Gaëtan Dussausaye lance à sa collègue LFI Anaïs Belouassa-Cherifi : « On est de bons soldats, quand même, hein[15] ! » Celle-ci passe devant lui sans lui répondre et s'en va. Une autre fois, c'est Sébastien

14. Entretien avec Sébastien Chenu, 27 mars 2025.
15. Entretien avec Anaïs Belouassa-Cherifi, 10 décembre 2024.

Chenu qui salue cette même Insoumise à la buvette de l'Assemblée. « Bonjour mademoiselle !

— Madame[16]. » Autre exemple d'un « vent magistral » pris par Thomas Ménagé : lorsque ce dernier raconte à l'ex-LFI Danielle Simonnet comment il a croisé par hasard ses parents dans sa circonscription du Loiret, cette dernière l'écoute poliment, le laisse terminer son explication, puis lui lance : « Je ne parle pas au RN. » Et s'en va[17].

« Les députés RN passent leur temps à venir essayer de fraterniser avec nous dans les couloirs. On est polis, on leur dit bonjour et au revoir, mais on ne veut pas de fausses relations amicales[18] », prévient l'écologiste Sandra Regol. Ces réticences sont pourtant de moins en moins tenaces. Cette dernière avoue par exemple avoir plaisir à croiser le député RN Julien Rancoule, pompier volontaire qui l'a un jour « sauvée » en lui prodiguant les premiers soins à la suite d'une très vilaine chute à la buvette de l'Assemblée. « Je fais une exception pour lui », chuchote-t-elle. Ce même Julien Rancoule avait, lors de la législature précédente, sauvé la vie, avec sa collègue macroniste Stéphanie Rist, d'une huissière en arrêt cardiaque un soir de niche parlementaire. Une fonctionnaire avec qui il entretient, depuis, de vrais liens de sympathie.

---

16. *Ibid.*
17. Entretien avec Thomas Ménagé, décembre 2024.
18. Entretien avec Sandra Regol, 9 octobre 2024.

54

Cordon sanitaire

Cet ancien ministre macroniste n'a aucune hésitation à le dire : il aurait « beaucoup plus de mal à aller déjeuner avec un député LFI qu'avec un élu du RN[1] ». Un avis que de nombreux élus du camp présidentiel partagent désormais, sous couvert d'anonymat. Car, estiment-ils, le contraste est désormais frappant entre un RN qui joue le jeu de l'institution et un camp mélenchoniste dans l'opposition permanente. Une ministre du gouvernement Bayrou se lance dans une comparaison : « Avec la plupart des députés RN, je ne vais pas inventer une conflictualité qui n'existe pas. D'autant que, lorsque l'on doit s'assurer qu'une loi passe, ils savent tenir les deals, ils ne mentent pas. Avec LFI, leur volonté d'intimider, d'impressionner physiquement rend toute discussion impossible. » Elle l'analyse ainsi : « Tous les incidents qui concernent les Insoumis ne sont pas des dérapages,

1. Entretien avec un député macroniste, début 2025.

c'est une véritable stratégie. C'est pour ça que je ne leur pardonne pas »[2].

Comme souvent, il suffit d'assister à une séance pour constater l'isolement des Insoumis. Ils n'ont presque plus aucune interaction avec leurs collègues des autres bancs. Leurs anciens alliés socialistes ne leur adressent plus la parole et, très souvent, leurs amis écologistes et communistes n'applaudissent plus que très discrètement – voire, pas du tout – leurs interventions dans l'enceinte parlementaire. Dans les couloirs aussi, les Insoumis ne font pas l'unanimité. Loin de là. « Rien n'est jamais simple avec eux, c'est toujours tordu. Ils sont tout de suite dans la tension, jamais détendus[3] », confie un fonctionnaire de l'Assemblée nationale. « Ils n'ont même pas la courtoisie élémentaire. Il n'y a aucun échange possible avec eux[4] », critique le député Horizons Sylvain Berrios. « C'est pire qu'avant. On ne peut plus du tout leur parler, là où avant il était possible de dealer des choses en coulisse[5] », regrette un cadre du groupe Renaissance.

Même à la buvette de l'Assemblée, leur comportement interroge. « Ils se tiennent mal, laissent leurs tables sales, leurs assiettes sens dessus dessous, parlent fort[6] », se plaint un habitué du Palais-Bourbon. L'Insoumis Sébastien Delogu, à l'aise comme dans son

2. Entretien avec une ministre du gouvernement Bayrou, 2025.

3. Entretien avec un fonctionnaire de l'Assemblée nationale, mai 2025.

4. Entretien avec Sylvain Berrios, 30 avril 2025.

5. Entretien avec un député macroniste, 2025.

6. Échange informel avec un habitué de la buvette de l'Assemblée, avril 2025.

salon, se prélasse régulièrement, avachi, les jambes croisées et pieds posés sur la banquette. Ce qui lui a déjà valu des remontrances, y compris de son propre camp. « Sébastien, tu enlèves tes pieds tout de suite. T'es pas chez toi ici[7] », le houspille un jour sa collègue Sophia Chikirou, sous l'œil narquois d'autres députés.

« Parfois, on a l'impression qu'ils veulent en découdre[8] », raconte le député de droite Vincent Jeanbrun, se souvenant du regard noir presque menaçant de l'un d'eux en sa direction un soir de forte tension dans l'Hémicycle. « Les mecs se baladent en tee-shirt et en tongs. Ce sont des barbares complets. Ils ne vous serrent pas la main et n'ont aucune forme de respect[9] », se plaint Laurent Wauquiez, le patron des députés LR.

Un reproche qui ne cible pas tous les députés LFI. Car, si certains, à l'instar de la présidente du groupe, Mathilde Panot, ou de certaines figures comme Louis Boyard et Thomas Portes se montrent très fermés voire agressifs, d'autres, comme Éric Coquerel, Aurélie Trouvé ou Nadège Abomangoli font preuve d'une véritable ouverture. Ce qui peut d'ailleurs leur être parfois reproché par leurs collègues. Nadège Abomangoli, vice-présidente LFI de l'Assemblée, échange régulièrement, dans le cadre de ses fonctions, avec des députés du RN. « Je ne suis pas en recherche de contact mais je ne peux pas les refuser. Et c'est

7. Scène et propos rapportés à l'auteur par plusieurs témoins.
8. Entretien avec Vincent Jeanbrun, 18 février 2025.
9. Entretien avec Laurent Wauquiez, 27 mai 2025.

quand même moins dur que prévu dans la mesure où on reste sur des sujets liés à la fonction. On parle de travail parlementaire, de groupes d'amitié, la relation est quasiment technique, ça facilite les choses », précise celle qui admet avoir des échanges fluides avec Sébastien Chenu (RN), qui occupait son poste dans la précédente législature. Avant d'avouer dans un sourire : « Quand je leur parle, on me regarde mal. Parfois, des Insoumis me disent : "Mais comment tu peux parler avec eux ?" Je fais juste mon job froidement »[10].

Sébastien Chenu a sa propre analyse de ces différences entre Insoumis : « Avec Danièle Obono ou Mathilde Panot, on ne peut pas parler car elles viennent de l'extrême gauche. Elles ont grandi dans ce milieu militant qui fait qu'il y a une part de violence en elles. Les autres portent en eux un sens des responsabilités plus grand[11]. » Tout en maintenant une sorte de barrière avec les autres formations politiques, même lorsque les caméras sont éteintes et les armes rangées. Un comportement assumé par certains. « Je ne suis pas quelqu'un qui fait semblant. Si je pousse une colère parce que je ne supporte pas qu'il y ait une loi immigration, je ne vais pas ensuite aller faire copain-copain avec ceux qui la font voter à la buvette de l'Assemblée. Je trouve ça insupportable ! La politique n'est pas un jeu, elle implique la vie de millions de gens », considère Mathilde Panot. Encore plus lorsqu'il s'agit du RN. « Je ne leur parle pas. La lutte contre l'extrême

10. Entretien avec Nadège Abomangoli, 6 mars 2025.
11. Entretien avec Sébastien Chenu, 27 mars 2025.

droite est maintenant. Les fascistes ne doivent pas prendre le pays, c'est une question de vie ou de mort. Je ne rigole pas avec ça et je ne veux aucun lien humanisant avec ces gens-là »[12], poursuit la présidente du groupe LFI.

Pour illustrer cette distance que mettent automatiquement les Insoumis avec les autres formations politiques, le député Renaissance Jean-René Cazeneuve raconte une visioconférence avec plusieurs députés sur le thème des finances publiques. Parmi les personnes présentes, le macroniste David Amiel, l'écologiste Éva Sas et l'ex-Insoumise désormais membre du groupe écologiste Clémentine Autain. Cette dernière, s'adressant aux deux macronistes, leur lance gentiment : « On ne se connaît pas bien, on n'a jamais eu l'occasion de se voir auparavant. » « Cela m'a marqué, commente Jean-René Cazeneuve. On est tous les deux députés depuis 2017. C'est très révélateur du comportement des députés LFI qui sont dans une sorte de mépris et d'effacement des autres. »

« Ils nous considèrent comme des représentants de la classe bourgeoise et nous ignorent. Du coup, dans l'Hémicycle, plus que le RN, nous sommes l'ennemi de classe et ils nous agressent continûment », poursuit l'élu du camp macroniste. Ce qui n'est pas sans conséquence, analyse-t-il : « Cela a un effet : nous réagissons et nous sommes du coup plus agressifs avec LFI qu'avec le RN. On tombe nous-mêmes dans le piège »[13].

---

12. Entretien avec Mathilde Panot, 19 décembre 2024.
13. Entretien avec Jean-René Cazeneuve, 6 mai 2025.

Ainsi, lorsqu'ils souhaitent faire avancer des sujets avec l'aide des autres groupes, les Insoumis se retrouvent systématiquement en difficulté. « C'est un parcours du combattant », regrette Anaïs Belouassa-Cherifi, qui dénonce une « ostracisation »[14] de son groupe alors qu'elle cherche à rallier des députés de la majorité relative en faveur de sa proposition de loi pour rendre tous les logements accessibles aux personnes en situation de handicap. Certains assument d'ailleurs de désormais laisser les Insoumis plus à l'écart que le RN. « Pour faire adopter ma proposition de loi, j'ai fait l'effort de parler avec tous les groupes politiques sauf LFI, avec qui le dialogue est impossible, admet par exemple le député LR Vincent Jeanbrun avant de conclure : De toute façon, il n'y a rien à attendre d'eux puisqu'ils estiment que tout ce qui est à droite du PS est d'extrême droite[15]. » Laurent Wauquiez, lui, a définitivement tranché. LFI est « dangereuse pour la République ». Et « tous les partis républicains doivent mettre en place un cordon sanitaire face à elle »[16].

---

14. Entretien avec Anaïs Belouassa-Cherifi, 18 mars 2025.
15. Entretien avec Vincent Jeanbrun, 18 février 2025.
16. Entretien avec Laurent Wauquiez, 27 mai 2025.

55

L'humiliation

19 février 2025 – Hémicycle de l'Assemblée nationale

Un petit mois seulement s'est écoulé depuis que les socialistes ont décidé de sauver le gouvernement Bayrou en ne votant pas la censure déposée par les Insoumis. Désormais, ce sont eux qui viennent d'en déposer une. La raison ? Une interview donnée à LCI, le 27 janvier, où le Premier ministre a évoqué un « sentiment de submersion » migratoire pour les Français vivant sur l'archipel de Mayotte. « Je pense que les apports étrangers sont positifs pour un peuple, à condition qu'ils ne dépassent pas une proportion[1] », a-t-il également précisé dans la même émission. Des mots qui ont fait bondir toute la gauche, et même une partie du camp présidentiel. « Je n'aurais jamais tenu ces propos et ils me gênent[2] », a même fait savoir dès

1. Interview de François Bayrou, LCI, 27 janvier 2025.
2. Interview de Yaël Braun-Pivet, BFMTV, 28 janvier 2025.

le lendemain la présidente de l'Assemblée, Yaël Braun-Pivet, sur BFMTV.

Des mots « empruntés à l'extrême droite », ont accusé ses différents détracteurs, sommant le Premier ministre de s'excuser et de retirer ses propos. Mais le chef du gouvernement ne fait pas machine arrière. Au contraire. Il réaffirme même cette idée quelques jours plus tard, précisant lors d'une séance de questions au gouvernement que « les préjugés sont nourris par le réel ». « Quiconque est confronté à la situation à Mayotte, et ce n'est pas le seul endroit de France, mesure que le mot "submersion" est celui qui est le plus adapté. Parce que tout un pays, [...] toute une communauté de départements français est confrontée à des vagues d'immigration illégale telles qu'elles atteignent 25 % de la population »[3], a-t-il renchéri.

De quoi créer un tollé à gauche. Et provoquer le dépôt d'une motion de censure par les troupes socialistes. Une motion qui, tout le monde le sait, ne pourra pas compter sur les voix du RN, et n'a donc aucune chance de renverser l'exécutif de François Bayrou. L'ancien président de la République, François Hollande, le confirme : « Elle n'est pas faite pour faire tomber le gouvernement mais pour s'opposer à la politique gouvernementale » et pour « faire en sorte que nous puissions faire avancer autant que possible nos propositions »[4], précise-t-il au micro de BFMTV.

---

3. Propos tenus lors des questions au gouvernement, 28 janvier 2025.

4. Interview de François Hollande au micro de BFMTV, 9 février 2025.

Alors, ce 19 février, quand la socialiste Ayda Hadizadeh monte à la tribune pour défendre la motion de censure socialiste, l'Hémicycle est presque vide. Pour les élus du parti à la rose, il n'est pas question de faire tomber l'exécutif mais bien d'apporter la preuve qu'ils sont encore dans l'opposition. Et que leur critique du gouvernement, particulièrement sur les sujets régaliens et identitaires, est acerbe. À la tribune, le discours de la députée ne manque d'ailleurs pas de reproches. Elle fustige un gouvernement « sans colonne vertébrale », qui « plie l'échine », « rampe », est dans la « compromission », les « préjugés » et les « mensonges » en « s'inspirant des mots hideux de l'extrême droite ». Elle s'en prend directement au Premier ministre et à sa « dureté de cœur », avant de l'accuser de « singer Donald Trump ». « Un gouvernement républicain ne doit jamais s'écraser devant l'extrême droite »[5], tempête-t-elle encore.

François Bayrou la regarde et l'écoute, le regard noir. Il n'aime pas que l'on instrumentalise ses propos, encore moins qu'on l'accuse de reprendre les termes de l'extrême droite. Aujourd'hui, le Premier ministre ne compte pas rater les socialistes. Il est furieux contre eux et il va donc le leur faire savoir. Il a préparé un long discours, avec quatre « bourre-pif[6] », comme il appelle ses formules assassines, à leur intention. Il

5. Tous les propos sont tirés du discours de censure d'Ayda Hadizadeh dans l'Hémicycle, 19 février 2025.

6. Terme qu'utilise François Bayrou en privé pour parler des attaques qu'il a préparées pour répondre au discours de censure des socialistes.

avait prévu de n'en lire qu'une ou deux, mais le discours d'Ayda Hadizadeh l'a heurté. Il lira l'intégralité de son texte. Alors que la socialiste vient de terminer son discours, Yaël Braun-Pivet, tout sourire – ce qui lui sera reproché par certains, l'accusant d'applaudir du regard un discours qu'elle admettra en privé avoir trouvé « de bonne tenue[7] » –, donne alors la parole au chef du gouvernement.

Et le festival peut commencer. Un grand sourire aux lèvres, François Bayrou débute en ironisant sur « la motion de censure la plus cousue de fil blanc de toute l'histoire parlementaire », « une motion de censure à blanc après avoir refusé quatre motions de censure à balles réelles », « une motion de censure de congrès »[8]. Les quelques Insoumis présents dans l'Hémicycle sont morts de rire. Les socialistes, eux, ont les mâchoires serrées. Et le Premier ministre ne fait que commencer. Il se moque du « parti de Blum, de Jaurès, de Mitterrand, réduit à une motion de censure pour faire semblant ». Le premier secrétaire du PS, Olivier Faure, s'agace et crie : « Vous allez le regretter »[9]. « Ne me menacez pas, monsieur Faure, je viens à vous », s'amuse François Bayrou dans un sourire.

Avant de poursuivre : « Vous en arrivez à déposer une motion de censure pour faire semblant, de manière

7. Propos rapportés par plusieurs sources et confirmés à l'auteur par Yaël Braun-Pivet en 2025.

8. Toutes les citations de François Bayrou qui suivent sont tirées de sa réponse au discours de censure des socialistes dans l'Hémicycle, 19 février 2025.

9. Propos entendus par l'auteur, présent dans la tribune presse de l'Hémicycle ce jour-là.

à enlever à Jean-Luc Mélenchon un angle de sarcasmes contre vous. Mais vous ne détournerez rien, car vous aurez les sarcasmes, et vous aurez le ridicule. » Et de leur lancer, quelques secondes plus tard : « Mais on voit bien de quoi il s'agit : habiller des mots les plus grands et les plus grandiloquents possible de médiocres, de médiocrissimes intérêts : minuscules intérêts électoraux, microscopiques intérêts de courants de congrès. » C'en est trop pour la plupart des socialistes qui décident de se lever et de sortir de l'Hémicycle. « Ce n'est pas respectueux, Monsieur le Premier ministre, vous n'êtes pas à la hauteur[10] ! » peste la députée Dieynaba Diop.

Dans le salon Delacroix, les socialistes sont fous de rage. « C'est une humiliation ! » s'énerve Olivier Faure. Entouré de plusieurs députés de son camp, il ne décolère pas. « C'est une honte, on l'a sauvé il y a un mois »[11], peste-t-il encore, devant de nombreux témoins. Autour de lui, les autres parlementaires PS présents sont dans le même état. De Dieynaba Diop à Marie-José Allemand en passant par Stéphane Delautrette : tous sont exaspérés par le discours du Premier ministre, qu'ils continuent quand même d'écouter à distance.

Les différentes prises de parole se terminent enfin et le vote a lieu. Sans surprise, la motion de censure n'est pas votée. À l'issue du verdict, quelques socialistes croisent Élisabeth Borne. En colère, ils entament une discussion avec elle. Olivier Faure, qui la connaît

10. Compte-rendu de séance, 19 février 2025.
11. Propos rapportés à l'auteur par plusieurs sources.

bien, lui dit son émotion face au discours très agressif du Premier ministre.

« Le problème de votre gouvernement, c'est Bayrou. Ce n'est pas le capitaine qu'il nous faut en pleine tempête. Vous seriez beaucoup mieux à sa place ! » lance même Ayda Hadizadeh. Grand sourire flatté d'Élisabeth Borne, à qui cette phrase rappelle bien des souvenirs.

« François Bayrou est très rancunier, vous savez.

— Mais vous vous rendez compte qu'il nous fait regretter Barnier !

— Mais Barnier ne vous parlait pas…

— Oui, mais on ne ressentait au moins pas ce sentiment de malaise intense que l'on a quand Bayrou nous parle… »[12].

12. Propos rapportés par plusieurs sources et confirmés à l'auteur par Ayda Hadizadeh, 2025.

56

Le procès

Mardi 1er avril 2025 – Assemblée nationale

La pièce est pleine, ce mardi 1er avril, dans la salle de réunion des députés RN à l'Assemblée nationale. Installés en rang sur des petites chaises, les élus du parti à la flamme attendent fébrilement l'arrivée de leur patronne. Beaucoup n'ont pas fermé l'œil de la nuit et, ce matin, l'ambiance est pesante. La veille, Marine Le Pen a été condamnée à quatre ans de prison dont deux fermes aménagés sous bracelet électronique, ainsi qu'à cinq ans d'inéligibilité avec exécution immédiate. Ce, pour avoir été reconnue coupable en première instance de détournement de fonds publics dans l'affaire des assistants parlementaires des députés européens du Front national (FN). Elle a immédiatement fait appel et clame son innocence. Mais en attendant, cette décision non-définitive pourrait l'empêcher d'être candidate à l'élection présidentielle de 2027, mais aussi de se présenter aux élections législatives anticipées en cas de dissolution de l'Assemblée nationale. Une « décision politique », a immédiatement dénoncé Marine Le Pen, dans une interview donnée au 20 heures de TF1.

Ce mardi, c'est donc avec les traits tirés qu'elle pénètre, sous les applaudissements de ses députés, dans la pièce. Jordan Bardella est bien sûr présent, tout comme Renaud Labaye, le secrétaire général du groupe RN, et les députés Jean-Philippe Tanguy et Sébastien Chenu. Sous l'œil des caméras de télévision venues exceptionnellement filmer ce début de réunion, les cinq cadres s'installent face aux députés. L'heure est grave. Marine Le Pen est-elle définitivement éliminée ? Quel doit être leur état d'esprit ? Dans la salle, certains sont en larmes. « Autour de moi, je vois plusieurs hommes qui pleurent, littéralement. On ne va pas se mentir, beaucoup d'entre nous étaient encore dans l'émotion du deuil de Jean-Marie Le Pen, et là, il y a ce nouveau coup. Ça fait beaucoup[1] », décrit un député RN.

Assis sur leurs chaises, les députés échangent. Beaucoup ont une boule au ventre : un mélange de trac, de sentiment d'injustice, d'énervement. « J'ai du mal à encaisser mais j'ai reçu plein d'appels, des gens sont venus dans ma circonscription. J'ai l'impression que tout le monde est scandalisé[2] », confie un élu à son voisin du jour. « Qu'est-ce qu'on va faire[3] ? » interroge

1. Entretien avec un député RN, avril 2025.
2. Entretien avec un autre élu RN, avril 2025.
3. Propos rapportés à l'auteur par plusieurs sources.

un autre député, le regard dans le vide. « On est tous un peu abattus car personne ne s'y attendait. On se dit tous : "Putain, fait chier, c'est vraiment la merde, le chemin est étroit…"[4] », résume un parlementaire. Une majorité d'entre eux ressentent une forme de rage face à cette décision. « Il y a de la colère car on se dit qu'on a été naïfs vis-à-vis du système judiciaro-politico-médiatique », explique le député RN Aurélien Lopez-Liguori. Avant d'expliquer, sur un ton victimiste : « La dédiabolisation a eu lieu ! On est au cœur du réacteur, du jeu démocratique, on joue le jeu des institutions, on est les seuls à porter les sujets de démocratie directe. On est loin de toutes les caricatures de fascisme ou d'autoritarisme qu'on fait de nous. Et malgré ça, on se retrouve dans une situation où on est traités comme pouvait l'être le Front national à sa création, voire pire »[5].

Tous attendent de voir ce que va dire leur patronne. Sa parole est sacrée, ils ont l'habitude de l'écouter tous les mardis matin, lors de leur réunion de groupe. Pour nombre d'entre eux, c'est le seul moment où ils peuvent échanger avec elle, recevoir ses conseils, ses consignes, parler politique et stratégie. « Nous sommes un parti bonapartiste. Marine, c'est la cheffe des chefs. Elle s'astreint toutes les semaines, quasiment, à cette réunion, et ses prises de parole sont très attendues », explique Jean-Philippe Tanguy. Encore plus ce jour-là.

4. Entretien avec un parlementaire RN, avril 2025.
5. Entretien téléphonique avec Aurélien Lopez-Liguori, avril 2025.

« Nous sommes tous connectés à elle. Comment va-t-elle être ? Comment va-t-elle réagir ? »[6].

La réunion du jour les rassurera rapidement. Le ton est très offensif. Jordan Bardella prend la parole le premier. Il pilonne une « tyrannie des juges » avant d'évoquer une « date sombre de la démocratie française ». « La politique est un chemin de croix, les clés du pouvoir ne nous seront pas données »[7], lance-t-il également, comme pour inciter les siens à poursuivre le combat. Les applaudissements sont nourris. Mais tous attendent surtout la prise de parole de Marine Le Pen. Manches retroussées, la double finaliste à l'élection présidentielle a le regard dur mais lâche quelques sourires.

C'est à son tour de s'exprimer. « Le système a sorti la bombe nucléaire contre nous, introduit-elle, car ils se disent que nous sommes sur le point de gagner les élections. » Elle affiche immédiatement sa combativité. « Les choses sont extrêmement claires. On ne se laissera pas faire [...]. Le pays est en train de vaciller sur ses principes et ses valeurs. [...] Nous allons nous défendre. Nous allons user de tous les moyens qui sont à notre disposition et nous allons gagner », lance-t-elle. Un « scandale démocratique ». « Une honte, une tache sur notre pays », peste-t-elle, avant de comparer son sort à une « condamnation à mort ». Son intervention est particulièrement critique vis-à-vis de l'exécution immédiate (même si provisoire) de son inéligibilité, qui ne

6. Entretien avec Jean-Philippe Tanguy, 3 avril 2025.

7. Déclaration de Jordan Bardella en réunion de groupe RN devant les caméras de télévision, 1er avril 2025.

vise selon elle qu'à l'empêcher d'être candidate à l'élection présidentielle. Elle tente de remobiliser une dernière fois ses troupes : « Ne vous laissez pas intimider, ne vous laissez pas démoraliser. La décision est dure car elle est injuste. [...] Cette indignation, cette blessure, il faut s'en servir. C'est un moteur de persévérance. Si nous ne tenons pas bond, qui le fera à notre place ? »[8], conclut-elle avant de recevoir l'acclamation de ses 119 députés.

Un discours qui remet du baume au cœur à ceux qui, depuis la veille, se laissaient submerger par l'émotion. « Elle a été ultra-combative. Dans ce genre de moments, on se souvient pourquoi on l'a choisie et pourquoi on veut que ce soit elle. Moi le premier, si j'avais vécu ça, je serais sûrement dans mon lit en train de pleurer[9] », avoue le député RN Thomas Ménagé. De son côté, Jean-Philippe Tanguy se remémorera plus tard : « Après sa prise de parole, beaucoup des députés avec qui j'ai discuté m'ont dit : "Marine a l'air confiante, on va se battre[10]." »

8. Intervention de Marine Le Pen en réunion de groupe devant les caméras de télévision, 1er avril 2025.

9. Entretien téléphonique avec Thomas Ménagé, 4 avril 2025.

10. Entretien avec Jean-Philippe Tanguy, 3 avril 2025.

57

Populisme

1er avril 2025 – Questions au gouvernement, hémicycle de l'Assemblée nationale

Seulement quelques heures après avoir écouté le discours combatif de leur patronne, les députés RN vont à leur tour donner le ton. Il n'est pas encore 15 heures dans l'hémicycle de l'Assemblée nationale et il y a déjà comme une odeur de soufre. Les élus du parti de Marine Le Pen sont presque tous installés dans l'enceinte parlementaire, prêts à en découdre. Trois des députés les plus proches de la cheffe ont été désignés pour les questions au gouvernement : l'élu de la Somme, Jean-Philippe Tanguy, celle du Var, Laure Lavalette, et celui du Nord, Sébastien Chenu. Marine Le Pen est présente à leurs côtés. Chose exceptionnellement rare, la présidente de l'Assemblée nationale, Yaël Braun-Pivet, met du temps à arriver. « Elle n'est absolument jamais en retard d'habitude. On était quand même très stressés car on savait qu'on allait avoir une séance éprouvante. Une minute de retard quand vous êtes nerveux, c'est long[11] », décrit Jean-Philippe Tanguy, qui doit être le premier à prendre la parole.

La pression est à son comble et les visages sont fermés quand résonne enfin le célèbre « Madame la présidente » qui accompagne l'entrée de Yaël Braun-Pivet à chaque ouverture de séance. Plusieurs députés et même quelques ministres se lèvent, comme de coutume. Seulement, cette fois, ce n'est pas l'huissier qui a déclamé la fameuse formule, mais le député RN de l'Aude Christophe Barthès, qui éclate déjà de rire pour célébrer sa bonne blague. Ses voisins de banc, tous crispés par l'enjeu, se détendent et rient de bon cœur. Marine Le Pen elle-même se lève de son siège, regarde le député blagueur, mime une fessée en souriant et se rassoit[12]. « Je me suis fait avoir comme un bleu », s'amuse Jean-Philippe Tanguy, qui se préparait déjà à prendre la parole. C'est quelques secondes plus tard, dans un silence absolu et alors que Yaël Braun-Pivet est cette fois-ci bel et bien arrivée sur son Perchoir, que le député RN peut enfin prendre la parole.

« La commande était très claire : il fallait que les adversaires soient indignés en cinq secondes »[13], confie-t-il. Mission presque réussie pour l'élu de la Somme, qui attaque d'entrée, seulement quinze secondes après sa prise de parole : « Voilà qu'un quarteron de procureurs et de juges prétend sortir du droit pour exercer la vendetta du système contre son seul opposant, le RN, et

11. Entretien avec Jean-Philippe Tanguy, 3 avril 2025.

12. Scène observée par l'auteur, présent dans les tribunes presse de l'Hémicycle de l'Assemblée nationale ce jour-là.

13. Entretien avec Jean-Philippe Tanguy, 3 avril 2025.

contre sa principale incarnation, Marine Le Pen. Il y a des tyrannies qui enferment leurs opposants, il y a désormais des juges tyrans qui exécutent l'état de droit en place publique[14] », lance-t-il. Tollé immédiat dans tous les rangs, sauf, évidemment, ceux du RN, qui ovationnent l'orateur. Marine Le Pen, qui faisait mine d'écouter distraitement en lisant un document, lève la tête et sourit.

Le ton est donné. Et l'objectif est clair : surjouer la petite musique d'un RN seul contre tous, qui, après avoir été victime du front républicain lors des dernières législatives, serait cette fois-ci victime du système politico-judiciaire. Un discours populiste assumé pour tenter de créer une vague de mobilisation de son électorat. En vue, l'organisation d'une manifestation exceptionnelle du RN qui aura lieu le dimanche. La tonalité sera la même dans toutes les interventions. « Marine Le Pen est condamnée parce qu'elle est Marine Le Pen. [...] À ceux qui croient nous abattre, ne soyez certains que d'une seule chose : cette attaque est un moteur supplémentaire dans notre combat pour la France[15] », dénonce, quelques minutes plus tard, Laure Lavalette. Avant que Sébastien Chenu regrette à son tour des « magistrats politisés » et déplore que « le peuple ne [puisse] pas voter pour la candidate du peuple »[16].

La contre-attaque est lancée. Et dans les médias, les députés vont tous tenir la même ligne, persuadés qu'elle leur ouvrira peut-être encore plus la route vers la victoire

14. Question posée par Jean-Philippe Tanguy.
15. Question posée par Laure Lavalett.
16. Question posée par Sébastien Chenu.

lors de la prochaine présidentielle. « Cette décision crée une incertitude sur un chemin qui était bien avancé. Mais ça ne veut pas dire qu'il n'y en a pas un. Ça va être compliqué mais ils ont allumé la mèche, et elle risque de leur péter à la gueule[17] », pronostique le parlementaire RN de l'Hérault Aurélien Lopez-Liguori. L'un de ses amis abonde : « Politiquement, cette situation nous renforce et nous pave le chemin jusqu'à 2027. » Avant de regretter, lucide mais fataliste : « Cela ne sera probablement pas avec Marine, mais il y a Jordan. Cela me fait mal, vu l'affection que j'ai pour Marine. C'est horrible, elle a donné sa vie à ça et elle n'y arrivera pas. » Et de conclure : « On le sait tous, elle ne sera pas présidente de la République. Et on en souffre tous dans notre chair »[18].

Cette décision judiciaire ne change en tout cas rien à sa stratégie politique à l'Assemblée nationale. Ni à sa potentielle décision de censurer le gouvernement lorsqu'elle l'estimera nécessaire, et ce, même si cela implique une dissolution de l'Assemblée qui l'empêcherait de se présenter à nouveau. « Si je ne dois plus être députée, eh bien je ne serai plus députée. Cela ne m'empêchera pas de faire de la politique », assène-t-elle. La stratégie serait alors très claire, anticipe-t-elle. « Il est évident que s'il y a une dissolution, il faut que Jordan Bardella devienne député et prenne la tête du groupe. Il faut qu'il soit à l'Assemblée nationale, c'est le cœur nucléaire[19] », prévient Marine Le Pen. Qui extrapole donc déjà.

---

17. Entretien avec Aurélien Lopez-Liguori, avril 2025.
18. Entretien avec un député RN, avril 2025.
19. Entretien avec Marine Le Pen, 19 mai 2025.

58

C'était mieux avant

En trois mois à Matignon, Michel Barnier était parvenu, par son style, à susciter si ce n'est l'admiration ou le soutien inconditionnel, au moins le respect. Et ce malgré l'échec à passer l'épreuve budgétaire. François Bayrou, lui, tout en réussissant à relever ce pari, est arrivé à l'inverse à susciter le rejet des parlementaires de tout bord. Au fil des semaines et des interventions, le locataire de Matignon n'a plus grand monde pour le défendre. « C'est un oreiller, il étouffe tout. Michel Barnier avait au moins du répondant, c'était à fleuret moucheté. Là, il n'y a rien[1] », assure par exemple l'écologiste Sandrine Rousseau. Sa collègue Sandra Regol est sur la même ligne : « Ça fait vingt ans qu'il a oublié ce que bosser voulait dire, du coup, il passe son temps à faire semblant[2]. »

1. Entretien avec Sandrine Rousseau, 20 février 2025.
2. Entretien avec Sandra Regol, 1er avril 2025.

Même dans son propre camp, on ne le ménage pas. « Il est capable de tout lâcher pour se sauver. Il jouera son maintien au prix du déficit et des impôts pour les entreprises. Il est tellement heureux d'être là et de contempler le paysage depuis son bureau de Matignon qu'il fera tout pour y rester. Il a attendu ça toute sa vie[3] », tempête une ancienne ministre. « Il est là pour durer. Il ne nous écoute pas du tout et il est très imprévisible. Il est capable de sortir des trucs de dingue[4] », peste un macroniste. « Il n'y a aucun engouement pour François Bayrou… Mais c'est peut-être ce qui fait sa force pour durer[5] », résume le député LR Corentin Le Fur.

Certains à droite vont même jusqu'à espérer que son gouvernement soit finalement renversé. « Il ne faut pas que cela tienne. Pour moi, aujourd'hui, l'absence de censure est une faute plus grande que la censure elle-même. L'inconsistance de tout cela est en train de faire trop de mal à notre pays », considère par exemple le député Aurélien Pradié, ex-LR désormais non inscrit. Et d'argumenter : « Ce qui se passe est à mon sens une forme de forfaiture. L'Assemblée ne sert plus à rien. Avant, le gouvernement acceptait au moins de prendre des risques. Là, on vit un moment dramatique où François Bayrou évite d'aller au vote pour ne pas perdre »[6]. Sans le crier sur tous les toits, beaucoup de députés pensent comme Aurélien Pradié.

3. Entretien avec une ancienne ministre, février 2025.
4. Entretien avec un député macroniste, avril 2025.
5. Entretien avec Corentin Le Fur, 4 mars 2025.
6. Entretien avec Aurélien Pradié, 2 avril 2025.

Et n'attendent qu'une chose : que ce Premier ministre qui leur « fait honte comme jamais », *dixit* un macroniste, tombe enfin. « Vivement la censure ! J'ai trop envie d'aller voir Sébastien Chenu, avec qui je m'entends bien, et de lui dire : "S'il vous plaît, lâchez-vous, faites-le sauter" »[7], avoue, mi-sérieux, mi-rigolard, un député Renaissance.

Marine Le Pen s'amuse justement du comportement de certains macronistes, qui, en coulisse, jure-t-elle, semblent prêts à tout pour se débarrasser de François Bayrou. « Certains députés Renaissance viennent faire le tour des tables à la buvette en disant à mes députés : "Alors, quand est-ce que vous le censurez ?" », confie-t-elle, presque scandalisée par cette « déloyauté ». « Imaginer des trucs aussi tordus... Celui qui me fait un truc comme ça, je le punaise au mur »[8].

---

7. Entretien avec un député Renaissance, 18 juin 2025.
8. Entretien avec Marine Le Pen, 19 mai 2025.

59

Le voile de la discorde

20 mars 2025 – Hôtel de Matignon

Combien de temps durera ce périlleux exercice d'équilibriste ? Comment faire tenir cette alliance quasi contre-nature qui fait, depuis juillet 2024, cohabiter presque contre leur gré des personnalités aux sensibilités opposées ? Ce 20 mars 2025, la tâche semble ardue. Plus que jamais, les divergences explosent au grand jour. Il fallait bien que cela arrive. Entre Élisabeth Borne, la femme de gauche, ancienne Première ministre d'Emmanuel Macron et désormais ministre de l'Éducation nationale de François Bayrou, et Bruno Retailleau et Gérald Darmanin, deux hommes de droite, respectivement ministres de l'Intérieur et de la Justice, le torchon brûle.

Au cœur de l'imbroglio, une proposition de loi sénatoriale visant à interdire le port du voile dans le sport. Un texte soutenu ouvertement par Bruno Retailleau et Gérald Darmanin. Et critiqué, dans le journal *L'Équipe*, par la ministre des Sports, Marie Barsacq. « Le port du voile, ce n'est pas de l'entrisme », juge-t-elle, mettant en garde contre « les confusions » et les « amalgames »[1]. Réponse du ministre de l'Intérieur dans *Le Parisien* : « Je suis en désaccord radical avec elle. Je rappelle à Marie Barsacq que le Sénat a voté la proposition de loi sur la laïcité dans le sport. Le gouvernement y était favorable et l'est toujours[2]. » Avant que la ministre de l'Éducation nationale, Élisabeth Borne, déclare quant à elle que c'est « la responsabilité des fédérations (sportives) de définir leur règlement intérieur ». « Cela suffit et cela permet de proscrire, de fait, les signes ostentatoires religieux dans les compétitions »[3], insiste-t-elle, sur France Info, volant ainsi au secours de sa collègue du gouvernement. De quoi faire bondir Gérald Darmanin, qui riposte dès le lendemain, sur TF1 : « Je regrette que la ministre des Sports et la ministre de l'Éducation nationale ne soutiennent pas plus cette autorité républicaine. » Déplorant sans les nommer leur « naïveté générale »[4].

Une cacophonie qui fait sortir de sa réserve habituelle François Bayrou, qui se décide, après plusieurs passes d'armes par médias interposés, à convoquer à Matignon les quatre ministres concernés : Élisabeth Borne, Gérald Darmanin, Marie Barsacq et Bruno

1. Entretien avec Marie Barsacq, « Le port du voile n'est pas de l'entrisme" : la ministre des Sports Marie Barsacq se démarque », *L'Équipe*, 12 mars 2025.

2. Interview de Bruno Retailleau, « Algérie, narcotrafic, laïcité : Bruno Retailleau durcit le ton », *Le Parisien*, 15 mars 2025.

3. Interview d'Élisabeth Borne, France Info, 17 mars 2025.

4. Interview de Gérald Darmanin, TF1, 18 mars 2025.

Retailleau. Ulcéré, ce dernier enrage. Il refuse d'être blâmé pour sa position. D'autant plus que le Premier ministre soutient la proposition de loi en question. « Tout ça parce qu'Élisabeth est allée pleurer dans les jupons de Bayrou parce que Gérald la traitait de naïve[5] », s'agace l'hôte de Beauvau, en privé.

Il cherche d'ailleurs une alliée supplémentaire pour cette réunion, où, il le sait, la tension sera au rendez-vous. Il en vient à appeler Aurore Bergé pour lui demander si, comme lui, elle a été convoquée. Réponse négative de l'intéressée. Qui appelle le Premier ministre pour lui demander si, en tant que ministre chargé de la Lutte contre les discriminations, sa présence ne serait pas légitime. « Je ne t'ai pas associée car je les ai convoqués pour les engueuler, mais viens[6] ! » lui répond François Bayrou.

Quelques heures plus tard, à l'hôtel de Matignon, la tension est palpable[7]. Dans l'antichambre du bureau du chef de gouvernement, les ministres se retrouvent dans une ambiance abominable. Bruno Retailleau, qui ne décolère pas, a la mine fermée. « Comment vas-tu ? l'interroge Élisabeth Borne en arrivant.

— Ça ne va pas, lui répond-il d'un ton ombrageux.

— J'estime que je n'ai pas à être convoqué sur la question du voile et de la laïcité. » Gérald Darmanin arrive à son tour, tout sourire. Élisabeth Borne lui lance, à brûle-pourpoint : « Alors comme ça, je suis

5. Propos rapportés à l'auteur par plusieurs sources.

6. Propos rapportés à l'auteur par plusieurs sources.

7. Cette scène et les différents propos qui y sont prononcés ont été rapportés à l'auteur par plusieurs participants.

naïve sur l'islam ? » Climat glacial. « On peut peut-être au moins se dire bonjour ? objecte, mi-gêné, mi-sarcastique, le ministre de la Justice.

— Bonjour. Et donc, tu estimes que je suis naïve sur l'islam ? »

Il est l'heure d'entrer dans le bureau du Premier ministre et de s'installer autour de la table rectangulaire. D'un côté, François Bayrou, de l'autre, les cinq convoqués. Fait rarissime, aucun conseiller ministériel n'est présent. La tension est toujours aussi forte entre les ministres. « Je refuse que l'on puisse dire ou penser que j'ai une quelconque naïveté vis-à-vis du voile ou de la laïcité. Et je refuse que mes propos soient déformés comme ils l'ont été », peste la ministre de l'Éducation nationale en visant son collègue. François Bayrou tente de calmer les esprits : « Depuis le début, je vous laisse jouir d'une liberté totale dans votre ton ou dans vos propos. Mais je ne vous demande qu'une seule chose, c'est de ne jamais vous mettre les uns et les autres en accusation. Et ça a malheureusement été le cas ces derniers jours, regrette-t-il. Nous devons avoir, au sein de ce gouvernement, et au vu de la situation, une solidarité totale. »

Bruno Retailleau s'agace. Il considère qu'à aucun moment il n'a manqué de solidarité vis-à-vis du gouvernement en place. Et surtout pas sur le sujet du voile, où il n'a fait que donner son avis, justement conforme à celui du Premier ministre, et donc, de l'exécutif. « Je n'ai rien à faire là puisque je n'ai en rien mis en accusation quiconque au sein du gouvernement », rétorque en substance le ministre de l'Intérieur, d'un ton ferme.

François Bayrou avance sa main pour lui faire signe d'arrêter de parler. Puis lui lance : « Tu te tais ! » Le ministre se lève alors soudain, avant de répondre en s'éloignant : « Je me tais, eh bien je m'en vais. » Finalement, François Bayrou parvient à tempérer le locataire de la place Beauvau, qui regagne sa place autour de la table.

La tension, qui avait atteint son paroxysme, redescend d'un seul coup. Chacun finit par accepter l'idée que dans ce gouvernement éclectique, plusieurs lignes peuvent coexister, qui ont toutes leur légitimité à vivre dans le débat public. Si l'équilibre est fragile, il n'est pour autant pas question de créer de couac gouvernemental. Au bout d'une heure, ils se quittent au moins dans de meilleures dispositions. Mais un flou demeure quant à la ligne à tenir, entre l'immense liberté politique qui leur permet de dire ce qu'ils veulent et cette solidarité gouvernementale qui leur impose de ne pas mettre l'un de leurs collègues en porte-à-faux. Finalement, c'est Aurore Bergé qui, lors des questions au gouvernement, rappelle la « ligne très claire » qui est la leur sur le sujet du voile dans les compétitions sportives. Elle réaffirme le soutien à la proposition de loi sénatoriale visant à l'interdire, ainsi que tout autre signe religieux ostentatoire. Une position très loin, donc, d'être partagée par tous les membres de l'exécutif.

Mais cette ligne fera long feu. Le 1er avril, à l'occasion du traditionnel petit déjeuner de la majorité, Laurent Wauquiez interroge François Bayrou sur l'inscription du texte sénatorial à l'Assemblée nationale.

Pas de réponse de l'intéressé. « J'aimerais bien avoir une réponse sur le port du voile, le relance, quelques minutes plus tard, le président du groupe DR.

— J'ai changé d'avis. Je ne veux pas stigmatiser la communauté musulmane qui représente 9 millions de personnes dans notre pays, lui répond, un peu hésitant, le chef du gouvernement avant de reprendre : Est-ce vraiment le moment d'ouvrir ce genre de débat qui clive ? » Furieux, Laurent Wauquiez lâche : « Moi, je me souviens de l'édit de Nantes... Toi, tu fais de grandes phrases, mais tu ne veux rien changer »[8]. Et se claquemure dans le silence.

---

8. Propos rapportés à l'auteur par plusieurs sources, dont Laurent Wauquiez, 2025.

60

Meilleurs ennemis

7 avril 2025 – Hémicycle de l'Assemblée nationale

« Je vous le dis dans les yeux, comme je le pense, Madame la ministre : il y avait un bloc central, mais il y aura un avant ce soir et un après[1]. » Le député LR Pierre Cordier est furibard. Debout devant son micro, il annonce officiellement la position qui sera celle de son groupe pour le vote de la proposition de loi visant à favoriser le respect de la parité dans les conseils municipaux, en étendant aux communes de moins de 1 000 habitants le mode de scrutin de liste paritaire. Sans surprise, les députés du groupe de Laurent Wauquiez voteront contre, après avoir argumenté leur opposition à ce texte une bonne partie de l'après-midi. Mais ce qui fait particulièrement sortir de ses gonds Pierre Cordier ce soir, c'est le comportement des macronistes pendant les débats. « La danse du ventre

1. Prise de parole de Pierre Cordier dans l'Hémicycle, 7 avril 2025.

s'est faite davantage en direction du Parti communiste et des Verts qu'en direction du groupe Horizons et de celui des Républicains. Je le regrette : ce soir, Madame la ministre, la majorité parlementaire est fissurée à l'occasion des discussions sur ce texte. Nous verrons pour l'avenir, mais cet épisode laissera des traces[2] », déplore-t-il.

Dans l'Hémicycle, la température était montée quelques heures plus tôt lorsque la ministre au banc, Françoise Gatel (UDI, chargée de la Ruralité), a demandé qu'une seconde délibération ait lieu sur l'article 5 du texte. Les députés avaient adopté à une petite voix près, quelques minutes plus tôt, un amendement proposant de décaler l'entrée en vigueur de cette loi, qui s'appliquerait non pas pour 2026 mais pour les élections municipales suivantes. Une nouvelle délibération immédiatement acceptée par Yaël Braun-Pivet, au Perchoir. Hurlements et claquements de pupitres sur les bancs Insoumis, furieux contre cette décision.

Et énorme colère chez LR, qui ne s'attendaient pas à un tel coup venant de leurs alliés macronistes. « C'est un scandale », crie Pierre Cordier. « Je n'ai jamais vu ça, c'est honteux »[3], s'énerve aussi sa collègue Émilie Bonnivard. « Demander une seconde délibération pour revenir sur l'adoption d'un amendement émanant d'un groupe de ce que vous appelez, je crois, le socle commun, est de très mauvais augure pour votre

2. *Ibid.*
3. Citations tirées du compte rendu de séance, 7 avril 2025.

gouvernement[4] », menace même, à demi-mot, l'ancien président du groupe LR, Olivier Marleix.

Même les alliés historiques du groupe Horizons sont stupéfaits. « Respectons le vote des élus présents, réclame, tout en mesure, l'ancienne ministre philippiste Agnès Firmin-Le Bodo, qui soutient également le report de cette mesure à une date ultérieure. Le scrutin était public et les amendements numéro 4 et identiques ont été adoptés à la majorité[5]. » « Honnêtement, ce moment m'a marqué… Ça arrive que des gouvernements demandent une seconde lecture, mais jamais contre leur propre majorité ! Ce n'est pas possible[6] », retrace après coup son collègue Sylvain Berrios.

Leurs complaintes n'y changeront rien. Il y aura bien une deuxième délibération. Et la séance vire alors au chaos général. Depuis son Perchoir, Yaël Braun-Pivet tente de faire revenir le calme. Les députés ne le savent pas, mais c'est à elle qu'ils doivent cette seconde délibération. Avant de prendre sa décision, la ministre Françoise Gatel a appelé le cabinet du Premier ministre, qui lui a répondu par la négative : pas la peine d'allumer un nouvel incendie au sein du très friable socle commun, l'Assemblée s'est prononcée, ainsi soit-il. Mais la présidente du Palais-Bourbon ne l'entend pas de cette oreille. Elle est l'une des artisanes de cette proposition de loi, et elle profite donc d'une

4. Prise de parole d'Olivier Marleix dans l'Hémicycle, 7 avril 2025.

5. Prise de parole d'Agnès Firmin-Le Bodo dans l'Hémicycle, 7 avril 2025.

6. Entretien avec Sylvain Berrios, 30 avril 2025.

suspension de séance pour passer un coup de téléphone au ministre des Relations avec le Parlement, Patrick Mignola. « C'est quoi ce délire ? Pourquoi vous refusez une seconde délibération ? » lui lance-t-elle, en colère. « Écoute, on fait ce que tu veux : si tu veux une seconde délibération, alors allez-y », lui répond-il[7].

Bingo. Yaël Braun-Pivet sait qu'elle peut faire changer l'avis de certains sur le vote de cet amendement. Et notamment, celui des communistes. Avant la reprise de la séance, elle rend donc visite à leur président, Stéphane Peu. Ce dernier, comme beaucoup, estime que cette loi arrive trop tard pour être mise en place lors des prochaines échéances municipales, en 2026. « Tu sais très bien que ce n'est pas de notre fait si ce texte arrive aussi proche des élections, et que son dépôt remonte à bien longtemps. Il ne faut pas reprocher à l'Assemblée quelque chose qui n'est pas sa faute. Est-ce que tu penses que vous pourriez revoir votre position[8] ? » négocie-t-elle. Après en avoir discuté avec les députés de son groupe, le communiste accepte.

Et voilà que le chaos s'installe donc une nouvelle fois dans l'Hémicycle, entre suspensions de séances, rappels au règlement et invectives. « Il est mort, le socle commun[9] », s'amuse l'écologiste Marie Pochon alors que les LR continuent de crier au scandale contre

7. Information et propos rapportés à l'auteur par plusieurs sources.

8. Entretien avec Yaël Braun-Pivet, 5 mai 2025.

9. Propos tirés du compte rendu de séance, 7 avril 2025.

la décision du gouvernement. Mais en début de soirée, la proposition de loi est finalement adoptée, sans l'amendement modifiant sa date d'entrée en vigueur. Un épisode qui laissera des traces dans le socle commun. « Les députés de notre groupe ont vécu cela comme un sentiment d'humiliation[10] », regrette, dès le lendemain, la vice-présidente philippiste de l'Assemblée, Naïma Moutchou. Son groupe réclamera d'ailleurs, quelques heures plus tard, par le biais d'une lettre cosignée avec Laurent Wauquiez, la suspension de la loi en question. Sans obtenir gain de cause. Une missive que regrettera, quelques jours plus tard, Édouard Philippe, en bureau politique : « Quand on est dans la boue, il vaut mieux avancer vite pour s'en sortir que de gesticuler et s'enfoncer[11]. » Sous-entendu : merci de ne plus faire de vagues.

10. Propos rapportés à l'auteur par plusieurs sources.
11. Propos rapportés à l'auteur par plusieurs participants.

61

Bordélisation suprême

Vendredi 11 avril 2025 – Palais-Bourbon

L'Hémicycle est presque entièrement vide, ce vendredi 11 avril 2025. Les quelques députés présents débattent du premier véritable texte gouvernemental – hormis le budget adopté en février –, le projet de loi de simplification de la vie économique. Dans quelques heures, les débats seront interrompus pour quinze jours à cause des vacances parlementaires. Ils reprendront ensuite à la rentrée pendant quelques jours, sans certitude que l'examen des centaines d'amendements puisse aller à son terme. Et pour cause : depuis quelques semaines, l'agenda parlementaire est plein à craquer, rempli de petites propositions de lois sur des sujets variés dont beaucoup ne parviennent même pas à leur terme et sont renvoyées aux calendes grecques. Un véritable capharnaüm législatif qui complique la vie des députés comme des ministres, qui ne savent plus, d'un jour à l'autre, quels sont les textes débattus en commission ou dans l'Hémicycle.

« Depuis huit ans que je suis député, je n'ai jamais vu un ordre du jour aussi chaotique ! On n'arrive plus à suivre... D'autant plus qu'il y a une dichotomie entre nos débats et les préoccupations des gens, critique l'ancien ministre et désormais député Guillaume Kasbarian qui en veut au gouvernement de cette organisation si décousue : Je ne vois pas comment ils vont pouvoir faire la publicité de l'action gouvernementale avec ça... Quel est le cap ? Quelle est la philosophie ? Cela ressemble à un canard sans tête qui gigote dans tous les sens[1]. » Un cadre macroniste présent depuis 2017 abonde : « Ils vident les tiroirs. On a trois commissions mixtes paritaires par semaines, il y a des procédures accélérées sur tous les textes, tout est fait à l'arrache, dans l'urgence. On n'a plus le temps de bosser[2]. »

Ce casse-tête a une raison principale : le gouvernement Bayrou, afin d'éviter la censure, occupe les députés en inscrivant à l'ordre du jour des propositions de lois issues, la plupart du temps, du Sénat. Objectif : ne prendre aucun risque en ne faisant débattre les députés que sur des textes plus ou moins consensuels issus d'initiatives parlementaires. Ce fut le cas de la proposition de loi visant à lutter contre le narcotrafic, et ce sera le cas, dans quelques semaines, des deux textes visant à légiférer sur le sujet clivant de la fin de vie.

1. Entretien avec Guillaume Kasbarian, 9 avril 2025.
2. Entretien avec un député macroniste, avril 2025.

« L'Assemblée nationale ne sert plus à rien, tranche le député non inscrit Aurélien Pradié. Là, sur tous les sujets, ils vont à la facilité sans voir que le moment est dramatique[3]. » Autres coupables de cet ordre du jour complètement embouteillé : les députés eux-mêmes. Car une stratégie s'est désormais généralisée au Palais-Bourbon : l'obstruction parlementaire. Lorsque les députés d'un camp ne sont pas d'accord avec une loi, ils rivalisent d'inventivité pour déposer des amendements par milliers afin de bloquer complètement les débats, ou, au minimum, de les retarder le plus possible. La pratique, qui a toujours existé, s'est largement développée ces derniers mois, au point de faire échouer complètement l'examen de certains textes. Ce fut le cas pendant la journée de niche de LFI, où les macronistes ont assumé de déposer des centaines d'amendements pour que les débats sur l'abrogation de la réforme des retraites n'arrivent pas à leur terme. Ce fut encore le cas plus récemment lorsque la gauche, menée par les socialistes, a réussi à faire capoter les débats sur la proposition de loi visant à réformer l'audiovisuel public lors de son examen en Commission des affaires culturelles.

Faute de majorité, le Palais-Bourbon est donc devenu complètement impraticable. De quoi frustrer des élus qui espéraient pourtant, il y a quelques mois encore, que cette situation politique complexe aurait au moins l'avantage de faire naître un véritable lieu de débats au sein de l'Assemblée nationale. « On bosse

3. Entretien avec Aurélien Pradié, 2 avril 2025.

comme des dingues mais on ne change pas assez la vie des gens. On n'a que des petites lois avec peu d'impact, mais on termine quand même tard tous les soirs[4] », regrette l'écologiste Sandra Regol. Son collègue Alexis Corbière va encore plus loin : « Nous sommes dans un moment de banalisation du coup de force contre le Parlement. Les gouvernements illégitimes et minoritaires s'enchaînent et fonctionnent sur la base d'astuces et de ruses pour durer le plus longtemps possible. Sauf que ça ne marche pas[5]… »

4. Entretien avec Sandra Regol, 1er avril 2025.
5. Entretien avec Alexis Corbière, 26 mars 2025.

62

Les comptes ne sont pas bons

Les temps changent. Les macronistes l'ont appris à leurs dépens. À l'Assemblée nationale, pourtant dans la « majorité », ils se font désormais dicter la loi par les oppositions. Les statistiques de ce début de législature sont éloquentes. Au 15 mai 2025, alors que les deux propositions de loi sur la fin de vie sont en débat dans l'hémicycle, les chiffres parlent d'eux-mêmes. Et confirment les grandes difficultés des gouvernements et de leurs soutiens à être les maîtres du jeu dans l'arène parlementaire. Ainsi, sur 494 amendements déposés par l'exécutif en séance publique, seuls 180 ont été adoptés. À peine plus de 36 %, contre plus de 43 % entre 2022 et 2024, alors que les troupes macronistes possédaient pourtant déjà une majorité seulement relative. Les résultats des députés Renaissance sont encore moins bons : ils n'ont, depuis leur retour post-législatives anticipées, réussi à faire adopter que 322 amendements sur les

3 034[1] qu'ils ont déposés, soit à peine plus de 10 % d'entre eux.

À l'inverse, du côté des oppositions, le taux de réussite s'est largement amélioré. Le RN passe par exemple d'un taux de 1,4 % de succès sous la législature précédente à celui de 5,1 % aujourd'hui. Une augmentation de plus de 264 %. Ce, alors même qu'une grande partie des députés, excepté ceux issus des rangs ciottistes et des Républicains, se refusent à voter pour un amendement déposé par le RN. Une évolution principalement due au nombre désormais bien plus important de députés de droite nationaliste au Palais-Bourbon. « On est tellement nombreux, et souvent bien plus assidus que les autres groupes, que notre présence suffit à faire passer nos amendements », se félicite Edwige Diaz. Avant de noter, tout de même, une évolution dans le comportement du gouvernement ou des responsables de textes : « Nous arrivons maintenant parfois à obtenir des avis de sagesse[2] de l'exécutif ou des rapporteurs. Ils sont bien obligés de faire avec nous puisqu'ils savent que sinon, la plupart du temps, rien ne passe. »[3]

Malgré la supposée supériorité numérique de la gauche dans l'Hémicycle, les Insoumis affichent un

1. Tous les chiffres donnés dans le chapitre sont des données officielles communiquées par le service presse de l'Assemblée nationale, 15 mai 2025.

2. Un avis de sagesse peut être prononcé par le gouvernement quand il ne souhaite se prononcer ni « favorablement », ni « défavorablement » concernant le vote d'un amendement ou d'un article lors de son examen au Parlement. Il en appelle donc à « la sagesse » des parlementaires, ce qui lui permet de garder une forme de neutralité.

3. Entretien avec Edwige Diaz, 7 mai 2025.

taux d'adoption de leurs amendements extrêmement bas : seulement 4,7 % (139 sur 2 923 déposés). Lors de la précédente législature, ce taux était de 1,6 % (594 sur 36 560). On pourrait y voir une augmentation de 193,75 %, mais il est en réalité nécessaire de la nuancer : lors de la précédente législature, leur taux de réussite avait en effet largement été biaisé par leur obstruction parlementaire massive – près de 13 000 amendements déposés – pendant l'examen de la réforme des retraites. S'ils sont en très nette augmentation, ces chiffres restent donc tout de même faibles eu égard au nombre de parlementaires de gauche dans l'Hémicycle, qui soutiennent une très large majorité des amendements LFI.

Les socialistes, eux, parviennent au contraire largement à tirer leur épingle du jeu. Depuis juillet dernier, ils sont parvenus à faire adopter 267 amendements sur 2 253, soit un taux de 11,8 %. Une moyenne supérieure à celle de tous les autres groupes parlementaires. Ce chiffre n'était que de 9,6 % lors de la précédente législature. Une réussite due à leur position centrale dans l'Hémicycle, soutenus à la fois régulièrement par l'ensemble des groupes de gauche, mais aussi, de plus en plus souvent, par les macronistes.

63

Séance nocturne

Vendredi 23 mai – Hémicycle de l'Assemblée nationale

Au Palais-Bourbon, les séances se tendent régulièrement la nuit. Mais elles peuvent aussi souvent être bien plus sympathiques et bon enfant. Les débats sur les deux propositions de loi « fin de vie », l'une visant à étendre l'accompagnement en développant les soins palliatifs, l'autre instaurant un droit à « l'aide à mourir », en sont le parfait exemple. Ce vendredi 23 mai, il est 21 h 30 et l'Hémicycle est encore vide de députés. Mais les pupitres sont remplis : ordinateurs, tablettes numériques, dossiers législatifs, règlements intérieurs de l'Assemblée, trousses et même quelques sacs à main attendent leurs propriétaires dans une enceinte parlementaire totalement silencieuse[1].

1. L'auteur a assisté à cette séance et a donc pu observer toutes les anecdotes racontées dans ce chapitre.

Pour la deuxième semaine d'affilée, les députés ont débattu toute la journée de cette grande loi sociétale. Et ils vont continuer toute la soirée, ainsi qu'une partie du week-end. Comme souvent, les quelques élus spécialistes du sujet reviennent les premiers, afin d'être présents lorsque la présidente de séance, l'Insoumise Nadège Abomangoli, relance les débats. Les LR sont trois, mais ce sont eux qu'on entend le plus. Trois députés hostiles à l'ouverture de la France à l'euthanasie, qui ont décidé, depuis le début de l'examen du texte, d'argumenter point par point chacun des détails de la proposition de loi. Il y a l'élu des Hauts-de-Seine Philippe Juvin, médecin et chef du service des urgences de l'hôpital Georges-Pompidou. Thibault Bazin, rapporteur général du PLFSS. Et Patrick Hetzel, ancien ministre de l'Enseignement de Michel Barnier.

Les trois argumentent respectueusement. Mais leur activisme agace, sur les bancs de ceux qui aimeraient accélérer les débats et en finir dès ce soir. « On peut peut-être arriver à terminer si on arrive à en enfermer quelques-uns dans les toilettes pour qu'ils ne défendent pas leurs amendements[2] », s'amuse par exemple Sandrine Rousseau pendant une prise de parole de l'un d'entre eux. « Des racines et d'Hetzel prend la parole », « Je n'en dirai Bazin mot ! »[3], s'amuse l'Insoumis Hadrien Clouet, grand adepte des calembours. « Visiblement, ça se confirme, les LR ne veulent pas

2. Échange de SMS avec Sandrine Rousseau, 23 mai 2025.
3. Échange de SMS avec Hadrien Clouet, 23 mai 2025.

qu'on fasse une prolongée pour finir ce soir[4]... » grince de son côté l'ancienne ministre de la Santé Agnès Firmin-Le Bodo, très impliquée sur le texte depuis sa toute première mouture.

Petit à petit, l'Hémicycle se remplit. Aux alentours de 22 heures, l'Insoumis Louis Boyard entre dans l'enceinte parlementaire, monte l'escalier et s'installe. Il jette son téléphone sur la table et s'assoit nonchalamment sur son siège, jambes écartées. Malgré l'heure et le jour de la semaine, la fréquentation est plutôt importante : près de 200 députés sont présents. Les Insoumis sont, comme toujours, très mobilisés. Mathilde Panot, leur patronne, est d'ailleurs la seule présidente des onze groupes parlementaires à être présente ce soir. Les débats sont extrêmement respectueux. Il n'y a ni éclats de voix ni mot déplacé. On se chambre même entre députés de camps et d'opinions opposées, comme le font le communiste Jean-Paul Lecoq et le LR Thibault Bazin, ou l'Insoumis Antoine Léaument et le macroniste Vincent Caure. « Je l'aime bien car il aime bien la Révolution[5] ! » se justifie le mélenchoniste. En tribunes visiteurs, la vingtaine de personnes qui ont fait le déplacement écoutent les argumentaires des uns et des autres avec un regard attentif. Une ambiance loin de la caricature rabâchée quotidiennement dans certains médias.

Comme souvent, les élus les plus en retrait, voire qui ne prennent pas du tout la parole, tentent de

4. Échange de SMS avec Agnès Firmin-Le Bodo, 23 mai 2025.
5. Échange de SMS avec Antoine Léaument, 23 mai 2025.

s'occuper. La socialiste Sandrine Runel plie des piles de lettres et les insère dans des enveloppes. Il s'agit d'un courrier pour les habitants de sa circonscription. « Ça me permet de les informer du contenu [de cette loi] et de ma position. C'est la première fois que je fais ça mais comme j'ai reçu beaucoup de mails et que je suis cheffe de file, je pense que c'est important[6] », explique-t-elle. Pendant ce temps, l'écologiste Steevy Gustave joue aux cartes sur son portable, une socialiste regarde une série sur Netflix et le RN Émeric Salmon traite ses messages en retard. Les élus quittent parfois leur place pour s'asseoir et discuter avec un collègue pas très loin. Avant de se lever précipitamment et de courir pour voter à leur pupitre, lorsque la présidente de séance annonce un scrutin public.

Dans tous les rangs, de drôles d'enveloppes volumineuses circulent. À l'intérieur ? Des bonbons Haribo côté socialiste, des nounours à la guimauve et des caramels chez les troupes macronistes. « Heureusement qu'il y a ça ! Mais ça colle aux dents[7] », fait remarquer Agnès Firmin-Le Bodo. Pendant ce temps-là, les LR continuent d'argumenter contre le texte. Ils se savent en minorité ce soir. Ils savent aussi qu'ils perdront mardi, lors du vote solennel. Ce qui ne les empêche pas de mener proprement leur combat. « Il est important d'identifier les lacunes du projet de loi. On n'est qu'au début de la navette parlementaire. On prend date sur

6. Échange de SMS avec Sandrine Runel, 23 mai 2025.
7. Échange de SMS avec Agnès Firmin-Le Bodo, 23 mai 2025.

de nombreux sujets[8] », se félicite Thibault Bazin. Les députés réussiront-ils à terminer les débats ce soir ? Le Renaissance François Cormier-Bouligeon l'espère, lui qui écoute dans ses AirPods « La Dernière Séance », d'Eddy Mitchell, pour se donner de l'espoir[9].

Ce ne sera pas le cas. Les parlementaires devront revenir le lendemain matin. Aussi, à minuit, l'Hémicycle se vide.

Quelques jours plus tard, mardi 27 mai 2025, les députés adoptent finalement les deux propositions de loi sur la fin de vie. Mais les débats sur ces textes, déjà interrompus par la dissolution de l'Assemblée nationale en juin 2024, ne font que commencer. Et l'adoption définitive est encore très loin.

---

8. Échange de SMS avec Thibault Bazin, 23 mai 2025.
9. Échange de SMS avec François Cormier-Bouligeon, 23 mai 2025.

64

Ennui mortel

Il y a les anciens ministres de l'ère Élisabeth Borne, puis ceux du gouvernement de Gabriel Attal. Désormais, il y a aussi ceux qui faisaient partie de l'exécutif sous Michel Barnier. À l'Assemblée nationale, il faut bien l'avouer, la vie n'est pas simple pour les députés. Encore plus lorsqu'ils ont connu des fonctions gouvernementales. Depuis juillet et le retour au Palais-Bourbon, les ex-ministres déambulent dans les couloirs comme des âmes en peine. Pour le comprendre, il suffit de croiser Gérald Darmanin, seul, l'air un peu cafardeux, le 1er octobre 2024, à la buvette des journalistes du Palais-Bourbon, en train de lire *Le Monde* en sirotant un café.

Après plus de sept ans au gouvernement, le retour à l'Assemblée, sans aucune responsabilité, est brutal pour l'ancien patron de la place Beauvau. « Je me fais chier. J'en profite pour voir mes enfants, partir en week-end, prendre un peu de vacances[1] », confie-t-il

1. Propos rapportés à l'auteur par un député, 2025.

notamment à un ami. « Lui, Gabriel Attal, Élisabeth Borne, Olivia Grégoire, Prisca Thévenot, et j'en passe, ils ont l'impression de revenir sur un champ de ruine, au début de l'ère glaciaire de la macronie », décrit un député Renaissance qui les côtoie au quotidien. Avant d'élargir son analyse aux autres députés : « Tout le monde est pétri de rancœurs vis-à-vis du président, perdu par rapport à ses propres convictions, démoralisé. La dissolution était un suicide raté. On s'est jetés du camion mais malheureusement, on n'est pas morts. On est paraplégiques »[2].

Les semaines passent et peu importent les sensibilités, les anciens ministres traînent leur désarroi. « Philippe Vigier [autrefois aux Outre-mer] a du mal à s'en remettre. Il a l'impression qu'on lui a coupé l'herbe sous le pied. Olivia Grégoire traverse une période difficile… », confie le Modem Richard Ramos. Qui regrette que certains soient, depuis leur retour, « devenus très aigris ». « On a au Parlement beaucoup d'anciens ministres. Ils ont été ministres et, du coup, ils se croient supérieurs alors qu'il n'y a qu'eux qui savent qu'ils l'ont été. En quelques mois, leur fonction a dévoré leur personne »[3], critique-t-il.

« Ça n'est pas facile car il faut quand même se refaire un sens et une capacité d'action. Il faut se construire des objets sur lesquels investir du temps, se réinventer[4] », raconte Thomas Cazenave. « C'est très étrange

2. Entretien avec un député Renaissance, 2025.
3. Entretien avec Richard Ramos, 30 avril 2025.
4. Entretien avec Thomas Cazenave, 6 mars 2025.

de revenir dans cette configuration. Le moment est morose, il y a une forme de vide. Vide de sens, vide d'agenda. Le rythme n'est plus du tout le même. Il y a forcément des doutes[5] », se souvient Aurore Bergé, alors redevenue députée, mais qui ne le restera pas longtemps puisqu'elle sera de nouveau nommée au sein du gouvernement Bayrou, trois mois plus tard. Entre les deux, l'élue des Yvelines s'est replongée dans le travail parlementaire et a terminé son livre[6]. « Il faut se remettre dans une autre dynamique. On fait différemment. De toute façon, on n'est pas ministre toute sa vie et on en est tous conscients[7] », retrace-t-elle.

Puis, trois petits mois plus tard, ce sont les ministres choisis par Michel Barnier qui, à leur tour, se voient redevenir députés – pour ceux qui l'étaient – après la censure faisant tomber son gouvernement. Et c'est une nouvelle vague de frustration et de déprime qui déferle sur le Palais-Bourbon. « Ça a été dur. Il y a un sentiment d'injustice, d'inachevé. Ce qui est difficile, c'est de retrouver un peu de sens à l'Assemblée nationale dans un moment où il n'y a pas de grand projet[8] », avoue Maud Bregeon, porte-parole du gouvernement Barnier. Dans quelques semaines, certains redeviendront peut-être ministres. Et leurs collègues du gouvernement réapparaîtront quant à eux sur les bancs du Palais-Bourbon. Ainsi va la vie politique quand rien n'est stable.

---

5. Entretien avec Aurore Bergé, 7 mai 2025.
6. *Nos combats pour la République*, Robert Laffont, 2025.
7. Entretien avec Aurore Bergé, 7 mai 2025.
8. Entretien avec Maud Bregeon, 9 janvier 2025.

65

L'affrontement qui vient ?

26 mai 2025 – Hémicycle de l'Assemblée nationale

L'ambiance est explosive, ce 26 mai 2025, à l'Assemblée nationale. Par une manœuvre inédite dans l'histoire parlementaire, les macronistes et la droite sont sur le point de faire adopter une motion de rejet pour faire retoquer le texte visant à lever les contraintes qui pèsent sur l'exercice du métier d'agriculteur. Un texte qui est le leur ! Objectif : éviter l'obstruction parlementaire des écologistes et des Insoumis, qui ont, à eux seuls, déposé plus de 2 500 amendements. De cette manière, ils envisagent de permettre à la proposition de loi en question – qui ouvre la voie à la réintroduction dérogatoire de plusieurs insecticides interdits depuis quelques années, comme l'acétamipride, un produit de la famille des néonicotinoïdes – d'être adoptée à huis clos lors d'une commission mixte paritaire réunissant sept députés et sept sénateurs.

Une manœuvre jamais vue, qui ulcère la gauche et met le feu à l'Hémicycle. Les Insoumis s'insurgent par la voix de leur patronne, Mathilde Panot : « Vous inventez une nouvelle forme de 49.3. [...] Vous avez peur de la démocratie. [...] Vous êtes en train de créer un précédent extrêmement dangereux car si vous acceptez qu'une motion de rejet devienne un 49.3 contre l'Assemblée nationale, alors ce n'est plus vous, les députés, qui légiférez, mais la FNSEA [Fédération nationale des syndicats d'exploitants agricoles][1] », pilonne-t-elle. En face d'elle, les hurlements font rage. Ils viennent principalement des bancs du RN. « Dehors ! », « Sortez ! »[2], lancent, de manière très vocale, les députés du parti de Marine Le Pen, qui soutiennent la manœuvre des macronistes et de la droite afin que ce texte puisse être rapidement adopté. Même scène, quelques minutes plus tard, lorsque la patronne des écologistes, Cyrielle Chatelain, prend la parole. Et mêmes hurlements, encore un peu après, quand les Insoumis brandissent des pancartes avec des prénoms de personnes et les maladies qu'elles auraient contractées à cause des pesticides.

Ces images sont révélatrices de l'affrontement qui fait rage, depuis le début de la législature, entre la gauche et les nationalistes. Dans l'Hémicycle, Insoumis comme députés RN sont souvent aussi mobilisés que sonores. « La première fois que j'ai présidé, je me suis

1. Prise de parole de Mathilde Panot dans l'Hémicycle, 26 mai 2025.

2. Cette scène comme ces paroles ont été observées et entendues par l'auteur, présent dans l'Hémicycle ce jour-là.

rendu compte du bloc RN. Sa consistance, son volume, le nombre impressionnant de députés que ça représente. C'est étrange et ça veut dire qu'on a passé une phase politique. Ça pose évidemment la question de comment on s'en sort, et là, le cocktail est explosif[3] », livre Nadège Abomangoli. « Quand ils applaudissent, quand ils crient tous en cadence, c'est physique. C'est presque militaire, ça dégage de la puissance[4] », décrit le macroniste Sylvain Maillard lorsqu'il évoque les troupes de Marine Le Pen. La sensation est la même vis-à-vis du bloc en face, de l'autre côté de l'Hémicycle, où les députés mélenchonistes, encore plus lorsqu'ils sont accompagnés de toute la gauche, savent combattre à l'unisson. « Ils applaudissent ensemble, font la guerre ensemble, communiquent ensemble. Pourquoi nous, on n'arrive pas à faire ça[5] ? » regrette un député socialiste. « Heureusement qu'on est là. La colère doit s'exprimer à l'Assemblée. Et ce n'est pas parce que l'on a des mots durs que nous sommes des violents[6] », se dit Mathilde Panot.

Telle est leur stratégie. Surtout, ne jamais paraître « trop gentils », « sinon, on se fait rattraper par la base »[7], prophétise souvent Jean-Luc Mélenchon. Le groupe LFI est d'ailleurs plus soudé que jamais sous cette législature, après le départ de personnalités comme Alexis Corbière, François Ruffin ou

3. Entretien avec Nadège Abomangoli, 6 mars 2025.
4. Entretien avec Sylvain Maillard, 14 mai 2025.
5. Entretien avec un député socialiste, 2025.
6. Entretien avec Mathilde Panot, 19 décembre 2024.
7. Entretien avec Jean-Luc Mélenchon, 10 janvier 2025.

Clémentine Autain. Ce qui renforce le sentiment de bloc uni, prêt à partir en guerre et à faire preuve d'une grande solidarité. « Ceux qui sont avec nous savent que le pouvoir de nuisance n'existe pas. Si tu nuis, tu es mort[8] », confie d'ailleurs Jean-Luc Mélenchon en privé.

Au cours de l'examen du budget, les débats se sont d'ailleurs très fréquemment déroulés entre députés Insoumis et élus du RN. Une bataille idéologique à laquelle les autres n'ont pas souvent été invités. « Le gouvernement a été tenu sous respiration artificielle par le RN. Il n'y a que la gauche et, en face, le RN. C'est hallucinant[9] », constate d'ailleurs à l'époque le président LFI de la Commission des finances, Éric Coquerel. Parfois, les frictions deviennent presque physiques. Dans les couloirs, mélenchonistes et maristes ne s'adressent pas la parole, mais leurs collaborateurs parlementaires, eux, se regardent en chiens de faïence. « Il y a de la tension car ils ressentent de la haine envers nous[10] », raconte le député RN Julien Rancoule. « Les conseillers parlementaires LFI et RN sont souvent proches d'en venir aux mains. La faute aux Insoumis, qui les regardent toujours comme s'ils avaient tué leur mère[11] », confie, presque inquiet, un macroniste.

Le 9 avril 2025, pendant une manifestation de collaborateurs parlementaires de gauche dans les jardins

8. Propos rapportés à l'auteur par plusieurs sources.
9. Entretien avec Éric Coquerel, 25 octobre 2025.
10. Entretien avec Julien Rancoule, 8 avril 2025.
11. Échange informel avec un macroniste, 2025.

du Palais-Bourbon, des tensions très fortes éclatent entre des députés du NFP et des journalistes du média identitaire Frontières, considéré comme idéologiquement proche du RN. « Cette journée m'a marqué car le comportement de la gauche, et particulièrement des Insoumis, révélait leur haine de l'extrême droite. Ils auraient pu les frapper[12] », décrit un collaborateur parlementaire macroniste. Ce jour-là, plusieurs députés socialistes sont filmés en train de prendre à partie les jeunes reporters, notamment la députée PS Claudia Rouaux, qui joue des coudes afin d'écarter une des rédactrices du média. La vidéo est virale et les élus incriminés sont pris pour cible sur les réseaux sociaux, accusés de s'en prendre à la presse. Ce que l'Insoumise Marie Messmer, également présente pendant l'altercation, regrette, en petit comité. « Je suis dégoûtée… Personne n'a remarqué que j'étais là et que, moi aussi, je leur ai dit de partir, à ces fachos. En plus, on ne me reconnaît pas avec mes lunettes[13]… » De l'art de mettre en scène l'affrontement avec l'ennemi d'extrême droite.

12. Entretien avec un attaché parlementaire macroniste, mai 2025.
13. Propos rapportés à l'auteur par plusieurs témoins.

66

Procrastination

Ne pas être censuré. Tenir, coûte que coûte. Franchir les haies, les unes après les autres. Ne serait-ce pas, finalement, le seul objectif de François Bayrou ? La situation politique est éminemment complexe, chacun le sait. Aucune véritable grande réforme n'est envisageable, tout le monde en est conscient. Mais quelques toutes petites lois ne sont-elles pas envisageables ? Sur le travail, l'énergie, l'éducation, l'agriculture ou la santé, par exemple ? Depuis sa prise de fonction, en décembre, François Bayrou n'a eu qu'une idée en tête : survivre. Il y a d'abord eu ce budget, adopté dans la douleur grâce à la non-censure des socialistes et du RN. Une proposition de loi pour lutter contre le narcotrafic. Puis, plus grand-chose.

L'énergie ? Un débat sans vote sur la programmation pluriannuelle, après que Marine Le Pen l'a menacé très clairement de censure. « C'est la différence avec Michel Barnier. Quand on dit à François Bayrou "attention", il comprend que ça veut dire "attention"[1] », se félicite Marine Le Pen. Il n'empêche, comme souvent, le Premier ministre aura habilement évité un vote. Et esquivé un potentiel risque de voir son gouvernement tomber. Comme sur chaque texte depuis le budget, puisque lui et ses ministres prennent bien soin de n'inscrire à l'ordre du jour de l'Assemblée nationale que des propositions de loi d'origine parlementaire.

Objectif ? Officiellement : laisser le Parlement, qui ne demande que ça, légiférer. Lui faire plus de place. Officieusement : éviter une censure évidemment, qui arriverait beaucoup plus facilement avec des projets de loi. D'autant plus si le gouvernement était contraint de dégainer l'article 49.3 de la Constitution pour faire adopter l'un d'eux. Sur les propositions de loi, ce problème n'existe pas. Celles-ci naviguent entre l'Assemblée et le Sénat tant qu'elles n'ont pas été adoptées dans les mêmes termes au sein des deux chambres. De quoi laisser les parlementaires « faire joujou[2] », *dixit* un ministre, pendant plusieurs mois, et retarder au maximum le couperet de la censure. Et par la même occasion, écarter définitivement le scénario d'une démission du président de la République, qui aurait potentiellement pu devenir sérieux en cas de censure rapide de François Bayrou. Après deux gouvernements renversés successivement, tous les canons se seraient alors tournés vers l'Élysée, tel que l'avait d'ailleurs prophétisé Jean-Luc Mélenchon.

1. Entretien avec Marine Le Pen, 19 mai 2025.
2. Entretien avec un macroniste, avril 2025.

Dans tous les camps, cette inaction est reprochée au Premier ministre. Le constat est unanime et sans ambiguïté. « C'est le rodéo, il faut se maintenir sur la bête quoi qu'il arrive[3] », plaisante souvent Marine Le Pen, en privé. « Il est l'immobilisme le plus flamboyant. Si on lui propose d'être Premier ministre pendant quinze ans et de ne rien faire, il signe tout de suite[4] », s'amuse le député RN Sébastien Chenu. « Un pas en avant, un pas en arrière[5] », raille leur collègue Julien Rancoule. « C'est une anguille qui veut contenter tout le monde, mais ça n'a aucune consistance[6] », reproche également Gaëtan Dussausaye (RN).

Les reproches sont les mêmes à droite et dans le camp macroniste. L'ancien Premier ministre, Édouard Philippe, n'y va pas par quatre chemins. Dans *Le Figaro*, il reproche à François Bayrou d'avoir plongé le pays dans « une espèce d'immobilité ». « J'ai vu le programme de travail proposé par le Premier ministre aux parlementaires. Je ne crois pas qu'il soit marqué par une densité exceptionnelle », ironise-t-il encore. Avant de déplorer « l'immobilisme » dont fait preuve, à ses yeux, le gouvernement. Un très proche d'Édouard Philippe va encore plus loin : pour lui, « François Bayrou incarne physiquement l'immobilisme »[7]. « Son regard qui ne dit rien, ses mots qui sonnent creux.

---

3. Propos rapportés à l'auteur par plusieurs proches de Marine Le Pen.

4. Entretien avec Sébastien Chenu, 27 mars 2025.

5. Entretien avec Julien Rancoule, 8 avril 2025.

6. Entretien avec Gaëtan Dussausaye, mars 2025.

7. « Édouard Philippe au *Figaro* : "Pour défendre notre liberté, il faudra travailler plus" », *Le Figaro*, 14 mars 2025.

Il n'incarne rien, aussi bien dans la posture que dans les actions[8] », reconnaît-il. « C'est un zigomar qui n'aspire qu'à tenir quelques mois de plus… C'est la procrastination érigée en mode de fonctionnement. Il n'y a pas de Premier ministre qui soit plus doué que lui pour enterrer toute forme de dossier. Il n'y a pas de problème qui ne se résolve pas, pourvu qu'on ne s'en occupe pas[9] ! » accuse Laurent Wauquiez.

Un comportement que certains voient toutefois comme une tactique plutôt habile. « Peut-être que sa nonchalance affichée est une stratégie en soi. Elle coûte au pays. Mais elle entretient un semblant de stabilité politique[10] », analyse la vice-présidente Horizons de l'Assemblée, Naïma Moutchou. Les plus proches de François Bayrou le savaient avant même sa nomination : ce dernier excelle dans l'art de la temporisation. « Tu verras, il passera tous les obstacles. Je connais trop bien mon Bayrou, il n'aura qu'une obsession, c'est se maintenir. Et il ne fera qu'un seul truc pour ça : rien. Il n'est jamais aussi bon que quand il ne faut rien faire et il ne fera rien[11] ! » a d'ailleurs très tôt prévenu le député Modem Richard Ramos, dans une discussion avec un député LR. Ce, dès la prise de fonction de son ami. Il ne s'était pas trompé.

8. Entretien avec un très proche d'Édouard Philippe, 2025.
9. Entretien avec Laurent Wauquiez, 27 mai 2025.
10. Entretien avec Naïma Moutchou, 23 janvier 2025.
11. Propos rapportés à l'auteur par un député et confirmés par Richard Ramos, avril 2025.

67

Onde de choc

8 juillet 2025 – Hémicycle de l'Assemblée nationale

L'Hémicycle déborde d'émotion[1]. Ce mardi 8 juillet 2025, les députés sont venus en masse pour rendre hommage au député LR d'Eure-et-Loir Olivier Marleix. L'ancien patron de la droite à l'Assemblée nationale s'est donné la mort, la veille, à son domicile. À quelques jours de la fin de la session parlementaire, un an après le retour au Palais-Bourbon, les élus de la Chambre basse perdent un de leurs piliers. Un membre de « leur famille », salue même, dans des mots très justes, la présidente de l'institution, Yaël Braun-Pivet. Tous sont en deuil.

Pour la première fois depuis le début de la législature, les querelles sont entièrement mises de côté. Comme quoi, lorsque sonne la tragédie, les députés

1. L'auteur a assisté à cette séance des tribunes presse de l'Assemblée le 8 juillet 2025. Toutes les scènes racontées y ont donc été observées.

parviennent à se rejoindre sur l'essentiel, en dépit de leurs clivages profonds et de leurs échanges souvent tumultueux et caricaturaux. Sur les bancs, l'émotion est grande lorsque la présidente de l'Assemblée évoque la « stupeur » et la « douleur »[2] du Palais-Bourbon face à la brutalité de cette nouvelle. Elle l'est également lorsque le patron du groupe Droite républicaine, Laurent Wauquiez, lance, la voix et le visage altérés par la tristesse : « La vie politique peut être dure. Derrière les apparences qui protègent, derrière les sourires qu'on affiche parfois comme des armures, derrière les silences qu'on ne comprend pas toujours, on sous-estime la solitude des êtres. Mais, Olivier, tu n'es pas seul[3]. » Du Rassemblement national à La France insoumise, les yeux des députés sont rougis. La tristesse est immense. « On a quand même un collègue qui a mis fin à ses jours. Je suis très émue. Ça fait réfléchir sur beaucoup de choses : sur la bienveillance que l'on oublie parfois d'avoir les uns envers les autres, sur notre santé mentale, nos horaires incompressibles. On est très seuls[4] », admet, bouleversée, l'Insoumise Anaïs Belouassa-Cherifi.

La minute de silence est d'une solennité rare, saisissante. Et se termine par de longs applaudissements, unanimes, d'une Assemblée nationale debout pour saluer une dernière fois Olivier Marleix, cette figure gaulliste du Palais-Bourbon dont le siège est désormais

2. *Ibid.*

3. Discours de Laurent Wauquiez à l'Assemblée nationale le 8 juillet 2025.

4. Entretien avec Anaïs Belouassa-Cherifi, 8 juillet 2025.

vide. Une parenthèse bouleversante qui vient mettre un triste point final à une année souvent marquée par la virulence des échanges et le sentiment d'inutilité des députés. En mai 2023, déjà, alors qu'Emmanuel Macron disposait d'une simple majorité relative, Olivier Marleix, alors président du groupe LR, constatait : « Qu'est-ce qu'on fait de notre mandat ? On a envie de faire du collectif, de faire avancer la France. C'est ce qu'attendent les Français. L'Assemblée est le premier des contre-pouvoirs. À nous de prendre le temps d'essayer de construire des consensus politiques sur des sujets[5]. » Des propos qui résonnent plus que jamais.

5. Échange de l'auteur avec Olivier Marleix en avril et mai 2023.

Épilogue

Que sortira-t-il de cette période politique dans quelques mois, à l'aube de la présidentielle de 2027 ? Et dans cinq ou dix ans, lorsque chacun aura le recul nécessaire pour tirer le bilan d'une législature aussi inédite ? Retiendra-t-on les censures ? L'encombrement de l'Assemblée nationale par des textes souvent secondaires ? L'incapacité des gouvernements à faire adopter des réformes d'envergure ? Ou, plus encore, l'échec des partis et des groupes parlementaires à s'entendre sur des priorités communes pour faire avancer le pays ? À ce stade, il est trop tôt pour en dresser l'inventaire définitif.

La Constitution de la Ve République, conçue pour offrir une majorité claire à un parti ou à une coalition, n'a pas préparé les parlementaires à une telle fragmentation. Depuis 2022, et plus encore depuis 2024, l'absence de majorité absolue a créé une Assemblée nationale multicolore, où chaque acteur politique navigue à vue, sans aucun mode d'emploi. Les compromis, rares, sont perçus comme des compromissions. Chaque pas vers l'autre semble un renoncement. Pourtant, des signaux émergent : la non-censure du budget par les socialistes, fruit d'une longue négociation avec le gouvernement Bayrou, marque peut-être une première étape vers un rééquilibrage des pratiques politiques.

Si l'alliance avec LR aurait pu, lors de la précédente législature, offrir une stabilité, elle ne suffit plus aujourd'hui. Alors, les gouvernements expérimentent, les parlementaires avancent par petits pas. Un coup, une loi pour lutter contre le narcotrafic, adoptée avec le RN et une partie de la gauche. Puis, un texte pour ouvrir le « droit à l'aide à mourir », voté par la gauche et par une petite partie de la droite et du RN. Aucun programme politique commun. Du texte par texte. Des compromis ou des oppositions souvent tactiques plus qu'idéologiques, qui témoignent d'une politique au coup par coup, déjà tournée vers 2027.

Cette fragmentation est-elle un épisode transitoire ou l'amorce d'un changement structurel ? Tout dépendra de deux facteurs. D'abord, d'une éventuelle réforme du scrutin législatif, avec l'introduction d'une dose de proportionnelle ainsi que le propose François Bayrou. Ensuite, de la pérennisation de la tripartition politique, ancrée dans la sociologie des circonscriptions. Si ce paysage perdure, la France devra s'inspirer de ses voisins européens.

En Allemagne, aux Pays-Bas, en Belgique, au Danemark, les coalitions sont la norme, rendues indispensables par des systèmes proportionnels. La France, elle, n'en est pas encore là. Mais cette législature, aussi expérimentale que chaotique, pourrait bien poser les jalons d'une nouvelle manière de gouverner.

Remerciements

Merci à vous qui m'avez lu jusqu'au bout !

À ma formidable famille, qui mériterait beaucoup mieux que ces quelques mots.

À toutes les sources, Premiers ministres, ministres, parlementaires de tous bords, collaborateurs, fonctionnaires de l'Assemblée, qui ont accepté de me répondre.

À mes deux géniales relectrices et fidèles amies, Chloé et Claire.

À toute la direction de la rédaction du *Figaro* ainsi qu'aux talentueux journalistes du service politique.

Enfin, grand merci à Thierry Billard, le premier à m'avoir accordé sa confiance, de me l'avoir renouvelée. Ainsi qu'à Zoé Guillermin pour son travail précieux.

Table

DEUXIÈME PARTIE
MISSION IMPOSSIBLE

TROISIÈME PARTIE
LA NON-CENSURE

QUATRIÈME PARTIE
SURTOUT, NE RIEN FAIRE

pcacmb
édition pré-presse
livres numériques

44400 Rezé

Achevé d'imprimer en octobre 2025
par l'Imprimerie Maury S.A.S. à Millau (12)
pour le compte des Éditions Robert Laffont
92, avenue de France, 75013 Paris

N° d'édition : 69311/02
Dépôt légal : septembre 2025
N° d'impression : I25/77986P

Imprimé en France sur du papier
issu de forêts gérées durablement.